一帶一路研究叢刊

中國和俄羅斯

的·故·事

（修訂版）

周曉沛 主編

薪火相傳
世代友好

戴秉國

二〇二四年十一月

序
一

　　今年是中俄關係具有里程碑意義的一年，我們將隆重慶祝中俄戰略協作夥伴關係建立二十週年和《中俄睦鄰友好合作條約》簽署十五週年。多年來，中俄全面戰略協作夥伴關係順利發展，成果豐碩，為促進兩國共同發展和安全、增進兩國人民福祉發揮了重要作用，也為維護地區及世界和平與穩定作出了積極貢獻，已成為構建以合作共贏為核心的新型國家間關係典範。

　　中俄關係迎來今天這樣的大好局面，離不開兩國幾代人的不懈努力。《中國和俄羅斯的故事》一書通過親歷者的描述，生動再現了中俄關係的發展歷程，一經出版便廣受好評。本書的老中青三代作者，以及他們筆下的人物，均為親身參與中俄友好合做事業感到高興和自豪，對對方國家充滿善意與友好，感人至深。這些文章從小處著筆，從大處著眼，處處體現出兩國民眾之間的深厚情誼，激勵我們更加積極地致力於中俄友好合作。

　　本書再版，增加了我們尊敬的老前輩、中國前國務委員，中俄友好、和平與發展委員會中方主席戴秉國同志，以及俄羅斯駐華大使傑尼索夫、著名漢學家齊赫文斯基等俄羅斯老朋友的文章。他們作為「中俄關係的百科全書」，講述的故事具有珍貴的史料價值，也體現了對我們保持中俄全面戰略協作高水平長期穩定發展的殷切期待。

希望中俄兩國的廣大讀者朋友，特別是青年朋友們能從本書中深切體會到中俄世代友好的珍貴，肩負起薪火相傳的歷史使命，攜手努力，共同創造兩國關係更加美好的未來。

王毅

中華人民共和國外交部長

二〇一六年五月十日

親愛的朋友們：

我向諸位推薦的修訂版《中國和俄羅斯的故事》一書，是傑出的俄羅斯和中國外交家、國務和社會活動家、學者共同工作的結晶，他們為推動我們兩國關係的發展作出了重大貢獻。

書中展現的材料是獨一無二的，除了豐富真實的實例，還有歷史進程直接參與者的述評。讀者能從「第一手」材料中了解到兩國關係史中的許多重要事件。

本書在二〇一六年再版，正值兩國慶祝《俄中睦鄰友好合作條約》簽署十五週年和戰略協作夥伴關係建立二十週年之際，其象徵意義尤為顯著。

今天，我們兩國的關係處於歷史上最好階段，這種關係實際上是二十一世紀國家間相互協作的典範。我們兩國在各個不同領域——從貿易、能源到文化教育——的合作真可謂碩果纍纍。在關乎國際社會整體利益的重大問題上，我們堅持一致或十分相近的立場。這一點，是俄中對話全面性的真實寫照。

我確信，無論是國際問題專家，還是廣大讀者，都會渴望得到這一著作。

С.ЛАВРОВ

謝·拉夫羅夫

俄羅斯聯邦外交部長

二〇一六年六月六日

記憶篇

從「冷板凳」到戰略對話

戴秉國

（中俄友好、和平與發展委員會中方主席，

中國前國務委員）

「江南千條水，雲貴萬重山。」我就出生在「萬重山」中的貴州一個小山村裡普通的農耕人家。一九五九年，我走出了大山，考入四川大學俄羅斯語言文學系；然後進入外交學院研究生班，一九六六年分配到外交部蘇歐司工作。

我從科員做起，一直到處長、司長。從駐匈牙利大使崗位上卸任回國後，我擔任主管俄羅斯及東歐地區事務的部長助理、副部長，直到奉調去了中聯部，後又回外交部。我這一輩子與俄羅斯「有緣」，親身經歷和感受到了兩國關係的陰晴冷暖、起伏變化。可以說，我的外交生涯是從冰冷的中蘇關係開始，最後以火熱的中俄關係結束。

俄語幹部甘坐「冷板凳」

一九六九年「珍寶島事件」後，組織上決定派我到駐蘇聯使館工作。當時，中蘇兩國劍拔弩張，似乎走到了戰爭的邊緣。我當時心裡直犯嘀咕，覺得這一去前途莫測，說不準中蘇真會打起來，我會

被扣為人質。赴任前,我專門把父親從貴州老家接
到北京來住了幾天。我對父親說,此去恐怕凶多吉
少。父親深明大義,沒在我面前表露出絲毫擔心,
或許是怕給我增添心理負擔。不過,我確實是帶著
某種悲壯的心情,踏上了去莫斯科的行程。

　　不料,到蘇聯後,我發現當地的情況和在國內
的感受完全不同,根本看不出要和中國打仗的跡
象。儘管如此,中蘇關係還是受到了很大影響,中
國大使館門前的「友誼路」被用欄杆阻斷,禁止通
行。駐莫斯科的許多同事認為,應向國內反映真實
情況,說明蘇聯不像要和中國打仗的樣子,但也有
同志不贊成,批評這是「對社會帝國主義的本質認
識有問題」。

　　一九六九年九月十一日,蘇聯部長會議主席
(總理)柯西金同周恩來總理在北京首都機場舉行
了會晤。兩國總理一致同意,不應為邊界問題打
仗,應通過談判解決邊界問題;還同意恢復互派大

使，恢復雙邊貿易。兩國總理機場會談把可能走向戰爭的中蘇關係及時拉了回來。

駐蘇聯使館當時有三十多人，大多是光棍或單身。外面的環境是不好的，但內部大家相處和睦。我們懂外語的要經常到外面去同蘇聯老百姓接觸，了解民情民意。每次出去，都有蘇方便衣安全人員「陪同」，他們中不少人同我們彼此都熟悉了，如果我們迷路了，他們還給帶路。為了工作方便，我學會了開車，但一次學車過程中本該踩剎車卻踩到油門上去了，汽車頃刻間撞斷路邊的大樹，然後才停了下來。這件事成了使館學車人的笑談。

在任期間，我曾回國休假一次。記得當火車穿過國門那一瞬間，我的眼淚奪眶而出，因為回到了祖國啊！接著，列車員送來了一碗美味的三鮮麵，那場景實在令人難忘。一九七三年任滿回國後，我先到外交部「五七」幹校勞動。其間，我還開過手扶拖拉機，有一回把拖拉機開翻了，幸虧我及時跳了下來，才倖免於難。在幹校，我還平生第一次提刀殺了一頭豬。

勞動一年多後，我回到蘇歐司。當時，中美關係已開始解凍，中蘇關係仍然僵冷，蘇歐司的俄語幹部都在坐「冷板凳」，有人勸我到國際司去。那時，新中國已恢復了在聯合國的合法席位，國際司很熱門。我說，還是不去了，半路出家不管到哪兒都得重來，還是乾脆把冷板凳坐到底吧！

蘇歐司的同志們都沒有荒廢光陰。在坐「冷板

凳」期間，大家都沒偷懶，還靜下心來整理了一批材料。我們編纂了中蘇關係檔案資料，仔細梳理中蘇關係中的一些大事，從一九四九年二月米高揚奉斯大林之命到西柏坡見毛主席編起，包括劉少奇訪蘇、毛主席訪蘇、中蘇簽訂《中蘇友好同盟互助條約》、朝鮮戰爭、蘇聯歸還旅順、長波電台等一系列重要事件。我現在還留存了一份由蘇聯處的好幾位同事工工整整手抄而成的五〇至八〇年代中蘇關係大事記。我們整理出一整套資料上呈中央領導同志參閱。這些史料很珍貴，對我日後開展對俄羅斯的外交工作提供了很多啟示。

初次牽頭處理敏感外交難題

一九八五年我任蘇歐司副司長時，中國和蘇聯的形勢都有新變化。這年三月，戈爾巴喬夫出任蘇共中央總書記，提出「改革」（перестройка，原意為重建、改造）和「新思維」（новое мышление），主張改善對華關係。戈爾巴喬夫表示，蘇聯希望同中華人民共和國的關係能有「重大的改善」，並且認為，「只要雙方都願意，這是完全可能的」。

小平同志敏銳地捕捉到這個新動向。同年三月，中方派李鵬副總理赴莫斯科參加契爾年科的葬禮，我作為代表團成員陪同前往。弔唁期間，中方不再稱蘇聯為「社會帝國主義」。李鵬對戈爾巴喬夫說，中蘇兩個偉大鄰邦、兩個社會主義國家改善

關係十分重要，祝願蘇聯在社會主義建設事業中取得巨大成就。戈爾巴喬夫則表示，蘇中關係改善不能侷限在經濟領域，要談政治，要提高對話級別。通過面對面接觸，雙方都感覺到了對方改善關係的願望。

　　一九八五年十月，羅馬尼亞總統齊奧塞斯庫訪華。鄧小平通過他向戈爾巴喬夫傳話：如果蘇聯同我們達成諒解，讓越南從柬埔寨撤軍，而且能夠辦到的話，我願意同戈爾巴喬夫會見。我出國訪問的歷史使命雖已完成，但為這個問題，我可以破例。同齊奧塞斯庫談話後，小平同志對陪見的同志說：「今天，我打出了一副大牌。」鄧小平為改善中蘇關係釋放的試探信號很快獲得蘇聯方面的積極回應。戈爾巴喬夫主動提出會見路過莫斯科的李鵬副總理，說他收到了齊奧塞斯庫轉達的信息，蘇方提議舉行雙邊高級會晤和恢復兩黨關係。

　　恰在此時，發生了蘇聯客機遭劫持被迫降落我國的事件。一九八五年十二月十九日，蘇聯雅庫茨克航空公司一架安 -24 民航客機被副機長阿里穆拉多夫劫持，迫降在我國黑龍江省齊齊哈爾的一片莊稼地裡。這件事一開始由公安部牽頭處理。十九日子夜時分，接到部裡電話，要我立即牽頭去處理這件事。我馬上起床，徑直趕往機場，坐上專機出發。那是我第一次坐專機，是一架軍用飛機，機艙內連個凳子都沒有。跟我一起去的有公安部和民航局的同志。據說，當時負責處理這件事的是陳雲同

志。

我們先飛到哈爾濱，又馬上坐直升機到齊齊哈爾，再坐汽車到甘南縣的一個農場。劫持飛機的阿里穆拉多夫好像來自中亞的一個少數民族，他駕機飛到甘南上空時沒油了，迫降到田地裡。時值嚴冬，奇冷無比。蘇聯駐華使館領事部主任也去了，我們經常打交道，彼此很熟悉。飛機上的人一開始不願下來，說沒有接到莫斯科的命令不能下機。我的首要任務是把這些人請出機艙，否則天黑後他們可能被凍壞，但怎麼勸也勸不動。後來，我們告訴那位領事部主任，說莫斯科有指令，要機上乘客立即下機。他不信，說沒接到莫斯科的指令。我把他單獨叫到一邊，十分嚴肅地對他講：「天快黑了，你這麼多同胞，如果有人凍死，你要負責的。」他猶豫半天說：「老戴啊，憑著我們多年的了解和友誼，這次我聽你的。」

有蘇聯領事出面說服，機上的人員很快下來了。我們趕緊用汽車把他們拉到齊齊哈爾，安置到賓館，安排好吃住。當晚，我們一夜沒睡。那時通信手段相當落後，跟北京聯絡非常困難。我們要求黑龍江省政府立即調直升機把蘇聯人運到哈爾濱，讓蘇方第二天就把他們接走。黑龍江省一位負責同志說做不到。雖然我級別比他低很多，但畢竟是中央派來的，就很不客氣地說：「對不起，這是中央的命令，能做到要做，做不到也得想法做。」最後，他們還是做到了。一到哈爾濱，我們馬上給蘇

聯人開招待會，還給每人發了一套羽絨服和一個中國製造的液壓暖水瓶。這些東西現在不起眼了，但在當時還都是很值錢的寶貝，所以蘇聯人非常高興。隨後，蘇方派專機把他們接走。後來，中國司法部門也對劫機犯判了刑，體現了中國的司法主權。

中方在中蘇關係相當困難的情況下，以一種熱情友好的方式來妥善處理劫機事件，使全體乘客和機組人員平安返回蘇聯，而且被劫持的飛機也歸還了，這對蘇方產生了觸動。這個事件為緩和中蘇關係的緊張氣氛提供了契機。

這是我第一次在一線牽頭處理重大敏感的外交難題，受益匪淺。這期間，我四十八小時沒睡覺，同北京的聯絡也不暢通，這對自身體力和能力都是考驗。

見證中蘇高級會晤全過程

一九八二年十月，就消除「三大障礙」、實現兩國關係正常化問題的第一輪中蘇副外長級政治磋商在北京舉行。在最初的幾輪磋商中，雙方的立場分歧頗大，未能取得實際成果。

一九八六年七月二十八日，戈爾巴喬夫在符拉迪沃斯托克（海參崴）發表講話，著重談中蘇關係，第一次在消除「三大障礙」問題上作出鬆動。戈爾巴喬夫的海參崴講話在中蘇關係史上具有重要

意義。八月十三日，吳學謙外長約見蘇聯駐華使館臨時代辦，表達了中方意見，主要內容是：首先，表示謹慎的歡迎；其次，強調蘇方邁出的步子還不夠大，離消除中蘇關係障礙的距離還比較遠，特別是迴避了越南從柬埔寨撤軍問題，中方不滿意；第三，提出了兩國恢復邊界談判的建議。中方表態恰如其分，把戈爾巴喬夫踢過來的球又踢了回去，各方反映較好。

一九八六年九月，中蘇兩國外長在聯大會議期間舉行會晤，雙方就恢復副外長級的中蘇邊界談判達成協議。我參加了這次會晤。這也是我第一次去美國，那時中蘇兩國外長還不能互訪，只能在聯合國這種多邊場合會晤。

一九八八年六月，第十二輪中蘇副外長級政治磋商在莫斯科舉行。經過十二輪談判，解決了兩國關係正常化中的大部分問題。這一機制已完成其使命，雙方同意進行專門解決柬埔寨問題的副外長級磋商，以清除兩國關係中的最後障礙。八月，田曾佩副外長與蘇聯副外長羅高壽在北京舉行了解決柬埔寨問題的磋商，取得了一些進展。經過幾輪試探摸底之後，雙方就改善關係的目標和切入點基本達成共識。中蘇關係正常化隨後進入實際操作階段。

一九八八年十二月，錢其琛外長訪問莫斯科，為中蘇首腦會晤作準備。這是時隔三十多年後中國外長首次訪問蘇聯，是中蘇關係的破冰之旅。我和李肇星同志作為陪同人員參與了這次訪問。兩國外

長會談時，雙方就越南從柬埔寨撤軍的時間表達成一致。戈爾巴喬夫在會見錢其琛時，主動表示希望到北京訪問。錢外長則當面轉達了中方希望邀請戈爾巴喬夫於一九八九年訪華的意願。雙方同意將峰會時間定在一九八九年的上半年。

一九八九年二月，蘇聯外長謝瓦爾德納澤訪華。這是對錢其琛訪蘇的回訪，目的是為戈爾巴喬夫訪華作準備。這是中蘇關係正常化前的一次重要訪問，很有戲劇性。雙方在北京已經談妥，要把越南應從柬埔寨撤軍這一立場寫入聯合聲明。謝瓦爾德納澤來華當天即轉飛上海，準備次日會見鄧小平。但當天夜裡，蘇聯人突然變卦，原先談好的問題不承認了。那時已經是夜裡兩三點鐘了，我跟田曾佩副外長都沒睡覺，哪睡得著啊？！我們商定等快天亮時報告錢其琛外長，爭取把蘇聯人的立場扭回來。

早上五六點鐘，天剛濛濛亮，我們就把錢外長叫起來。錢外長一聽匯報，驚得嗓音都變了。越南撤軍是中蘇高級會晤要討論的核心問題之一，現在戈爾巴喬夫訪華的事基本要定下來了，如果蘇方突然在這個問題上反水，局面將難以收拾。錢外長要我們趕緊找蘇聯代表團的人。大概早上七點鐘左右，田曾佩帶著我們幾個人找到了蘇聯副外長羅高壽，把他狠狠地批了一通，然後氣呼呼地走了。雙方手都沒握，可以說是不歡而散。我們也撂下狠話：如果蘇方在越南撤軍問題上反悔，那戈爾巴喬

夫訪華的事也就沒法定下來了。

　　謝瓦爾德納澤作為超級大國的外長，自然不是一般角色，後來有人還給他起了個外號叫「銀狐」。他那次確實想走邊緣，以突然襲擊的方式逼迫中方接受他的立場。早上八點鐘，中蘇代表團同桌吃飯的時候，謝瓦爾德納澤當著錢外長和中蘇雙方代表團的面批評羅高壽，質問這個事是怎麼搞的，為什麼沒處理好？其實，大家心知肚明，他無非是想找個台階下。第一輪交手，蘇方的策略沒能得逞。

　　謝瓦爾德納澤見鄧小平的時候，還真的想在這件事上矇混過關，寄望小平同志不問青紅皂白就拍板定案。但小平同志回答得比我們預計的還要精準到位。他不緊不慢地說：我聽說戈爾巴喬夫訪華的事你們還在談呐，那就繼續談吧。

　　下午回到北京，中蘇代表團同乘一架飛機，雙

方繼續談，但仍然沒談攏。當晚，謝瓦爾德納澤要去巴基斯坦訪問，錢外長到機場送行。在貴賓室告別時，錢外長說了幾句很厲害的話：「中蘇關係現在還沒有實現正常化，你們就這麼幹，出爾反爾，那以後我們還怎麼打交道？」

謝瓦爾德納澤說：「那好吧，把兩個司長留下來，繼續談。」這樣，他們的司長就留下來，繼續跟我談。當天晚上，對方就要和我談，我說不談了。我其實是有意要拖一下，另外，經過這麼一番折騰也確實挺累的。第二天雙方繼續談，下午基本達成協議。蘇方司長說，他需要報告謝瓦爾德納澤。到晚上十一點半，我們再次見面，蘇方說謝瓦爾德納澤同意了。聯合聲明終於談定，我心中的一塊石頭也終於落了地。

記得當時我們是在外交部東四舊址的會客室見面談的。會見一結束，我就趕緊把消息傳給新華社，等親眼看到電訊條出來，我才回家。這個時候，正好是一九八九年農曆新年除夕。剛一走出外交部大樓，就聽到辭舊迎新的鞭炮聲此起彼伏，天空中閃耀著異彩紛呈的賀歲煙火。

一九八九年五月，戈爾巴喬夫對中國進行歷史性訪問，揭開了中蘇關係史上新的一頁。鄧小平確定這次訪問為中蘇「高級會晤」，包括見面「只握手、不擁抱」等，都是由他本人親自敲定的。五月十六日，小平同志會見了戈爾巴喬夫，他說：「歷史帳講了，這些問題一風吹，這也是這次會晤取得

的一個成果。雙方講了，就完了，過去就結束了。現在兩國交往多起來了，關係正常化以後的交往，無論深度和廣度都會有大的發展。在發展交往方面，我有一個重要建議：多做實事，少說空話。」小平同志還在人民大會堂小範圍宴請了戈爾巴喬夫，宴會上了茅台酒。

中蘇高級會晤的舉行，標誌著中蘇關係實現了正常化。正如鄧小平總結的那八個字：「結束過去，開闢未來。」

「空中辦公室」裡話友誼

二〇〇八年，我出任國務委員後，開始接手主持中俄戰略安全磋商。同年五月，帕特魯舍夫接替伊萬諾夫出任俄聯邦安全會議秘書，成為我的磋商搭檔。

中俄戰略安全磋商於二〇〇五年二月啟動，該機制由胡錦濤主席同普京總統在二〇〇四年親自商定建立，並責成唐家璇國務委員和俄聯邦安全會議秘書伊萬諾夫共同主持這項工作。中俄戰略安全磋商是冷戰結束後我國同世界主要大國建立的層級最高的戰略安全磋商機制之一，在增進中俄政治互信方面發揮了重要作用。

從二〇〇八年到二〇一三年，我與帕特魯舍夫共舉行了六次中俄戰略安全磋商。在磋商過程中，雙方就各自和共同關心的主要問題坦誠深入地交換

看法，這其中既包括國際形勢的大趨勢、大國關係的發展態勢、國際金融危機、朝核、伊核等熱點問題，也包括中俄對各自周邊形勢的看法。通過這些磋商，中俄雙方更好地了解到彼此對形勢的判斷、主要關切和外交政策考慮，兩國間的相互理解與信任得到進一步鞏固，我同帕特魯舍夫也結下了深厚的個人友誼。

二〇〇八年十一月，第三輪中俄戰略安全磋商在莫斯科舉行。這是我第一次與帕特魯舍夫進行磋商。大家都知道，這一年的八月八日，第二十九屆夏季奧運會在北京開幕。恰好也是在這一天，俄羅斯與格魯吉亞爆發了武裝衝突，俄與美歐關係趨於緊張。在這種情況下，戰略安全磋商中談什麼、怎樣談，是一個需要仔細研究的問題。我下了很大功夫準備會談的內容。

正式磋商之前，帕特魯舍夫來華觀摩北京奧運會，我會見並宴請了他，並就磋商議題交換了看法。我說，我們什麼都可以談，不受限制，形式可以多種多樣，時間也可靈活，討論內容廣泛，希望主要就一些涉及兩國關係和國際環境的宏觀性、戰略性問題交換意見。我還說，我們這個機制還可以創新，關鍵是要把這個機制用好。帕特魯舍夫對我的話表示贊同，認為我們兩人還是應主要談戰略問題。

在這次磋商中，我同帕特魯舍夫按事先商定的議程進行了非常坦誠深入的交流，效果很好，引起

俄方強烈共鳴，他們積極安排時任總統梅德韋傑夫會見。而梅德韋傑夫當天日程已排滿，且當晚就要離開莫斯科。俄方想出個辦法，安排我們去機場，在即將起航的總統專機上會見。

俄羅斯總統專機被譽為元首的「空中辦公室」和「移動國家管理中心」，一向十分神祕。這是一架特製的伊爾 -96 大型飛機，外表塗裝除了俄羅斯國旗和國徽以外也沒什麼特別的，裡面可是別有洞天。機艙的內飾是清一色的亮黃色胡桃木，既典雅又現代，艙內顯得寬敞舒適，考究氣派。

這次會見前後二十多分鐘。當時，梅德韋傑夫的專機馬上就要起飛，不可能談得太深太久。會見時，我扼要地作了陳述，包括我們對國際、地區形勢的判斷以及中方對俄羅斯的外交政策方針。我還特地援引了梅德韋傑夫本人剛發表的國情咨文裡的一些語句，強調中俄加強互信合作的重要性，記得

二〇〇八年十一月，戴秉國與梅德韋傑夫總統在專機上交談。

我還講了一點俄語。梅德韋傑夫聽得很高興，向我豎起大拇指，對我的觀點表示贊同。之後，梅德韋傑夫似乎意猶未盡，但原定的會見時間已到，我及時起身告辭。梅德韋傑夫風趣地和我開起玩笑，說要邀請我同機飛往外地，以便進行更深入的交流。

這次總統專機上的會見極其特別，在我的外交生涯中絕無僅有，相信在國際外交史上也不多見。

兩根筷子誰也離不開誰

二〇一二年八月，我在莫斯科和帕特魯舍夫舉行了第七輪戰略安全磋商。這次磋商和往常一樣，在我動身去莫斯科之前，雙方已就議題範圍達成共識，但這只是個大框架。

回想起來，二〇一二年是一個十分重要的年份，中、俄、美三大國這一年都要進行領導人換屆，大國關係特別是中、美、俄三角關係呈現出一些新的態勢和特點。在這樣的背景下，我一直在琢磨，我們重點和俄方磋商什麼。因為前幾輪磋商下來，許多重要的問題雙方都談過了，需要有一兩個比較迫切的主打議題，以防磋商陷入老的套路。後來經過反覆綜合考慮，我們還是決定把文章做在共同維護政權安全和戰略安全上。中俄兩國關係發展到今天，加強戰略安全合作已經變得越來越重要和必要了。這也是中俄戰略安全磋商的要旨所在。

二〇一二年也是俄羅斯的總統大選年。普京在

二〇一二年八月二十日，普京總統在克里姆林宮會見中國國務委員戴秉國。

大選中取得了最終的勝利，但這場勝利是何等的來之不易，他自己心裡最清楚。普京初掌大權時是臨危受命，遠抗西方，近定周邊，內平車臣，嚴治寡頭，提振軍威，重建中央地方垂直權力體系。他本人煙酒不沾，酷愛運動，不論在國內還是在國際上，處處都以硬漢形象示人。但是，在二〇一二年總統大選的開票之夜，普京面對全球直播的電視鏡頭還是流下了熱淚，並吟誦起俄國浪漫主義詩人萊蒙托夫的愛國詩篇，場面顯得有幾分悲壯。國際媒體對此作出各種各樣的評論和猜測。普京的眼淚可能是在為他的險勝而流，因為他深知，他能否勝

選，不僅關係到他本人的政治前途，更關係到俄羅斯國家的命運。

　　所以，我們覺得在這個時候同俄羅斯談戰略安全，應該容易引起共鳴。有了這個定位和導向之後，我就開始調整磋商稿，甚至在飛往莫斯科的途中，我還在調整稿子。直到抵達莫斯科後，磋商基本稿才最終確定下來。

　　那次戰略安全磋商很順利。八月二十日，普京總統在克里姆林宮會見了我。會見中，雙方一致同意將繼續堅定不移地致力於發展深化中俄全面戰略夥伴關係。我指出，中俄關係經歷了由結盟到對抗，再到建立全面戰略協作夥伴關係的過程，雙方均為此付出了高昂的代價，經驗教訓深刻。中俄全面戰略協作夥伴關係對雙方具有無與倫比的重要戰略價值，應備加珍惜。在下一個十年中俄發展振興的關鍵期，中俄就像兩根筷子，誰也離不開誰。中俄加強戰略協作更加重要，放鬆不得，動搖不得，這是一項長期任務。絕不能讓任何人、任何勢力破壞中俄關係。普京表示，完全贊同中方對兩國關係作出的準確、明晰的定位，強調俄中戰略協作夥伴關係建立在雙方共同利益的基礎上，這決定了雙方合作的穩定性、長期性和巨大生命力，相信未來兩國將始終保持目前的合作勢頭，維護好共同利益。他還說：我知道，今年底、明年初中國黨和國家領導人將換屆。你是俄羅斯人民的老朋友，是中俄關係的熱心推動者，我們很珍視你和你所做的工作。

歡迎你退休後常來俄羅斯看看。

　　二〇一三年一月，帕特魯舍夫來華參加第八輪中俄戰略安全磋商，雙方談得很深入，就維護共同戰略安全取得了很多共識。習近平總書記專門在人民大會堂會見了他。習總書記指出，中俄舉行戰略安全磋商很及時、很有必要。面對國際形勢複雜而深刻的變化，中俄作為推動國際形勢健康發展、維護國際戰略平衡的建設性力量，應進一步加大相互

政治支持，加強在國際和地區事務中的協調配合，為實現各自發展振興營造和平安全穩定的外部環境，共同維護聯合國憲章的宗旨和原則，維護國際公平正義，推動國際關係民主化。

中俄關係發展前景廣闊

二〇一三年三月十六日，我開始了退休生活。三月二十二日，習近平主席出訪俄羅斯，我去機場送行。習近平同志就任國家主席後首訪選擇俄羅斯，這是一個重大的戰略決策。

從二〇〇三年到二〇一三年這十年間，中國政府對發展同俄羅斯長期性、戰略性的全面友好合作關係一直是很重視的。這十年，中俄關係迎來了巨大的發展，特別是兩國的戰略信任度和戰略合作都有了很大的加強。一路走來，我親眼目睹中俄關係變得更好，更親密，更有質量，更有效益。同時，兩國進一步崛起，各自的影響力以及共同的影響力都大大加強。這是非常值得高興的事，我也為自己在其中發揮了一些作用深感欣慰。

俄羅斯是世界上一個不容忽視的大國、少有的有戰略承受力的大國，雖然也面臨一些困難，但地大物博，資源豐富，基礎雄厚，人才也是有的，發展前景不可小覷。俄羅斯是世界政治舞台上的一大重要力量，中俄全面戰略協作夥伴關係具有進一步蓬勃發展的廣闊前景和空間。兩國關係達到今天這

樣高的水平，是雙方共同長期努力的結果。

　　我深信，在兩國領導人的共同引領下，中俄關係的未來必定會繼續在高水平上穩步健康發展，攀上新的高峰。這不僅對兩國的生存與發展意義重大，對於維護世界的和平和繁榮也具有不可替代的重要意義。

「少小離家老大回」

安·伊·傑尼索夫

（俄羅斯聯邦駐華大使）

我們有位老師總愛說：誰要是選學某種外語，那他就是選擇一個專業；但誰要是決定學中文，那就是選擇自己的人生……

就我本人而言，「漢學家之路」從開始學中文起，已經延續了近半個世紀。一九六九年，我上了大學，中文就是我的「第一外語」。這一年，我們與這個鄰國的關係跌入了「冰點」，事態甚至發展到在共同的邊界上發生武裝衝突的地步。

今天，我們的雙邊關係——按兩國領導人的話說——已經達到了歷史最高水平。從今天的角度看，這兩個時代形成了何等驚人的反差！

說句公道話，當年的論戰只見諸報端，在日常生活中並未感覺到這些政治變故。在我們國內，依然在翻譯出版中國古典文學作品，蘇中友協的積極分子仍不會忽略中國歷史上的任何紀念日。我第一次到北京時就確信，在中國也是如此。對我們而言，「實地」的一切，總體上都很平靜。

那是一九七三年十月，我來蘇聯駐華商務代表處開始論文答辯前的實習。當時，即便是對培養國

傑尼索夫大使

際問題專家的院校的學生而言，出國都是極為罕見的。

我們四個五年級實習生利用一切機會溜出使館大院，到北京的各處名勝古蹟參觀，或是到一些公園去遊玩。順便說一句，從那時起，我就特別喜歡北海公園。公園的山丘上有白塔。公園裡還有風景如畫的湖泊，湖面上冬天可以滑冰，夏天可以坐遊船。

那時候，北京冬天很冷，不像現在可以不戴帽子上街。那些年，我真是被凍壞了，不得不在王府井大街上一家著名的皮服店（如今這家店早就沒了）買了一頂毛茸茸的冬帽。他們告訴我，這頂帽子是用疏鬆加工過的浣熊皮做的。就當時而言，它花了我一大筆錢──三十八元人民幣。然而，正如經濟學家所言，這筆投資帶來了多倍的回報。我至今仍在戴這頂帽子，它一點也沒變舊，而且，在我們莫斯科的冬天戴都特棒。

順便說說當時的物價和收入。我曾經計算過，用我當時的實習生月收入，可以買一百瓶普通的北京「二鍋頭」白酒。如按這種有趣的比例，用當年莫斯科當地的酒價來換算，我的月收入幾乎與一個教授的工資相當（而實際上，我的月收入只比微薄的大學生助學金稍多一點）。

在同中國朋友一起回顧當年的往事時，我不好意思談及錢的事情，因為那時這個國家和人民的日子──客氣點說──過得並不富裕。我那頂皮帽子

的價錢可能相當於一個職員或一個老師的月工資。

　　我還記得自己同商務代表處年長些的同事們去一些中國外貿公司辦事的情況。有一次很幸運，他們帶我去位於北京西北部二里溝的中國機械進出口總公司，當時這算是一次遠行。我們乘車經過長安街和天安門廣場，途中順路還停車去了幾個當年為數不多的商店——如果要抽空步行去這些商店可不容易。今天我們感覺二里溝很近，但在當時這趟出行卻幾乎用了半天的時間。

　　我們的工作人員同中國同事已建立起夥伴式的友善關係，彼此進行了平靜、務實的談話。老實說，談話雙方並不那麼需要我的翻譯服務，因為他們用俄語對話，中國同行們掌握我方語言的水平要高得多。於是，我就在一旁品嚐滾燙的茉莉花茶，並且挪動位置，以便更加靠近直接安放在房間裡的小火爐。

　　上世紀七〇年代初是當代中國政治史上相當複

傑尼索夫大使與中國朋友交談。

雜的時期。五花八門的宣傳鼓動戰還在進行，政府仍然在派遣城裡的中學生上山下鄉，但在總體上社會已經慢慢擺脫六〇年代末「文化大革命」早期的激烈衝突。經濟正在恢復，國家管理也漸漸走上軌道。包括蘇中貿易在內的對外經濟關係開始活躍，並具備了規律性和計劃性。比如，蘇聯當時就已經開始向中國供應幾批直升機。我們這些年輕的工作人員在北京同運送這些直升機的機組人員一起工作過。多虧了他們，我才有機會欣賞了中國傳統京劇，還經常同這些客人一起逛動物園。我還藉機詳細研究了天壇的歷史。

很久以後我才意識到，當時中國就已經開始為一九七八至一九七九年間起跑的改革創造前提。由於那時正在中國工作，我也有機會見證了這個經濟奇蹟的開端。但這是我以後的文章題目，是我未來要做的「家庭作業」……

我的中國緣

謝・列・齊赫文斯基

（俄羅斯聯邦功勛外交工作者，俄羅斯科學院
院士）

　　我與中國的間接接觸，始於一九三五年九月一日。那年，我考入了列寧格勒大學東方系中國語文科，師從著名漢學家阿列克謝耶夫院士。升入五年級之後，我被分配到莫斯科工作，在外交人民委員會當翻譯。一九三九年秋，我被派往駐烏魯木齊總領事館實習，一直待到一九四〇年。

　　一九四三年，我又被派往中國的戰時首都重慶，在我國使館當二秘。剛到任不久，時任大使帕紐什金先生就帶我去參加了一個四川銀行家舉辦的宴會。在宴會上，我結識了著名作家、詩人和歷史學家郭沫若及前中國駐蘇聯大使、左翼國民黨成員邵力子。席間，他們二人給我起了一個中文名字——齊赫文。後來，中國人都用這個名字稱呼我。

重慶中蘇文化協會的活動

　　在重慶，我了解了一些中蘇文化協會的活動。當時，重慶人口稠密，物價高，通貨膨脹持續，居

齊赫文斯基院士

民居住條件差，電和熱水供應不足。然而，在這種情況下，戰時首都的社會生活卻相當活躍。大家都比較關注中蘇文化協會舉辦的活動。

當時，領導協會的是孫中山先生的兒子、時任國民政府立法院院長孫科，而協會的日常活動由兩位秘書來具體負責，他們是俄語專家張西曼教授和曹靖華教授。曹靖華當時一邊教使館工作人員漢語，一邊將一些俄文書籍和文章翻譯成中文。協會在讓中國人了解蘇德戰爭前線的戰況，了解蘇聯人的生活以及蘇聯文學、藝術和文化方面做了大量工作，包括舉辦蘇聯電影展、發布蘇聯情報局關於抗擊法西斯德國的戰況通報、慶祝蘇聯人民文化生活中值得紀念的事件，等等。在重慶期間，我還結識了著名歷史學家侯外廬教授。在我撰寫關於孫中山對外政策的副博士論文期間，他幫忙蒐集材料，提供了許多寶貴的建議。

後來，使館通過外交郵件從莫斯科收到蘇德前線戰況及蘇聯人民勞動功勛圖片展的照片，便派我帶著這些照片到蘭州和西安等地巡迴展出。與國民黨的嚴格審查不同，參觀者在意見簿中表達了對蘇聯人民的欽佩之情，同時也希望蘇聯能夠儘快加入中國的抗日戰爭，早日擊潰妄圖通過軍事手段迫使中國投降的日本軍國主義。

一九四五年春天，由於家庭原因，我被迫返回莫斯科。利用這一機會，我完成了副博士論文《孫逸仙的外交思想及實踐》的答辯。一九四五年，郭

沫若到莫斯科參加蘇聯科學院二百二十週年慶典活動，我奉命陪同他到列寧格勒參加科學院紀念活動的閉幕式。剛剛經歷了長期圍困和浴血奮戰的列寧格勒，以其白夜、涅瓦河以及各種宮殿給郭沫若留下了非常深刻的印象。他在斯莫爾尼宮舉行的招待會上發了言，會見了列寧格勒的漢學家，還一起去了我父親家。回莫斯科後，他在莫斯科大學歷史系作了幾個講座，會見了許多作家，去了索契和其他一些城市。郭沫若將自己的首次蘇聯之行寫進了著名的《蘇聯紀行》，這本書後來被塔斯社上海分社社長、著名漢學家羅果夫翻譯成俄文。

日本投降後，我被任命為蘇聯使館駐華北區代表。抗日戰爭之前，在華北地區行使職能的是蘇聯駐北平和天津總領事館，因為該地區居住著許多蘇聯公民和俄羅斯僑民。在全俄中央執行委員會頒布關於恢復俄羅斯帝國臣民蘇聯國籍的命令之後，許多俄僑開始來使館領取蘇聯護照。

我在北平的新朋友

一九四六年初，在北平成立了一個由國民黨、共產黨和美國人組成的聯合委員會，即所謂的軍調處執行部，其任務是調解國共兩黨在以前日本軍隊占領地區的軍事和民事衝突。中方代表團團長是葉劍英將軍，我與他建立了非常友好的關係。後來，與我關係處得很好的還有老北平知識界的代表、北

平市長何思源和他的法國妻子，北京圖書館館長袁同禮及其繼任者、中國著名哲學家任繼愈，康有為的女兒康同璧及其丈夫羅昌——前北京政府駐美國外交官，還有林巧稚和諸福棠醫生。

在我的新朋友當中，有一些北平高校的教授。由於種種原因，他們沒能在北平被日本人占領的一九三七年疏散到後方。清華大學的教授中，給我印象深刻的是一批具有愛國主義情操的老師，特別是歷史學家吳晗。他關於明朝歷史的研究成為該領域的奠基之作。新中國成立後，他當上了北京市副市長。我與吳晗有著很深的交情。

進駐北平的國民黨軍隊，對在敵占區生活了七年的當地居民不太信任，他們不僅搶占日本人的財產，而且還搶奪那些在戰爭期間沒有疏散到後方的當地富人的財產，毫無根據地指控他們和日本人合作。

北平的市民們對國民黨當局十分不滿，他們熱切盼望解放軍在國內戰爭中奪取勝利。當解放軍部隊在遼瀋戰役後轉戰華北，並在平津戰役中奪取了天津、包圍了北平的時候，北平市民在被圍困四十多天的情況下，始終表現出對中國共產黨的好感，而且積極配合傅作義將軍的北平衛戍部隊和平起義。

一九四九年一月三十一日，在市民的鑼鼓聲和歡呼聲中，解放軍部隊進駐北平。我所熟識的葉劍英將軍被任命為北平軍事管制委員會主任。在他的

幫助下，當局歸還了當地幾個蘇聯公民被國民黨搶去的奶牛場過冬飼料，還有幾個蘇聯公民被國民黨掠去的財產。

應邀參加毛澤東的雙清別墅宴會

一九四九年三月，毛澤東領導的中國共產黨中央委員會從西柏坡遷到了北平。不久，一些反對國民黨的著名政治活動家，以及由於國民黨追捕而被迫移居香港和國外的左翼知識分子紛紛回到北平。各種民主團體、工會組織、青年協會和作家協會都恢復了活動。

六月的一天晚上，我應邀去毛澤東居住的雙清別墅參加宴會。別墅位於北平郊外的西山上。在這次宴會上，我認識了正準備去莫斯科的劉少奇。此前，我作為駐北平總領事，已經執行過幾次莫斯科下達的任務，拜訪過主管外交問題的周恩來。這頓飯吃得十分輕鬆愉快，席間周恩來詳細地講述了「紫石英」號事件。這艘英國軍艦在解放軍發動渡江戰役期間闖入前線，與解放軍砲兵交火，釀成外交事件。

除了毛澤東和我之外，所有參加宴會的人員都轉到了宴會長條桌的另一端，準備篩選劉少奇莫斯科之行的會談材料。參加宴會的還有蘇共中央委員會的代表科瓦廖夫先生，他是蘇聯前鐵道部長，也參與了會談文件的挑選並將陪同劉少奇前往莫斯

科。這樣，就剩下我和毛澤東坐在了一起。

我在自己的回憶錄（2006 年出版的五卷本選集）中詳細講述了這次給我留下深刻印象的會面。後來，我還多次見過毛澤東：一次是在我國大使羅申向他遞交國書的時候；一次是在一九四九年十一月七日蘇聯大使館的招待會上；一次是一九四九年十二月毛澤東從北京經過中國東北到蘇中邊境的途中；還有一次是在北京火車站迎接他從莫斯科回京。在我看來，毛澤東毫無疑問是一位能夠掌控國內局勢的民族領袖、傑出的國務活動家、熟知中國歷史和哲學的智者，是一個在周圍人當中享有絕對威信的領導。同時，我覺得，他並不太關注國內政治和國際局勢中的個別細節，而是授權周恩來或劉少奇處理這些具體的問題。

在和毛澤東單獨坐在一起的時候，我決定利用這個機會，了解他對一些歷史人物的看法。在我的論文中，曾涉及孫中山、嚴復、康有為等人，還有中國共產黨對中國民族資產階級的政策。所有這些問題，毛澤東都給我作了詳盡的答覆。由於桌子另一端一直在進行劉少奇赴莫斯科的文件篩選工作，所以我決定再問問毛澤東對於漢字前景的看法，它是否會被拉丁文字所替代。提這個問題的時候，我舉了三十年代在符拉迪沃斯托克（海參崴）進行的漢語拉丁化的試驗，這是一場由漢學家阿列克謝耶夫院士和中國學者瞿秋白、吳玉章發起的試驗。毛澤東回答說，他知道這些將中國象形文字改為歐洲

文字的試驗，在日本也有類似的試驗，但他反對將中國文字改為拉丁字母，因為那將使中國人無法了解自己幾千年的歷史，而這一歷史恰恰反映在象形文字中。

見證新中國誕生和蘇中建交

一九四九年十月一日，我有幸見證了毛澤東在北京天安門城樓上宣布中華人民共和國成立的歷史性時刻。當時，我站在觀禮台的下方，觀禮台上站著毛澤東和他的親密戰友們，還有一些進入中央人民政府的民主黨派領袖。

由蘇聯作家協會主席亞·亞·法捷耶夫率領的蘇聯文化界人士代表團出席了中華人民共和國開國大典。在首都前門老火車站，周恩來總理迎接了代表團一行。數小時之後，蘇聯客人來到了天安門廣場。毛澤東在天安門城樓上宣讀了政府公告，莊嚴地宣布一個新的國家——中華人民共和國成立了。我懷著無比激動的心情注視著新中國的五星紅旗高高昇起，而天安門廣場上響起了二十八聲禮炮。這是為了紀念中國共產黨領導人民經過二十八年的奮鬥終於取得了革命勝利。在廣場上，舉行了中國人民解放軍武裝力量檢閱和人民群眾遊行。

大典結束後不久，周恩來的助手韓敘（後來做了中國駐美國大使）來到總領館，交給我一封周恩來寫給莫斯科的信。信中向蘇聯通報了中華人民共

公　函

逕啓者，中華人民共和國中央人民政府毛澤東主席已在本日發表了公告。我現在將這個公告隨函送達閣下，希爲轉交貴國政府。我認爲中華人民共和國與世界各國建立正常的外交關係是需要的。　此致

春霖文　先生

中華人民共和國中央人民政府外交部部長　周恩來

一九四九年十月一日於北京

中華人民共和國中央人民政府　外交部用箋

Отправлено 2 октября 1949 г.

Пекин

МИНИСТРУ ИНОСТРАННЫХ ДЕЛ ЦЕНТРАЛЬНОГО НАРОДНОГО ПРАВИТЕЛЬСТВА НАРОДНОЙ РЕСПУБЛИКИ КИТАЯ

г-ну ЧЖОУ ЭНЬ-ЛАЮ

Правительство Союза Советских Социалистических Республик настоящим подтверждает получение Декларации Центрального Народного Правительства Китая от 1 октября с.г. с предложением об установлении дипломатических отношений между Народной Республикой Китая и Советским Союзом.

Рассмотрев предложение Центрального Народного Правительства Китая, Советское Правительство, движимое неизменным стремлением к поддержанию дружественных отношений с китайским народом и уверенное в том, что Центральное Народное Правительство Китая является выразителем воли подавляющего большинства китайского народа, извещает Вас, что оно приняло решение - установить дипломатические отношения между Советским Союзом и Народной Республикой Китая и обменяться послами.

По поручение Правительства СССР
Заместитель Министра Иностранных Дел А.ГРОМЫКО.
Москва, 2 октября 1949 года.

Верно:
Разослано:
т.Вышинскому,
т.Лаврентьеву,
т.Зорину,
т.Гусеву,
Секретариат,
т.Голунскому,
т.Федоренко,
в дело.

中蘇關於建立外交關係的換文

和國中央人民政府成立的情況，並希望蘇聯對新政權給予承認。我立即將信譯成俄文並發急電給莫斯科。第二天，蘇聯就宣布承認中華人民共和國，成為世界上第一個承認新中國的國家。

十月二日，我被任命為蘇聯駐中華人民共和國臨時代辦，直到蘇聯大使抵達北京並向中華人民共和國主席毛澤東遞交了國書。之後，我被任命為參贊。作為參贊，我常常與中國知識界的代表們接觸，比如歷史學家翦伯贊教授、侯外盧教授，還有俄羅斯古典文學的著名翻譯戈寶權先生。戈寶權一九四九年夏天正好在莫斯科，中華人民共和國宣布成立後，他立即被任命為中國駐蘇聯臨時代辦，直到新中國首任駐蘇聯大使王稼祥到任。

在後來的中國之行中，我曾經拜訪過戈寶權在南京的居所，並認識了他的妻子。戈寶權是俄羅斯忠實而真誠的朋友，他在向中國傳播俄蘇文學方面做了大量的工作。戈寶權在抗日戰爭時期加入了愛

一九四九年十月，毛澤東主席接受蘇聯首任駐華大使羅申（前排右6）遞交國書後，賓主合影留念。

國主義青年小組，這是一個親中共的小組，一九三七年在南京活動，而後追隨周恩來到漢口，完成他交給的與外交使團聯絡的任務，為中國共產黨爭取利益，維護抗日統一陣線。

一九五〇年五月，應中國人民大學校長、革命運動先驅吳玉章的請求，我為學校外交專業的學生作了幾次關於國際法的講座，之後就返回了莫斯科。後來，我又多次訪問中國，主要是因為兩類機緣：一是以科學院學者的身分，參加各類有關中國歷史的學術會議；二是作為蘇中友好協會中央理事會主席，受到中國對外友協的邀請。我到過中國不少地方，比如廣州、貴州、陝西、四川。給我印象最深的是對延安的訪問，我親眼看到了中國政府和當地政府對青年人和中年人進行革命歷史教育的極大熱情。我在鄭州參觀一個新落成的高層歷史博物館時，遇到了一群軍校學員，我注意到他們饒有興趣地了解博物館中的展品，在筆記本上認真地記錄著所見所聞。

我與中國歷史學家的深厚友誼

中國之行也使我與許多中國歷史學家結下了深厚的友誼。首先是中國社科院近代史研究所所長、中國革命和民族解放運動先驅劉大年教授。在蘇中關係交惡的那段時間，我和劉大年有過辯論，但是我們的辯論僅限於對某些具體文獻的闡釋，並不具

有武斷的、意識形態的性質。劉大年介紹我認識了研究所副所長張海鵬教授。除了在專業上有精深的造詣外，張副所長還具有很強的組織能力，成功地舉辦了一系列關於中國各歷史時期的國際學術研討會。在我撰寫學術論文的時候，中共中央文獻研究室的金沖及教授給予我很大的幫助，他寫了很多關於紀實文獻的文章。劉大年是俄羅斯科學院的外籍院士。他去世後，時任中國史學會會長金沖及教授接替他成為俄羅斯科學院外籍院士。

我和北京圖書館的老館長、著名哲學家任繼愈先生也保持著很好的關係。我與他的前任袁同禮先生則認識得更早，那是在國民黨統治時期的一九四五年末，當時我剛到北平。袁同禮三〇年代曾到過蘇聯，他在北京圖書館創立了俄語部，深受讀者的歡迎。

我的中國史學家朋友中，還有著名的清史專家戴逸教授。他是公認的清史研究權威、清朝統治史的主要闡釋者，發表了大量關於滿清統治的文章。二〇〇〇年，在斯德哥爾摩國際史學大會上，我有幸聆聽過戴逸教授的報告。他在報告中將康熙、乾隆與同時代的印度、土耳其和伊朗的國王作了比較，引起與會人員的極大興趣。

在近年來訪問中國的過程中，我發現中國許多地方都在積極修復「文革」期間損壞的歷史文物，包括孔子的故鄉曲阜。在二〇〇七年北京國際史學大會的全體會議上，張海鵬教授向與會代表介紹了

政府批准的關於考古和蒐集縣、鄉一級清朝文獻用於研究和出版的宏大計畫。所有這些工作，都得到中國政府慷慨的財政支持。

朱佳木領銜的當代中國研究所對新中國六十多年的歷史進行了大量研究，該所與俄羅斯科學院遠東所在許多項目上有著密切合作。

每次訪問北京的時候，我都要找機會拜訪一下曹靖華教授。一九四四年，我剛到蘇聯駐重慶使館時，他在使館教漢語，對我的漢語提高給予了很大幫助。那時，曹靖華經常生病，我每次都去醫院看望他，因此也結識了他的女兒曹蘇玲。曹蘇玲是父親忠實的助手。父親逝世後，她出版了曹靖華的系

列書稿，其中包括十卷本的著作及翻譯文集。

　　關於我生活上的朋友，我想提兩位醫生，他們是林巧稚和諸福棠。他們對我的妻子和兩個在北平出生的孩子都給予了無微不至的照顧。

　　我最近一次訪問中國，是在中華人民共和國成立六十週年慶典期間。我無法用語言來形容參加這一慶典的激動心情。中國展示了自己在經濟、文化、體育等領域取得的成就，同時也展示了自己的軍事實力。天安門城樓上的嘉賓與北京市民一起隆重慶祝了人民革命勝利的紀念日，他們對自己取得的成績和中國共產黨的領導地位感到無比自豪。

　　最後，我想強調一下中國人民對外友好協會與中俄友好協會在鞏固兩國人民友好關係方面所作的巨大貢獻。在他們的努力下，中俄之間的文化交往日益繁榮，各種交流活動及參加人數都越來越多。中國對外友協東歐部是一個團結的集體，他們認真地準備每一次與兩國文化交流相關的活動。在此，我想對他們每個人都表達我深深的敬意。

真誠的友誼絕不會過時

張　震

（中國前駐蘇聯大使館公使銜參贊、駐列寧格勒總
領事，駐烏克蘭大使）

　　我的外交生涯四十個春秋的三分之一是在蘇聯度過的，哪怕是中蘇關係失和時期，也與蘇聯朝野人士保持密切而友好的接觸，這些至今深刻在腦海中。說是回憶，但回憶起來的人和事還是鮮活如初，似桑拿浴般引發我的熾熱激情。

　　中蘇（俄）友好是真誠的，即使兩國各自發生了滄海桑田之變，這種友好也將綿延流長而決不會過時。俄羅斯社會主義革命家列寧和中國民主革命先行者孫中山，在各自國內為人民福祉而踐行革命的征途中，息息相通而視為知己，在兩國現代史上是一抹濃墨重彩的美談。在功、過、罪集於一身而引發爭議的斯大林主政蘇聯時期，聯共和蘇聯各族人民給了中國革命以不可或缺的道義與物質的援助。對斯大林在中國革命問題上的評價，在中國的蘇聯學研究者中褒貶不一。我認為這是正常的。但有一點不敢苟同：一些著作過於抱怨斯大林在「指導」中國革命問題上過的一面。斯大林給中國革命出了些錯誤主意，一是不了解中國國情「瞎指

揮」，一是在確保自己核心利益──蘇聯安全存在和考量中國革命發展取向之際，面臨著二擇一的權衡。斯大林的過，是可以理解的。與孫中山一樣，毛澤東也說過要「以俄為師」！老師教錯了，學生照著做由學生負責。

俄羅斯是蘇聯的繼承國，中俄友好將在中蘇友好基礎上發揚光大。中俄青年既是中蘇友好的接班人，又是中俄友好承載者最積極的基本人群，願以此文獻給中俄青年友好交流年。

中蘇（俄）友好是一項群眾性事業，在中國深入人心。作為中蘇（俄）友好積極分子群體的一員，我有幸在青少年時期就積極地投入進去，並在其後將之融入職業外交而終已一生。早在上海做地下工作時，我讀了好多能到手的地下出版物，除了我們黨的活動信息，就是與蘇聯有關的知識。中蘇友好的種子早早在我的心田中發芽。

中蘇（俄）友好，在兩國書刊中即使現在也一以貫之充分給了肯定，在街談巷議中可時常聽到感人肺腑的普通人悲歡離合的交往故事。中國有句飽含嘲諷意味的俗諺：「天下文章一大抄。」我不想步抄者後塵。下面要說的幾個小故事，雖不那麼感人，也不那麼有趣，甚至還有點惹人嫌，但都是我親歷的。

第一個故事，就與爭議性人物斯大林相關，我深恐讀者誤解開篇之用意。我剖白故事發生時的真實心態：斯大林是蘇聯與蘇聯人的化身！只是在蘇

共二十大之後，我才以審視的眼光看待斯大林。

從一九五二年到一九五五年，我在上海俄語學院學習。蘇聯政府決定為中國援建一百五十六項大工業企業，大批俄語翻譯不可或缺。中共中央組織部從各省市緊急抽調三百餘名青年幹部突擊學習俄語以應急需，我就是其中一員。一九五三年三月六日，我們全班二十四位同學正聚精會神地靜聽俄羅斯女教員在中國女助教配合下講解俄語語法，教室外長廊裡的廣播器突然開播，女播音員以悲壯的語調宣讀斯大林逝世的訃告。全班師生起先愕然相望，但轉瞬間，有的暗泣淚流滿面，有的不禁哭出聲來，自然地流露出對死者由衷而發的恭敬。教室變成了靈堂──其時教室恰巧掛有斯大林畫像。全校師生不宣而停課，自發集會到校內廣場，校長在讚頌斯大林之餘號召說：化悲痛為力量，學好俄語，為中蘇友好作貢獻。此情此景，不用說是衝著斯大林個人的，但就本質而言，更是中蘇友好在特殊情況下某種莫名的體現。

第二個故事，其主人公是中蘇建交的見證人齊赫文斯基先生，我本人只是個「旁聽者」兼友人而已。

一九四九年上半年，中國人民解放軍強渡長江解放了南京，蔣介石政府南遷廣州，外交使團亦隨之前往，其中包括蘇聯使團。中國的蘇聯學研究者對蘇聯此舉多作負面的解讀，但我個人寧可認為這是蘇聯在國際外交棋盤上下的一子虛著，是演戲給

美蔣看。此前，從中國解放戰爭進入由防禦而進攻的轉折點的當刻——一九四七年，蘇聯從各方面加緊了對中國人民解放事業的實際支援，就是支撐我這一看法的佐證。

幾乎在上述外交劇上演的同時，中共中央遷往和平解放的北平。這個已內定為新中國首都的北方城市，在外交上幾乎是一張白紙，以齊赫文斯基先生為館長的蘇聯總領事館是唯一的外交使團，成了新中國才剛掀開帷幕的外交舞台上一處靚麗的政治景點。

齊赫文斯基先生今年已九十六歲高齡，我也已八十四歲，我們倆都是耄耋老人。故事情節發生在上世紀五〇年代，其時我在駐蘇聯大使館工作，他在蘇中友協工作，見面機會多且交談無拘。

齊赫文斯基是在列寧格勒大學語言學院學的漢語。他說，漢語很難學，讀到四年級，全班二十八個學生只剩下他和一個女生。他提前一年被調入蘇聯外交部工作，莫洛托夫外長要他給來訪的孫中山兒子孫科當翻譯。他壓根兒沒想到，孫科竟問他：「年輕人，你懂英文嗎？」孫科接著解釋說：「雖然我是中國人，但講不好中文，我說的中文在中國沒有人能聽懂。」齊赫文斯基笑著說，幸虧當時學了點英文，好歹對付了過去。被派往中國後，他先在國民黨陪都重慶的蘇聯大使館工作，抗日戰爭勝利後被派往北平任總領事。舊中國變新中國，北平從「政治真空」變成「政治鬧場」，後又一躍而為

100 лет со дня рожден
Си Чжунсюня
1913 - 2013

二〇一三年十二月二日，俄中友好協會在俄羅斯科學院遠東研究所舉行紀念習仲勳同志一百週年誕辰活動，俄中友協名譽主席、俄漢學界泰斗齊赫文斯基院士（中）主持活動並致辭。左為中國駐俄羅斯大使李輝，右為俄中友好協會主席、遠東研究所所長季塔連科院士。（供圖：中新社）

新中國的政治中心，他這個總領事也隨之享受到厚重的政治優遇。北平和平解放，解放軍一進城，首任市長葉劍英就立馬來到蘇聯總領事館。從此，齊赫文斯基有機會與劉少奇和周恩來進行接觸，並幾次成為毛澤東主席的座上賓。

能有機會參與中蘇建交過程，齊赫文斯基一直引以為豪。在新中國成立前夕，劉少奇率團秘訪蘇聯，與斯大林談了諸多問題，其中包括承認與建交問題，斯大林當即欣然表示同意。齊赫文斯基參與

了劉少奇訪蘇的準備工作，毛主席與蘇共中央代表科瓦廖夫會談時，他又與中方翻譯師哲一起做翻譯。他是應邀出席中華人民共和國開國大典的蘇聯正式代表，也是唯一的外國外交代表。一九四九年十月一日，周恩來外長將毛澤東主席宣告新中國政府成立的《公告》函送給他。翌日，一俟蘇聯副外長葛羅米柯給周恩來的覆電收到，他又立馬將其轉給中方。他是新中國建立後蘇聯駐華大使館首任參贊兼臨時代辦。

如今，作為俄中友協名譽主席、俄羅斯漢學家聯合會名譽主席，齊赫文斯基仍然關注著俄中友好事業。

第三個故事，情節的中心人物是女主人公的丈夫，但我與之素不相識。奇哉怪耶！讀者會問，那這個故事怎麼寫？

我執意要寫，僅因故事主人公恰巧是鮑羅廷夫人。在上世紀五〇年代，那時我還是一個初出茅廬的外交官，在大使館舉辦的一次友好活動中，一位老年蘇聯女士主動與我進行攀談，並自我介紹是鮑羅廷夫人，其丈夫已去世，她是在蘇中友協的組織下前來參加與中國同志的友好活動的。鮑羅廷，鮑羅廷，多麼熟悉的名字啊！我想起來了：鮑羅廷就是列寧給孫中山派來的那個蘇聯政治顧問，在中蘇關係史上，此人大大地有名。在活動結束後的匯報會上，劉曉大使提示：以後鮑羅廷夫人再來參加活動，我們一定要好生接待。令我十分沮喪的是，鮑

一九二四年，孫中山在廣東韶關宴請鮑羅廷（左1）等人。（供圖：FOTOE）

羅廷夫人此後再沒現身大使館舉辦的友好活動，因為過後不久她就作古了。寫關於鮑羅廷的故事，以表對鮑羅廷夫人的懷念，是我的夙願。

鮑羅廷（1884-1951），俄羅斯人，一九〇三年加入俄國社會民主工黨，一九一九年出席共產國際一大。一九二三年，應孫中山之邀，鮑羅廷作為蘇聯政府特使、政治顧問抵達廣州；一九二七年國共第一次合作破裂、大革命失敗後返回俄羅斯。鮑羅廷在中國四年，做了許多對推動中國革命前進具有階段性意義的有益工作。

為適應中國民主革命發展的需要，鮑羅廷與中共中央共商幫助國民黨改組的事宜，力促孫中山盡速召集改組會議。由於中共中央移遷上海，這項工

一九二四年，宋慶齡
（右）、宋美齡（中）
與鮑羅廷夫人在廣州
寓所品茶。（供圖：
FOTOE）

作主要是在鮑羅廷和廣東黨組織的直接推動下進行
的。國民黨改組為第一次國共合作奠定了組織基
礎。

　　經過改組後的國民黨召開一大，而大會通過的
宣言草案是鮑羅廷負責起草的，給孫中山的民主革
命綱領增添了實質性內涵——聯俄、聯共、扶助農
工，這三大政策使孫中山的「舊三民主義」嬗變為
「新三民主義」。國民黨一大宣言為第一次國共合
作奠定了思想政治基礎。在鮑羅廷的建議和支持
下，蘇聯政府為創辦黃埔軍校提供了人力、物力、
財力的全面援助。

　　順便說說莫斯科中山大學。以孫中山名字命名
的這所大學，正是鮑羅廷建議開設的，而且是鮑羅
廷於一九二五年十月在國民黨中央政治會議上正式
宣布建立的，目的是為國共兩黨培養幹部。國共兩
黨好多有名的大幹部就是這所大學培養出來的。

　　那麼，對鮑羅廷在華四年的工作該作何評價？

共產國際──聯共對中共有過許多正確的指導，也有過不少脫離中國實際的錯誤指揮。作為共產國際──聯共代表，鮑羅廷等蘇聯顧問們對中國革命是「有功之臣」，來自他們上面的錯誤主意不能算在他們頭上。

第四個故事，由幾個小故事組成，情節不聯貫，時區亦不一，但友好將之串成了一體。

「不稱我同志，我提出抗議」

那時候蘇聯已解體，以海軍司令賀鵬飛為團長的中國軍事代表團一行飛抵莫斯科訪問，當晚我以大使館臨時代辦的身分在莫斯科北京飯店設宴，俄羅斯軍方一行出席。賀鵬飛將軍致祝酒詞，剛發聲稱呼「先生們」，剎那間，一俄羅斯軍官立馬站起來，看似半認真半開玩笑地說：「將軍同志，您稱呼我們為先生，難道我們已經不是同志了嗎？」「不稱我同志，我提出抗議。」另一俄羅斯軍官接著說，「中俄兩軍永遠是同志，一旦需要，我們將並肩作戰。」接下來，雙方都很自然地以同志相稱，宴會上始終充滿了歡樂。

在人際交往中，在對外關係中，怎樣稱呼才合乎禮貌，是要有點講究的，但決定關係狀況好壞的關鍵性因素，應該是其實質內涵。同志關係的中蘇關係世人都知曉歷經起落，而非同志關係的中俄關係處於新中國建立以來最佳的狀態。這是很說明問

題的。我想，上述兩位俄羅斯軍官肯定懂得這道理，無非藉以彰顯真誠的中蘇友好決不會過時的堅定信念。

「我就是喜歡吃『北京烤鴨』」

上世紀七〇年代末八〇年代初，我不記得是哪月哪天，蘇聯副外長賈丕才（即米哈伊爾·斯捷帕諾維奇·卡皮查）應邀到大使館做客。但在他來前一天的晚間，塔斯社發表了一篇反華評論：「北京在說謊。」在俄語裡，「北京在說謊」和「北京烤鴨」是同一個詞：уткапо-пекински。我尋思著如何應付當晚的這場活動，後來靈機一動，吩咐食堂做「北京烤鴨」為晚宴主菜。晚宴初始，主客雙方寒暄如常，但在「北京烤鴨」端上台來的剎那，空氣倏忽凝結了似的。我見狀說了句圓場的雙關語：賈丕才副外長，昨晚您不是暗示要嘗嘗「北京烤鴨」嗎？嘗嘗，嘗嘗。賈丕才副外長從容回應：那是公事唄！我可不敢假公濟私。「北京烤鴨」是我的最愛。主客這樣表態，既不悖原則，又不傷和氣，晚宴氣氛頓時又活躍起來。

「桌面上笑嘻嘻，桌底下踢絆子」，中國的這句俗諺，是說一些人為人不正派。我們曾經的中蘇外交官，是反其道而行之的。作為外交官，我們遵示行事，但我們自覺不自覺地維護著已融在心底的中蘇友好事業。我們是在陽光下工作的外交官。

「裸體外交」，或曰「桑拿外交」

　　在上世紀七八十年代，大致上是中蘇論戰已告結束但兩國關係有待解凍那段時光，兩國交往中的具體問題急需及時地解決。怎麼辦？雙方高層外交官會見和談話的機會少之又少，但下面的外交官接觸機會稍多，問題只是在找到某種彼此認為隨意可行的形式。我想起了在蘇聯流行的芬蘭「桑拿浴」。我在大使認可下相機同蘇聯外交官就這一接觸形式進行了試探性討論，雙方果然一拍即合，從此雙方外交官開始了頻繁的「桑拿外交」。忘了是哪個蘇聯外交官開玩笑說的：我們是光著屁股搞外交，一絲不掛，坦然交談，以後就命名為「裸體外交」吧！

　　實踐的結果證明，上述隨意的外交交往形式，在一定條件下比正式的似更顯得有效。這個「一定

張震夫婦與阿爾希波夫合影。

條件」，我指的是：兩國關係處於不正常狀態，但彼此友好的感情互動仍一如既往。

第五個故事，主人公是為中蘇友好事業作出了傑出貢獻的中國人民的老朋友阿爾希波夫。一九九一年五月，江澤民總書記訪問蘇聯期間在使館會見老朋友，特邀阿爾希波夫參加，並特地對他進行了介紹。兩人同台高唱中蘇兩國的歌曲，博得了全場的歡呼。江澤民對大家說，今天我是「興之所至」，他是「興致勃勃」。江澤民鼓勵中國留學生成才做專家，說蘇聯民族是一個偉大的民族，值得我們學習。這是衝著阿爾希波夫說的，其意顯然在給他個人以充分的肯定。

阿爾希波夫一生的經歷，從一個不起眼的學徒工成長為蘇聯政府副總理一級的人物，反映了蘇聯社會革命性的變化，而他個人正是這一變化的傳奇式縮影。在中國，人們通常把一九五三年看作國家工業化的起點，其主要標誌是第一個五年計畫開始實施。阿爾希波夫恰巧是在中國第一個五年計畫期間──一九五三年至一九五七年擔任蘇聯專家總顧問。

退休後的阿爾希波夫是中國駐蘇聯大使館的座上賓，大使館外交官亦常應邀到其莊園做客。阿爾希波夫是一個質樸而謙遜的老人，少之又少主動談及他在華工作那幾年的業績。我查閱了相關史料，阿爾希波夫在中國工作期間，以蘇聯專家總顧問的身分，參加了中國第一個五年計畫的制訂工作；蘇

聯於一九五〇到一九五三年給予中國三億美元貸款，繼之於一九五四年阿爾希波夫來華工作的第二年又給予中國五點五億盧布長期貸款；「一五」期間，蘇聯援華工業項目一百五十六個，不僅提供資金和設備，還提供全套的技術指導，先後來華工作的蘇聯專家有三千多人，全是阿爾希波夫的麾下。與阿爾希波夫時常甚或偶爾接觸的中國人都有一個深刻印象：只要話題涉及中蘇友好，阿爾希波夫就會滔滔不絕地講個不休。有一次，大概是上世紀八〇年代末哪月哪日，我們幾個外交官到阿爾希波夫的莊園做客，但見室內裝飾簡樸，陳設亦一般，然而數個高玻璃櫃卻格外令人醒目，裡邊滿擺著中國產的手工藝品。他如數家珍地給客人介紹，哪件是哪個中國朋友送給他的。中國有一句俗諺：「千里送鵝毛，禮輕情意重。」阿爾希波夫禮櫃內這些小擺設凝結著其中國老朋友的一片永不過時的深情厚誼。

第六個故事，主人公的名字就具有挑戰性，有的讀者可能要指斥我何必堅持要將之寫入這故事！故事的主人公是戈爾巴喬夫。這個故事的故事性不強，讀者聽了或許覺得索然無味。我堅持要寫這故事，僅只為彰顯戈爾巴喬夫對復興中蘇友好事業的貢獻。

從上世紀八〇年代初開始，中蘇雙方出於全局的內外政策需要，互動地調整與對方的關係，兩國關係趨向緩和，各領域往來亦有所增進。但從中蘇

關係的大局看，兩國關係的實質性改善並非一蹴而就的事。戈爾巴喬夫主政蘇聯後，中蘇關係正常化進程才發生轉折性變化。一九八六年七月戈爾巴喬夫在海參崴的講話，表明蘇方在「三大障礙」問題上作出了實際鬆動。

一九八九年五月，戈爾巴喬夫對中國進行歷史性訪問。他出發去北京那天，我去機場送行。他對我說，此訪很重要，對兩國關係的恢復和發展具有深邃的歷史意義，相信訪問一定能成功。我去機場迎接他返回，他又笑著說：這次訪問圓滿成功，我很興奮。看得出，他對中蘇友好事業懷著普通人的真誠。

第七個故事，講的是俄羅斯首任總統葉利欽。

先說個在外交實踐中難得碰到的小插曲：蘇聯解體前後，作為大使，王藎卿當然是館長，但他既非駐蘇聯大使，也非駐俄羅斯大使。大使館對外在名義上仍由我作為臨時代辦主持。原因是他被任命為駐蘇聯大使後到莫斯科就任，未及向戈爾巴喬夫遞交國書，蘇聯解體了，而俄方安排遞交國書則是稍後的事了。我陪同王大使向葉利欽總統遞交國書。在返回大使館途中，王大使笑著說：我原以為葉利欽滿臉橫肉，很凶的，不料他是個「добрыйдядя」（慈祥的叔叔）。我理解大使的意思，他可能覺察到中俄關係出現了好兆頭。

中蘇關係在戈爾巴喬夫時期正常化了，但仍由意識形態捆紮著。有心人會注意到，當年中蘇雙方

張震在莫斯科機場為戈爾巴喬夫訪華送行。

邁出試探性一步時，都是不著痕跡地暗示性承認對
方是社會主義。蘇聯解體，俄羅斯為其繼承國，中
俄關係向何處去？針對意識形態多年來干擾中國對
外政策的情況，鄧小平同志明確指出：「不管蘇聯
怎樣變化，我們都要同它在和平共處五項原則的基
礎上從容地發展關係，包括政治關係，不搞意識形
態爭論。」據此，中國製定了超越意識形態和社會
制度異同，在平等互利、互不干涉內政的基礎上與
俄羅斯及其他國家開展正常交往的外交方針。但由
於看問題時仍自覺不自覺為意識形態所左右，也發
生過令對方不快的事情。例如，在準備高訪的過程
中，時任俄羅斯最高蘇維埃主席的葉利欽提出要會
見中國領導人。在蘇聯改革問題上，葉利欽與戈爾
巴喬夫有分歧有鬥爭，這在當時是公開的祕密。蘇

方告我，如中方願意安排會見，蘇方無異議。我方則回應說，如蘇方予以安排，中方無異議。把政治敏感的難題推給對方，這在外交上是慣用的策略，其名曰「踢皮球」。中蘇雙方「球員」將球來回踢，臨了將葉利欽要見中國領導人的意向「踢」掉了。

葉利欽主政俄羅斯，我的工作崗位已從莫斯科移至基輔，但我仍密切地關注著俄羅斯——我的第二故鄉，尤其對中俄關係懷著熱切的希望。我的希望並沒有落空，我的希望倍增地實現了。正是在葉利欽作為俄羅斯首任總統期間，中俄關係四年內上了三個台階：一九九二年，中俄雙方承認「相互視為友好國家」；一九九四年，雙方確認「新型的建設性夥伴關係」；一九九六年，雙方宣布發展「戰略協作夥伴關係」。中俄關係每經過一個台階的提升，都標誌著兩國關係內涵又一次質的飛躍。

從上述可看出，葉利欽是一個勇於「結束過去」、敢於「開闢未來」的國務活動家，以長遠的戰略的高度審視中俄關係。中蘇友好順利地傳承為中俄友好，葉利欽是功不可沒的。

第八個也是最後一個小故事，講我離開莫斯科去基輔前夕發生的一幕感人至深的友好場面。一九九二年二月上旬，我赴任駐烏克蘭大使前夕得知，蘇聯對外友協決定授予我一枚「友誼獎章」，將於日內舉行授獎儀式。蘇聯已解體，其友協推出此舉，不免令我感到驚訝。授獎儀式簡樸但隆重，設有主席台，台下坐有五六十人。蘇聯對外友協副會

長霍莉卓娃代表其會長捷列什科娃（世界上第一位女宇航員）宣讀授獎決定，並當即授予獎章。我簡言表示感謝。我以為儀式到此即結束了事，這時場下站起來一人要求我回應其提出的一個問題：您即將就任中國駐烏克蘭大使，中蘇友好就是中俄友好，是一體的。您一向關注著友好事業，但今後將何以處之？我當時的回應大意是：蘇聯是解體了，但我在對蘇外交生涯中與曾經的蘇聯和蘇聯人結下的情緣是不可解的。坦言之，作為中國駐烏克蘭大使，我首先將關注中烏關係，但保證不會做有損於中俄友好關係的事。言畢，全場鼓掌對我表示讚許。我至今還記得，這個提問者名叫梅列尼科夫，是一個資深漢學家。

　　普京第一次出任俄羅斯總統期間，在北京人大會堂舉行的中俄友好年活動中，我曾經有機會與捷列什科娃女士會見，暢敘友情。當提及她領導的蘇聯對外友協授予我「友誼獎章」的時候，她敏捷地回應說：那是蘇聯解體後授予外國友人的唯一一枚，是她個人提議授予中國友人的。

相伴中國六十年

加·庫里科娃

（俄中友好協會第一副會長，俄羅斯聯邦功勳
文化工作者）

　　俄中友好協會是我國第一個對外友好協會——
一九五七年十月二十九日成立的蘇中友好協會光榮
傳統的繼承者，它正迎來六十週年華誕。

　　這麼多年來，我的生活、命運和工作，都與這
個在兩國和兩國人民友好關係史冊中留下無數光輝
篇章的組織緊密相連。早在中學時代，中國就已進
入了我的生活。一九四九年十月一日，毛澤東在天
安門城樓上向全世界宣布，在中國的土地上誕生了
一個新的年輕國家——中華人民共和國。蘇聯人民
對中華人民共和國的誕生感到非常高興和振奮，報
刊和廣播對發生在中國的事件都大力宣傳。

　　蘇聯著名詩人蘇爾科夫的一首詩曾廣為流傳，
令我終生難忘：

> 跨越血洋，跨越淚海
> 英雄的人民披荊斬棘走來，
> 穿越漫漫的五千年
> 他依然懷著躍動的年輕的心態。

他勇敢地向前闖啊，

不沉醉於千年之夢的迷彩……

多麼幸福啊，這樣的人民

同我們一起走向光輝的未來！

六十七年過去了，今天我仍要說：「多麼幸福啊，這樣的人民同我們一起走向光輝的未來！」

蘇中友協的成立及其與中國的交往

那個時候，收音機裡幾乎每天都在播放瓦·穆拉傑裡的《莫斯科──北京》這首被稱為「蘇中友誼的讚歌」的歌曲。《莫斯科──北京》的歌詞，就是在今天對我們俄中兩國的年輕一代仍有著特別的意義。記得我印象特別深的是格拉西莫夫拍攝的兩部電影，叫《中國人民的勝利》和《解放的中國》。

那些年代發生在中國的事件，對我產生了影響。中學畢業前，我經過思考，決定報考研究中國的學校。夢想實現了，我成為莫斯科東方學院中國部的學生。學院改組後，我繼續在國立莫斯科國際關係學院東方系學習。

在學院裡，著名的學者、漢學家和外交官齊赫文斯基教授給我們講中國歷史課，他見證並參與了兩國建交的整個過程。讓我們這些研究中國文化的學生感到驕傲的是，蘇聯是世界上第一個承認中華

人民共和國並與之建立外交關係的國家。

　　我和中國的第一次接觸，還是在上大學時。在學校裡，與我們一起學習的中國同學那種刻苦勤奮的精神，令我們感到驚訝。他們中有馬敘生，他先是在外交部工作，後擔任了中國外交學會的領導；還有何理良，她是後來的中國外交部長黃華的夫人；還有許多未來出色的中國外交官。我有幸與參加第六屆莫斯科青年和大學生聯歡節的中國學生——金獎獲得者一起工作，並第一次接觸到中國傳統藝術。

　　一九五七年，在莫斯科發生了影響我一生的事件。十月二十九日，在莫斯科國立柴可夫斯基音樂學院的大禮堂裡，舉行了有二千多名蘇聯社會各界代表參加的大會，一致通過關於在蘇聯成立蘇中友好協會的決定。我是有幸應邀參加這一歷史性大會的青年中的一員。我還清楚地記得，當走出音樂學院大禮堂時，我滿腦子都是大會上那些令人印象深刻的精彩發言。我夢想著能馬上到這一新創建的組織中工作。幾年後，我的這個夢想終於實現了。

　　一九五八年，在我們一個年級為數不多的同學中，我被選派到北京實習。在那裡，我不僅見證了中國各地為恢復和發展國民經濟而迸發出來的勞動熱情，還看到了蘇聯對中國人民所給予的幫助。一九六〇年三月，我應聘到一九五八年二月成立的蘇聯友好協會聯合會東方社會主義國家中國部工作。在該部，我一直工作到一九八九年十二月，從科員

到處長，同時還兼任秘書工作，爾後擔任蘇中友協副會長。一九八九年十二月，友協聯合會派我到蘇聯駐華大使館工作，一直到二〇〇〇年底。返回莫斯科後，我非常樂意繼續在一九九二年已成為俄中友協的原單位工作。

在俄中友協的長年工作中，我不僅僅是我們偉大鄰國生活和成就的見證者，而且結識了中國的很多傑出人物。令人終生難忘的是，我有幸參加了中國國務院總理周恩來，中國人民的偉大女兒、中蘇友協第一任會長宋慶齡，中國共青團中央第一書記胡耀邦對我們友協代表團的接見活動。

我清楚地記得在兩國關係不同尋常的時期中國外交部長陳毅元帥接見我們代表團的情景。那時怎能想像得到，很多年之後，我竟與他的兒子陳昊蘇——著名的國務和社會活動家——認識並經常打交道。在長達十五年的時間裡，陳昊蘇一直領導著

一九三五年，中國京劇團在蘇聯巡演期間，梅蘭芳與蘇聯著名戲劇家斯坦尼斯拉夫斯基合影。（供圖：中新社）

中俄友協。

在友協工作，使我有機會結識中國文學藝術界的許多傑出代表，譬如已過世的梅蘭芳、戈寶權、曹靖華和葉水夫教授，以及健在並繼續他們事業的著名專家和俄蘇文學的傳播者：高莽，七十年如一日在中國獻身於研究和傳播俄羅斯文學藝術；李明濱、張建華、任光宣教授，以及許多其他中國文學藝術界的代表，他們致力於讓學生掌握知識並培養對俄蘇文學藝術的興趣。

我永遠不會忘記與中蘇友協代表團一起工作的日日夜夜，其中有世界聞名的京劇大師梅蘭芳。一九三五年春，中國京劇團在蘇聯巡迴演出前夕，著名導演愛森斯坦曾把梅蘭芳稱為「梨園仙子」。

四分之一世紀之後，梅蘭芳再次來到我們國家，他表示想去一九三五年曾經巡演的斯坦尼斯拉夫斯基和聶米羅維奇——丹欽科劇院。我被指派陪同梅蘭芳一起去。劇院正在上演芭蕾舞劇《海盜》。我記得，幕間休息時，梅蘭芳突然看到休息室的牆上掛著他和聶米羅維奇——丹欽科、梅耶荷德及塔伊羅夫的合影，當時他心情非常激動。這是一九三五年在為慶祝他巡演成功而舉辦的晚會上拍的照片。

第二幕開場前，指揮轉向觀眾，告訴大家世界著名的京劇大師梅蘭芳前來觀看演出，所有的觀眾起立鼓掌。梅蘭芳也站了起來，他的眼睛裡閃爍著淚花……當我們回到賓館時，他說想帶著他的劇團

再來莫斯科演出，因為他堅信，文化的相互滲透能促進兩國睦鄰友好關係的發展。但天不遂人願，不久梅蘭芳就去世了。但他的京劇團依然存在，繼續以其獨一無二的風格贏得藝術愛好者的讚嘆，京劇也被聯合國教科文組織列入世界非物質文化遺產名錄。現在，該劇團坐落在北京的一座新建築裡，並以梅蘭芳的名字命名。我至今珍藏著這位偉大的中國大師贈送的有其親筆題詞的照片。

我想好好說一下著名的翻譯家、作曲家、作家薛范，他從小就因傷殘而坐輪椅，但他做了很多工作，在中國推廣蘇聯及俄羅斯的現代通俗歌曲，而在我們國家則傳播中國最為流行的民歌和現代歌曲；還有中國著名女高音歌唱家郭淑珍教授，在中國普及俄羅斯和蘇聯古典音樂的吳祖強，以及莫斯科柴可夫斯基國立音樂學院畢業生、中國第一位女指揮家鄭小瑛。

在我的記憶中，還有與伊萬諾夫國際兒童院的那些「中國孩子們」的深厚個人友誼：毛澤東的女兒李敏、劉少奇的女兒劉愛珍、朱德元帥的女兒朱敏（很遺憾她已去世）、李富春和蔡暢的女兒李丹丹，還有很多很多稱我們國家為第二故鄉的我的朋友們。

見證兩國高層交往

在蘇中友協和現在的俄中友協工作的五十九年

中，我有機會參加很多群眾活動以及與俄羅斯和中國領導人的會見。二〇〇一年六月十六日，俄羅斯聯邦總統普京和中華人民共和國主席江澤民在莫斯科簽署了《俄中睦鄰友好合作條約》。

那天下午，在莫斯科國立大學的禮堂裡，兩國領導人與大學師生、俄羅斯知名社會活動家、俄中友協的負責人和積極分子會見時的熱烈場面，令人久久難以忘懷。在江澤民和普京的講話中，雙方簽署的條約被稱為俄中關係的歷史性里程碑、為二十一世紀兩大鄰國相互信任和戰略協作夥伴關係奠定法律基礎的綱領性文件，並以法律形式鞏固了兩國和兩國人民的和平理念：「世代友好，永不為敵」。我還記得，當江主席講完兩國人民要成為「好鄰居、好朋友、好夥伴」，而年輕一代要繼承發揚老一輩的友好合作傳統之後，會場上掌聲雷動，經久不息。二〇一六年，我們將廣泛並隆重地慶祝這個

歷史性文件簽署十五週年。

二〇一三年三月二十二日至二十四日，中華人民共和國主席習近平對我國進行了國事訪問。俄羅斯成為習近平當選中華人民共和國主席僅僅八天之後首訪的國家。訪問中，兩國政府發表的《俄羅斯聯邦和中華人民共和國關於合作共贏、深化全面戰略協作夥伴關係的聯合聲明》特別提到，要「在機制化和長期化的基礎上擴大兩國青年交流」。在與莫斯科國際關係學院的師生會見、演講時，習近平主席又強調說：青年是國家的未來，是世界的未來，也是中俄友好事業的未來。作為該學院的畢業生，我有幸出席了這次印象深刻的會見。

在題為「順應時代前進潮流，促進世界和平發展」的演講中，習近平主席闡述了中國關於國際問題及中俄關係的立場。當講到中俄關係是世界上最重要的雙邊關係和最好的大國關係時，習近平聲明：正如普京總統所言，「俄羅斯需要一個繁榮穩定的中國，中國也需要一個強大成功的俄羅斯」，這不僅符合中俄雙方利益，也是維護國際戰略平衡和世界和平穩定的重要保障。中國領導人的講話博得全體與會人員的熱烈掌聲，這次見面將永遠留在人們的記憶之中。

俄中共同慶祝反法西斯戰爭勝利七十週年

我懷著特別的情感回憶起二〇一五年，這一年

是我們戰勝德國法西斯及日本軍國主義七十週年，也是第二次世界大戰結束七十週年。我們兩國曾經是第二次世界大戰東西方戰場的主要參與國，是反對納粹和日本軍國主義的同盟國，都遭到侵略者的主要打擊。在這場殘酷的搏鬥中，蘇聯和中國不僅頂住了，而且取得了偉大勝利，給世界帶來和平。

為銘記歷史，向我們兩國六千萬犧牲的優秀兒女表達敬意，向世界表明不容竄改二戰勝利果實的決心，俄羅斯總統普京和中國國家主席習近平在二〇一四年就達成了協議，共同隆重舉辦慶祝二戰勝利七十週年的活動。

二〇一五年五月九日這天，全世界都看到，為慶祝蘇聯人民偉大的衛國戰爭勝利七十週年而舉行的規模宏大的閱兵式上，中國國家主席習近平與俄

二〇一五年九月三日上午，紀念中國人民抗日戰爭暨世界反法西斯戰爭勝利七十週年大會在北京隆重舉行。圖為俄羅斯聯邦武裝力量方隊通過天安門城樓接受檢閱。（供圖：中新社）

羅斯總統普京並肩站在紅場主席台上檢閱，而中國人民解放軍三軍儀仗隊方陣也以整齊的步伐走過紅場。

九月，俄羅斯總統普京來到北京，參加中國人民抗日戰爭暨世界反法西斯戰爭勝利七十週年紀念活動，並與中國國家主席習近平並肩站在天安門城樓上觀看閱兵盛典，而俄羅斯第一五四「普列奧布拉任斯基」獨立警衛團三軍方陣也在閱兵隊伍的最後壓軸出場。

這是整個俄中關係四百年的歷史上前所未有的大事。

為紀念第二次世界大戰勝利共同舉行的活動，不僅提高了我們兩國的政治互信水平，而且向世界表明，俄羅斯和中國對二戰歷史的觀點是一致的，並決心捍衛我們共同勝利的果實。共同慶祝二戰勝利七十週年，以及五月八日俄中兩國在莫斯科簽署《關於深化全面戰略協作夥伴關係、倡導合作共贏的聯合聲明》，不僅表明俄中關係處於歷史上最好時期，而且證明，為了我們兩國和兩國人民的利益，兩國關係將進一步全面發展。

致力於向俄羅斯社會介紹中國

今天，我們正在準備慶祝俄中友協成立六十週年。有充分理由可以說，我有幸工作的這麼多年來，俄中友協一天也沒有停止過自己的活動。甚至

在兩國關係最困難的一九六六至一九八六年，我們仍舉行了三百多場各種活動，旨在保持蘇聯社會對中國人民及其輝煌歷史和幾千年文化的尊重及友好感情。在最近的十年中，俄中友協參與了兩國間諸如國家年、語言年、旅遊年、青年交流年及目前的媒體交流年等大型活動。

我們友協的主要任務，就是繼續在俄羅斯輿論界宣傳中國及俄中關係的客觀信息，全力促進和擴大俄中全面平等夥伴和戰略協作關係的社會基礎。

僅在莫斯科，友協每年都舉辦二十五至四十場各種群眾性活動，以慶祝《俄中睦鄰友好合作條約》簽署、中華人民共和國國慶及俄中建交週年紀念日，對發展雙邊關係作出巨大貢獻的中國和俄羅斯傑出國務、社會活動家以及世界聞名的中國文化藝術界人士一生中的重要紀念日。全國十八個邊疆區、州、市的俄中友協地區分會也都在積極地工作。

二〇一四年，由俄中友協倡議，在我國隆重地慶祝了中華人民共和國成立六十五週年、俄中建交六十五週年及我們的中國夥伴——中俄友協成立六十五週年，中國全國政協副主席、中俄友協會長陳元率領中俄友協代表團來莫斯科參加慶祝活動。

在這次隆重的紀念大會上，俄中友協榮譽會長齊赫文斯基院士致開幕詞。他在一九四九年任蘇聯駐北平總領事，親眼見證了新中國的誕生。齊赫文斯基詳細地講述了蘇中兩國建交的過程。

齊赫文斯基院士講到，中華人民共和國成立後僅僅五天，就成立了中蘇友好協會，首任會長是劉少奇。一九五四年，宋慶齡接任會長。六十五年間，友協致力於增進我們兩國人民之間的友誼和相互理解。齊赫文斯基院士對所有為我們兩國及兩國人民之間的友誼作出貢獻的中國朋友表示感謝。令俄中友協的所有成員感到自豪的是，榮譽會長齊赫文斯基是今天俄羅斯和中國唯一健在的不僅出席了一九四九年十月一日中華人民共和國開國大典，而且與蘇中建交有著最直接關係的人。

二〇一六年九月一日，齊赫文斯基將滿九十八週歲。作為俄中友協的榮譽會長，他不僅繼續盡可能參加我們協會的活動，而且積極從事科研工作。他是近年在俄羅斯出版的十卷本《中國歷史：從古代至二十一世紀初》的主編。對於我來說，齊赫文斯基永遠是老師、導師和老同志，我們之間有多年的個人友誼。他是為祖國、為發展俄中友誼事業忘

二〇〇八年五月十九日，俄中友協主席季塔連科（中）、第一副主席瓦西里·伊萬諾夫（右1）和庫里科娃（左1）等俄中友好人士專程到中國駐俄使館，弔唁汶川大地震遇難者，對震區人民表示深切慰問，並在弔唁簿上留言。（供圖：中新社）

我服務的榜樣。

就在一年前，我們慶祝了俄中友協會長、俄羅斯科學院遠東研究所所長季塔連科院士的八十歲生日。在米哈伊爾·列昂季耶維奇週年誕辰前夕，他的同事出版了《中國踏上復興之路：季塔連科院士誕辰八十週年紀念文集》。書中指出，季塔連科院士是一位有才能的俄羅斯漢學研究者和組織者，在其長達三十年的領導下，俄羅斯科學院遠東研究所成為公認的世界東方學中心之一。

在新書首發式的講話中，中國駐俄羅斯大使李輝強調：「在中國，季塔連科院士被認為是當代最偉大的漢學家之一，他對二十一世紀俄中關係新模式的形成作出了巨大的個人貢獻……」季塔連科領導的俄中友協，成為俄中關係中民間外交公認的標

二〇一四年五月十四日，八十歲高齡的俄中友協主席季塔連科院士（前排中）在中國社會科學出版社發表題為「俄羅斯的亞洲戰略」的演講後，與到場的兩國相關學者和出版、翻譯界人士合影。前排左 4 為庫里科娃。（供圖：中新社）

竿。該書中還發表了我的一篇文章，題為「俄中關係民間外交的積極支持者和帶頭人」。

二〇一六年二月二十五日，俄中友協會長季塔連科院士久患重病後與世長辭。他生前囑咐我們大家和同事，要繼續他終生的事業：研究中國，加強我們兩國和兩國人民之間的友誼與合作。我們與季塔連科志同道合，現在他走了，我們將積極繼承他一生獻身的事業。

近年來，我們友協系統舉辦了多項紀念中國歷史上有意義的重大日子和為中國人民革命勝利及解放後建設新中國作出巨大個人貢獻的中國人士的活動。僅最近兩年，我們就慶祝了宋慶齡一百二十週年誕辰、周恩來一百一十五週年誕辰、胡耀邦一百週年誕辰、陳雲一百一十週年誕辰。二〇一六年，我們將為中國民主革命家孫中山一百五十週年誕辰、朱德元帥一百三十週年誕辰和賀龍元帥一百二十週年誕辰舉行紀念活動。我們還將慶祝中國著名文化界人士的紀念日。

我們將舉行隆重的紀念活動，慶祝中國共產黨建黨九十五週年。中共是帶領國家從勝利走向勝利、久經考驗的中國人民的先鋒隊。

在上述活動過程中，我們將向俄羅斯社會各界宣講什麼叫中華民族偉大復興的「中國夢」。二〇一二年十一月二十九日，在中共十八大閉幕兩個星期之後，中共中央總書記習近平提出了這一概念。我們將闡述習近平作為黨的總書記和國家主席在講

話和報告中提出的實現中國夢的三個前提及其階段。這些前提主要是，堅持中國特色社會主義道路，弘揚以愛國主義為核心的民族精神和以改革創新為核心的時代精神，凝聚中國各族人民的力量。

習近平主席提出實現中國夢的「兩個一百年」奮鬥目標：在中國共產黨成立一百年時（2021 年）全面建成小康社會，而在中華人民共和國成立一百年時（2049 年）建成富強民主文明和諧的社會主義現代化國家。二〇一五年十一月底在北京召開的中國共產黨十八屆中央委員會第五次會議強調將順利完成上述任務，並提出了制定國民經濟和社會發展第十三個五年規劃的建議。而之後召開的全國人大會議順利完成了自己的工作，審議了這一規劃，並通過了二〇一六年的規劃指標。

按照傳統，我們將與中國夥伴組織代表團進行互訪，包括社會、兒童、青少年團體的代表，以建

二〇一一年一月，北京市海淀區中學生攝影協會的六名同學應俄羅斯國際科學文化合作中心駐華代表、俄中友協副主席庫里科娃（左3）的邀請到俄羅斯駐華大使館做客，受到熱情接待。（供圖：中新社）

立和發展同齡人之間的聯繫。

二〇一五年十二月，應中國人民對外友好協會、中國俄羅斯友好協會的邀請，俄中友協代表團訪問了北京。在難忘的訪問過程中，我們不僅在北京就二〇一六至二〇一七年合作規劃進行了會談，參加了紀念俄中友協中央理事會常任理事斯特拉熱娃教授百年誕辰的研討會，而且訪問了貴陽市和重慶市。我們大家不僅為這些地方的美景和山區建設的規模，而且為這些多民族地區文化教育事業所取得的巨大成就而感到震撼。我們參觀了貴陽的芭蕾舞學校。應俄中友協邀請，該校學生於二〇一三年參加了「開放的歐洲，開放的地球」莫斯科國際青少年藝術節，並獲得大獎。我們受到當年藝術節參加者和他們的老師的極其熱烈的歡迎。我們聽到許多熱情的讚揚話語，他們溫馨地回憶起莫斯科之行及與各國同伴們的見面。

就在幾天前，我們接到通知，陳鳴明副省長將率貴州省代表團來訪，以建立該省與莫斯科高校的聯繫。為了這樣的會見和接觸，值得我們繼續毫不懈怠地工作。

青年是我們的未來。老一輩的代表，應向青年傳承我們友誼的接力棒和這樣的堅定信心：只有共同發展，我們才能順利解決我們兩國及兩國人民面臨的問題，我們兩個大國才能成為「好朋友、好鄰居、好夥伴」，並落實「世代友好，永不為敵」的理念。

難忘的留蘇歲月

朱祥忠

（中國前駐祕魯、智利大使）

新中國成立之初，百廢待興，百業待舉，西方國家又對中國實行政治孤立、經濟封鎖的敵視政策。在這種情況下，中共中央、毛主席高瞻遠矚，決定向蘇聯和東歐社會主義國家派遣留學生，學習這些國家的先進科學知識和建設經驗，以適應國家建設的需要。我有幸成為留蘇學生中的一員。我們先在北京留蘇預備部學習了一年俄語，然後於一九五五年九月到了蘇聯，我被分配到莫斯科國際關係學院學習。

緊張的學習生活

我們學校位於莫斯科河邊高爾基公園附近的克里姆橋頭，是一棟黃色四方形的塔樓。據說，俄羅斯偉大詩人普希金曾在這裡上過學，十月革命後，這裡又成為「紅色教師學院」所在地。為了培養外交幹部，斯大林於一九四四年決定創辦莫斯科國際關係學院，該處被選為校址。一九四五年第一批學生入學，一九四六年開始接收外國留學生，主要是社會主義國家的學生。一九五二年接受了第一批中

朱祥忠（左）在莫斯科紅場。

國留學生，我們是第四批。後來，又有一批在莫斯科外貿學院學習的中國學生合併過來，這樣，全校共有八十多中國人，是該校外國學生中最多的。

學校設東方系和西方系，後來又增加了外貿系。我是學中南美洲專業的，因此被分在西方系。課程設置較多，一、二年級主要為基礎課，從三年級起上專業課，每天有六到八節課，安排得很緊張。

對我們中國人來講，起初主要困難是俄語不行，聽不懂課。我們在國內只學了一年俄語，更缺少實踐，聽和講都很困難。一堂課下來，只能聽懂幾句甚至幾個字，如同坐飛機一樣，騰雲駕霧，暈頭轉向。上課沒有固定的課本，老師也不印發講稿，主要靠課堂筆記，課後看參考書，這就更增加了我們的學習困難。怎麼辦？根據老同學的經驗，首先要攻克俄語關，聽不懂也要聽，硬著頭皮聽；要上好俄文課，爭取俄語老師的幫助；多看俄文書報，提高閱讀能力；多和蘇聯人接觸，大膽地講，講錯了也沒關係，他們會幫你糾正的；堅持晚上聽俄語新聞廣播，提高聽力水平。我們每天除吃飯睡覺外，再無別的休息時間。經過半年的刻苦學習，基本上解決了語言問題。

蘇聯老師教學水平很高，大多是教授，有的還是科學院院士，上課不看講稿，講得很生動。給我印象比較深的是教拉美外交史的哥尼昂斯基老師。他知識廣博，治學嚴謹，教學經驗豐富，為了提高

我們的西班牙語聽力，還用流利的西語（學拉美專業的必修課）講課。教拉美歷史的格林金老師是位拉美問題專家，除上課外，還教我們如何寫論文，包括蒐集資料、使用工具書、立論思考和結構編排等寫作技巧問題。這對我們後來搞調研工作很有幫助。

此外，每週還有一次專題課堂討論。中國人一般都事前準備好發言稿，並且背熟，在討論會上積極報名發言。老師對我們大加讚揚，要求其他同學向中國人學習。其實，我們是由於俄語不好，臨時發言有困難，才「笨鳥先飛」，「打主動仗」。

蘇聯學校考試實行五分制，我們中國人一般都能考五分或四分，除了刻苦努力外，與蘇聯老師和同學的熱情幫助是分不開的。初到學校時，校方就給我們每人派了個蘇聯同學幫助學習俄語和解決可能遇到的困難。老師也給予我們特殊的關照，每當學習有了進步，就當眾給予表揚。學校還為我們派了一名聯絡員，叫斯弗朗丘克（後來任蘇聯常駐聯合國代表和駐阿富汗大使），專門負責同中國留學生黨支部保持聯繫，有時還參加我們的組織生活會，聽取意見。蘇共學生黨員開支部大會時，也邀請中國留學生黨員列席。我也列席了一次這樣的會議。開會時大家發言十分踴躍，對一些問題爭論得很激烈，但最後還是達成一致意見。

蘇共有的重要內部學習文件也向我們傳達。例如，一九五六年二月赫魯曉夫在蘇共第二十次全國

代表大會上作的批判斯大林的祕密報告，學校領導就專門給我們作了傳達。

感受珍貴的友誼

留蘇期間，我們遇到許多感人的友好故事，處處感受到蘇聯人民對中國人民的深情厚誼，其中有一些至今仍記憶猶新。

我們第一次從北京乘火車進入蘇聯境內後，換上了蘇聯餐車，有的同學特別是女同學吃不慣俄國飯菜，聞到奶油味兒就噁心。一位女同學要了一碗稀飯，高興極了，但一看裡面還是加了牛奶。服務員解釋說，沒有牛奶營養不夠呀！真是哭笑不得。後來，廚師知道了一些中國人的習慣，就每天專門做一鍋不加牛奶黃油的飯菜。我們為蘇聯人這種不怕麻煩、熱情友好的服務態度所感動。

到學校後，我和兩位蘇聯同學同住一個房間，其中胖胖的大個子叫斯拉瓦，瘦高個子叫托拉。一天晚上，我從外面回宿舍，看到桌上放著一瓶伏特加酒和一盤花生米。出國前我就聽說，蘇聯人愛喝酒。可是，此時他們卻讓我在桌邊坐下，斯拉瓦一邊往平時喝水用的玻璃杯裡倒酒一邊說：「朱，從現在起我們就是同學了，並且同住一個房間，我感到很高興。我們備了一點酒，用大學生的方式歡迎你。」他解釋說：「我們蘇聯人都這樣說，窮大學生錢不多，只能以簡樸的方式生活。」說著就舉起

酒杯，一飲而盡。我只喝了一口，就把杯子放下了——這酒又辣又沖，太厲害了。可托拉卻說：「不行，為了友誼要一口喝完。」出國前，領導就交代我們：要尊重蘇聯人的風俗習慣，同蘇聯人搞好關係。怎麼辦呢？不喝，怕蘇聯同學不高興；喝了吧，又怕醉了影響不好。正在為難之時，斯拉瓦解圍說：「朱可能不習慣伏特加，分幾次喝也可以。」就這樣邊說邊喝，大半杯伏特加終於被我解決了，感覺良好。從此，我和蘇聯人一起喝酒也能應付一下，因為心裡有底了。兩位蘇聯舍友熱情、真誠、友好，很容易相處，他們在學習和生活上對我幫助很大。

學校共青團還利用寒暑假組織我們外國留學生到各地去參觀遊覽。留蘇期間，我們乘火車去過列寧格勒（今聖彼得堡），坐豪華遊輪游過俄羅斯的母親河——伏爾加河，沿途參觀了高爾基城（今下諾夫哥羅德市）、喀山、古比雪夫、烏里揚諾夫斯克、斯大林格勒（今伏爾加格勒），直到裡海城市阿斯特拉罕。所到之處，都受到蘇聯人民的熱情歡迎和友好接待。通過上述參觀，我們不僅飽覽了俄羅斯獨具特色的美麗風光，更重要的是進一步了解了俄羅斯、蘇聯的歷史名勝和該民族堅強不屈、英勇奮鬥的精神。特別是蘇聯軍民二戰期間在列寧格勒和斯大林格勒保衛戰中所表現出來的那種大無畏的愛國主義精神，使我們受到了極大的震撼和深刻的教育。

有一次，我們中國同學到莫斯科近郊「科西諾」集體農莊勞動，收土豆，了解農民生活情況。農莊按規定要給我們報酬，我們不要，雙方僵持不下，只好把它用來改善伙食。給我留下深刻印象的是農莊一位老大娘，她把我們當自己的孩子一樣問寒問暖。白天勞動時，她為我們送水、牛奶和糕點；過一會兒就到田頭勸我們休息，生怕我們累著了。她誇我們不怕苦、不怕髒、不怕累，活幹得又快又好，說：早就聽說中國人勤勞能幹，今天親眼看到了。夜裡，她還到我們的住處巡視，替我們蓋好被子，令我們十分感動。

假期，學校還組織我們到休養所去療養，有的蘇聯老師和同學也邀請我們去他們家裡做客。有一個學中文的蘇聯同學叫吉馬，中等身材，待人熱情、誠懇，由於喜歡中國而選擇學中文。我們同住

留學生們在集體農莊勞動。

一個宿舍樓，他教我學俄語，我教他學漢語，我們成了好朋友。在乘船游伏爾加河時，他邀我到家裡做客。他母親做了豐盛的具有當地特色的食品招待我。他叔父是一位軍人，特別熱情，親自開車帶我參觀高爾基市容，還開汽艇到附近一個湖裡轉了幾圈。他們還邀我以後每逢寒暑假都到高爾基城去玩，說他們家就是我的家。為了感謝他們，我託人從國內帶了一幅國畫送給吉馬的叔父。他非常高興，還給我寫了一封感謝信。後來，吉馬偷偷地告訴我說，中蘇之間有了分歧，他叔叔是現役軍人，不可能再和中國人來往了，但我們同學之間沒問題。

一年暑假，我和同學在莫斯科南奧卡河邊的一個休養所認識了蘇聯人瓦洛佳一家，他們邀請我們到其別墅做客。他們把從家裡帶來的食品都拿出來熱情地招待我們。這是一個十分寧靜、優美的地方，河兩岸都是森林。我們一起到森林裡揀蘑菇，到河裡抓魚，並就地燒著吃，味道美極了。瓦洛佳是雕塑家，妻子娜塔莎在兒童劇院工作，媽媽舒拉曾隨蘇聯紅軍到中國東北工作，是文工團演員。他們家還有兩個小男孩。度完假，我們搭乘他們開來的一輛卡車一起回莫斯科。從此，他們每逢節假日都邀我們去做客。瓦洛佳夫婦稱我們為兄弟，舒拉把我們當成自己的兒子，我們則稱她「舒拉媽媽」，兩個小男孩叫我們叔叔。真是親如一家人！

還有一次，我和李文祥同學在莫斯科高爾基大

街上散步時，一對老年夫婦把我們攔住，問是否中國人。當得知我們是中國留學生時，便高興地自我介紹說，他們叫佩德羅和艾萊娜，曾在中國哈爾濱工作多年，很懷念中國，並堅持邀請我們去他們家玩。艾萊娜親自下廚做了幾道拿手的俄羅斯菜招待我們。我們特別愛吃她用水果奶油做的甜食。分別時，我們互相留下電話和地址。每逢節假日，他們都邀請我們去家裡做客。

毛主席接見留蘇學生

一九五七年十一月，毛澤東主席率中國黨政代表團抵達莫斯科參加十月革命四十週年慶典活動並出席世界各國共產黨和工人黨首腦會議的消息發布後，我們就一直關注著代表團的活動，希望能見到毛主席。果然，中國駐蘇聯大使館通知我們十七日上午到位於列寧山的莫斯科大學聽報告，估計一定是毛主席要見我們了。

那天到會的約有三千多人，其中有在莫斯科學習的本科生、進修生、實習生，還有部分軍事學員。後來有一些蘇聯等國同學聽到消息後，也擠到禮堂，希望一睹世界偉人毛澤東的風采。

上午十點左右，駐蘇使館留學生管理處負責人李滔宣布，請中宣部部長陸定一作國內形勢報告。大家不斷向主席台遞紙條，主持報告會的劉曉大使則不斷地翻著看，微笑著對陸定一說：「都是一個

內容：要求見毛主席。」

後來聽使館的同志講，其實毛主席對留蘇學生很關心。他一到莫斯科就向劉曉大使詢問我們的學習和生活情況。劉曉大使匯報說：我國有四千多名學生在蘇聯學習，他們非常想見到毛主席。主席聽後高興地說：「我也非常希望見到他們。我今年五月在北京就與到訪的伏老（伏羅希洛夫）說過，我不想當國家主席，想到大學當一名教授。我非常願意同青年們在一起，他們年輕，思想活躍，很開朗，常聽聽他們的意見，很有好處。我想麻煩你這位大使，去安排一下和學生們見面。」

下午六點，水銀燈突然都亮了起來，把會場照得如同白畫。大家使勁地睜大眼睛向主席台望去。幸福的時刻終於來了，毛澤東、鄧小平、彭德懷等黨和國家領導人依次走上主席台就座。頓時全場的人都站了起來，「毛主席萬歲」的歡呼聲和暴風雨般的掌聲響徹大廳，沸騰的情緒久久平靜不下來。

毛主席的講話完全不同於一般的政治報告，而是好像同大家聊家常一樣，有問有答，台上台下，歡聲笑語連成一片。第一句話就是：「世界是你們的，也是我們的，但歸根結底是你們的。」毛主席發現有些同學聽不懂湖南話「世界」兩個字，便用英文解釋：「世界就是 world。」那時同學們會英語的不多，多數人還是聽不懂。毛主席又問劉曉大使：「世界」俄文怎麼說？劉答：「米爾。」於是毛主席就解釋說：「米爾是你們的，當然我們還工

毛主席接見中國留蘇
學生。

作，在管理國家，米爾也是我們的。但是，你們
看，我們都老了，好像下午三四點鐘的太陽，就要
落山了。」台下高呼「毛主席萬歲」，毛主席接著
說：「你們年輕人朝氣蓬勃，正在興旺時期，好像
早晨八九點鐘的太陽，希望寄託在你們身上，未來
是屬於你們的。」這時，又響起暴風雨般的熱烈掌
聲。

　　毛主席說：有些外國人說我們思想改造是洗腦
筋。我看也說得對，就是洗腦筋嘛！我這個腦子也
是洗出來的。參加革命後，慢慢洗，洗了幾十年。
我從前受的都是資產階級教育，還有一些封建教
育，孔夫子的書讀了不少。我們那時根本不知道馬
克思、恩格斯，只知道華盛頓、拿破崙。你們就好
了，你們很幸福，像你們這麼大的娃娃就知道了馬
克思、恩格斯、列寧、赫魯曉夫、多列士、杜克
洛、陶里亞蒂等。我們那時對中國革命如何搞法，

有誰知道？

　　毛主席說：我們大家都要割尾巴。中國有句古話：「夾起尾巴做人。」這句話很有道理。現在人都進化了，摸起來都沒有尾巴了，但無形的還有。青年人應具備兩點，一是朝氣蓬勃，二是謙虛謹慎。

　　毛主席還對我們提出三點希望：

　　第一，要身體好，這是革命的本錢。爬山和游泳是鍛鍊身體的好方法。他問大家：「你們會游泳嗎？」許多人回答：「會！」主席說：在你們這個年紀，我已游過不少江湖河海，爬過不少山岳了，這樣不僅能鍛鍊身體，也有利於見世面，接觸老百姓和了解社會。他還建議我們利用留學機會到蘇聯各地去走走、看看，了解蘇聯人民的生活，建立友誼，增長知識。

　　第二，要學習好，學好建設國家的本領。蘇聯有許多先進的科學技術值得我們學習，要虛心向他們學習。學習不一定每門課都考五分，重點課考五分、四分，非重點課考三分也可以。一個人的時間精力有限，與其門門功課平均用力，不如把力氣花在重點課程上，不學則已，學就要把問題解決得透徹些。對次要課程了解個大概，及格就可以了。

　　第三，祝你們將來工作好，為國家作出有益的貢獻。做好工作是不容易的，將來你們去當廠長、黨委書記、校長、教授、工程師……試試看。一做工作，就會有錯誤，有錯誤就要認真地改。世界上

就怕「認真」二字，共產黨最講「認真」。

毛主席說：真正的社會主義革命不是一朝一夕可以成功的。也許你們認為我國地大物博，人口眾多，很了不起，可是要知道，我們中國是個大國，又是個小國。在政治上和人口上是大國，但在經濟上是小國。我們現在生產力還很低，鋼產量還比不上一個小國比利時呢！你們大概不高興吧？（台下答：「不高興！」）但又有什麼可以不高興的呢？比不上就是比不上。蘇聯提出十五年內要趕上美國。英共總書記波立特同志告訴我，十五年後英國鋼產量為三千萬噸。我國現在鋼產量只有五百二十萬噸，那麼，再過三個五年計畫或多一些時間，就能超過英國。不過，按人均水平就不行了，因為我國人口比英國多二十倍。這個責任就落在你們身上了，你們重任在肩啊！

毛主席說：我也有個五年計畫，再活五年，如能活十五年就心滿意足了（台下高呼「毛主席萬歲！」），能超額完成計畫當然更好。可是天有不測風雲，人有旦夕禍福，這也是自然辯證法。要是孔夫子現在還不死，二千多年前的人還活著，那還成什麼世界？所以，開始我就和你們說了，世界是你們的，我再說一遍，祝賀你們，世界是屬於你們的，希望寄託在你們身上。

毛主席在主會場講了一個半小時，隨後又到分會場，見了在那裡等候的幾百名同學。他講了三句話：第一，青年人既要勇敢，又要謙虛；第二，祝

你們身體好、學習好、工作好；第三，要和蘇聯朋友親密團結。

　　毛主席還視察了莫斯科大學經濟系女留學生的宿舍，詢問學習和生活情況，並鼓勵道：「要努力學習，建設祖國，加強和蘇聯師生的友誼。」主席指著旁邊的鄧小平說：「他還是你們的老學長哩！」這時，坐在毛主席身邊的蘇紅同學才發現站著的鄧小平，不好意思地站起來。主席卻一把拉住她，打趣地說：「鄧小平是黨的總書記，讓他為人民服務，站一會兒沒關係。」小平同志操著濃重的四川口音說：「我是一九二六年初由黨組織決定從法國到莫斯科學習的。」同學們驚嘆道：「這麼早啊，那時我們都還沒有出生呢！」

　　據俄文翻譯李越然回憶說，在接見完留學生回克里姆林宮的途中，他問毛主席：「您講了很長時間的話，累不累？」主席挺起胸脯很愉快地說：「你看我一點兒不累，跟這樣活潑的年輕人在一起，自己也顯得年輕了。這些娃娃學成之後回國，都會成為國家有用的人才。」

沒有辜負祖國人民的期望

　　據統計，從二十世紀五〇年代至六〇年代，中國共向蘇聯派遣了九千名留學生，向東歐國家派遣了一千人，共一萬多人。劉少奇同志曾對留蘇預備部學員作了長篇講話。他說：派你們留學是社會主

義革命和建設的需要，你們去留學就是參加了革命。為派你們留學，國家在經濟困難的情況下要支出很大一筆錢，派一名留學生的費用相當於二十五戶到三十戶農民的全年勞動收入。

我們沒有辜負祖國人民和先輩們的期望，學成回國後均無條件地服從國家的分配，高興地奔赴祖國最需要的地方和崗位，無私地奉獻自己的才智和青春。在幾十年的歲月裡，留蘇學生經過探索、磨煉，成為社會主義建設的骨幹和中堅力量，其中不乏科學帶頭人、著名學者、藝術家；不少人成為國家、部門、行業的領導人和決策者。截至二〇〇九年，留蘇學生中有九十六位入選中國科學院院士，一百零三位入選中國工程院院士（其中有 6 位是雙院士），五位入選中國社會科學院學部委員，十二位為榮譽學部委員。特別是有四位留蘇學生榮獲國家最高科學技術獎，他們是中國巨型計算機事業的開拓者之一金怡濂、載人航天功勛科學家王永誌、著名數學家谷超豪、著名航天技術專家孫家棟。我們為他們感到無上的光榮和自豪。

在此，我們要感謝蘇聯政府和人民，他們不僅援助中國一百五十六個重要的建設項目，也為中國培養了許多建設人才，為我們的社會主義建設事業作出了重要貢獻。對此，我們是永遠不會忘記的。

冷戰時期的一次界河航運談判

劉述卿

（中國外交部原副部長，曾任駐蘇聯大使館參贊）

在我二十多年的對蘇工作生涯中，無論是在莫斯科，還是在北京，既親歷了整個五〇年代中蘇結盟的蜜月時期，也感受了六七十年代的交惡對立時期。而其中印象較為深刻的一次，是參加中蘇兩國界河航運談判。

上世紀五〇年代，中蘇兩國關係友好，人民之間交往密切，雙方利用界河進行外貿運輸曾得到較快的發展。一九六二年，由於兩國關係惡化，黑龍江上的正常航運也中斷了。六〇年代中後期，因實際業務需要，黑龍江水系航運主管部門——黑龍江航運管理局和蘇聯阿穆爾航運局之間的接觸聯繫又逐漸恢復。

一九六九年三月珍寶島事件後，中蘇邊境已經十分緊張的局勢進一步惡化，兩國關係亦是冰雪交加。是讓事態繼續雪上加霜，還是通過對話與談判解決爭端，這是擺在兩國領導人面前的一個十分棘手的問題。雙方都在有意試探對方的真實態度。

這時，正好有個機會。按照慣例，當年六月在蘇聯哈巴羅夫斯克（伯力）舉行中蘇國境河流航行

聯合委員會第十五次例會。往常的例會是雙方討論黑龍江、烏蘇里江等中蘇國境河流航運問題的地區性、業務性會議，每年舉行一次，由雙方輪流召開；出席會議的代表均是邊境省份的交通部門人員，會議不涉及邊界問題，更不涉及兩國政治關係。由於珍寶島事件，中蘇雙方對第十五次例會都給予了充分重視和特殊的安排，除派出地方外事部門代表和交通部門代表外，還派了軍方代表和外交部代表。中方代表團由十人組成，我作為外交部代表參加。為了準備這次例會，黑龍江省的代表團成員於六月初來到北京，同外交部、交通部和總參謀部一起做準備。

中央對此次談判非常重視，周恩來總理親自關懷並給代表團作出指示：一是航行問題實質是邊界問題。老祖宗給了他們那麼多領土了，我們不能讓了。邊界河流的航道中心線就是國境線，這是國際慣例，兩國都應該遵守。二是我們要寸土必爭，但要有理、有利、有節，不要指望解決什麼大問題。三是代表團要有信心，安全不會有問題。你們十個人，蘇聯扣你們一個，我扣它十個，他們在北京的大使館有一百三十多人呢！總理還詢問用不用派專機，帶不帶報務員。我們的意見是，談判地點就在蘇聯邊境城市伯力，如果我們坐專機去，下次在哈爾濱開會，他們也要坐專機來，飛越我大片領土，對我不利；帶了報務員，聯繫也不方便，所以就不帶了。總理同意了我們的意見。

代表團於六月十六日由哈爾濱啟程，乘坐火車經綏芬河出境，六月十八日上午抵達伯力，在該市遠東飯店下榻。當時正值「文革」期間，代表團沒有西裝革履，而是穿著中山服、布鞋，表示「艱苦樸素」。這次會談首先討論第十五次例會的日程，雙方一開始就對日程問題產生了分歧，僵持不下，直到二十六日才就例會日程問題達成一致意見。三十日，會議進入實質性問題的討論。

談判過程中，七月八日，中蘇兩國又在黑龍江省八岔島發生武裝衝突，蘇方有一人死亡、三人受傷。此後，會場內外氣氛更加緊張，蘇方人員態度冷淡，就連當初對我們彬彬有禮的飯店服務員也拉長了臉，換了一副模樣。蘇方還加緊對我方人員的跟蹤盯梢。十一日，伯力市為八岔島事件的死者送葬，蘇方以此為由，單方面宣布休會。面對蘇方的行徑，代表團成員義憤填膺。由於通訊不便，我們下步如何行動無法得到指示。經商量，我們認為，在兩國關係如此嚴重對抗的情況下，這次例會很難取得成果，決定啟程回國。十二日上午，我方約見蘇方團長，發表聲明，譴責對方破壞會議的種種做法並宣布立即回國。蘇方未置可否。我們做好了次日回國的準備，並於當日中午通過長途電話將代表團同蘇方交涉情況和回國的打算報告中國駐蘇聯使館。

夜裡二點多，使館打電話給我，傳達國內指示精神：一是蘇方一系列做法完全是按照葛羅米柯使

會議破裂的方針進行的，代表團發表聲明是對的；二是伯力談判舉世矚目，代表團不要急於回國，要堅持下去，立即通知蘇方復會；三是要不受挑撥，不怕困難，爭取談出結果。接到電話，我才發現我們原來的打算與國內指示是相反的。好容易挨到天亮，我立即向團長和代表團其他成員轉告國內指示，商量轉彎辦法。

正在此時，蘇方代表團突然來到遠東飯店，說是陪中國代表團共進早餐並為代表團送行。看來，蘇方已從電話中獲悉了我國內的指示，專門來將我們的軍。我們研究後答覆對方：代表團昨天要走，蘇方不作安排，看來你們還想談下去。那麼好吧，看在你們的誠意上，我們就不走了，建議復會。蘇方稱，現中方有新的意見，需要請示莫斯科。十三日上午九點，雙方團長舉行會晤，同意復會。

恢復談判後，我們本著求同存異的原則，一方面揭露、批判蘇方破壞談判的行為，另一方面也本

一九八八年二月十八日，運載中蘇邊貿貨物的車輛越過黑龍江主航道，從冰面通道上抵達黑河口岸。中斷二十多年的兩國間冰上運輸開通。（供圖：FOTOE）

著實事求是的精神，就邊界河流航行的具體事宜同蘇方進行了耐心的磋商，爭取達成一個例會紀要。雙方對紀要的內容、文字爭論不休，甚至連會談的地點名稱都達不成一致。我們叫伯力，蘇聯人叫哈巴羅夫斯克，我們提出妥協方案，稱伯力（哈巴羅夫斯克）或哈巴羅夫斯克（伯力），對方都不幹。最後，我們說算了，就寫在「蘇聯」開的會，對方接受了。

在中央精神的指導下，代表團經過五十天的「鏖戰」，終於同蘇方在一些具體事宜上達成協議，擬定了一份例會紀要，並商定第十六次例會在中國舉行。艱辛總算沒有白費，達到了預期效果，完成了中央交給我們的任務。

八月九日，代表團乘火車離開伯力回國。回到哈爾濱時，受到祖國人民的熱烈歡迎。到北京後，代表團再一次受到周總理的接見。總理高興地聽取了我們的匯報。當團長檢討我們不應該犯了一個錯誤時，總理微微一笑，勉勵我們說：「這沒有什麼，總結經驗嘛！」

後來，我又到駐蘇聯使館工作，任政務參贊。從一九七二年起，我調任駐波蘭、挪威、孟加拉國大使。雖然脫離了「蘇聯圈」，但一直在繼續跟蹤、關注兩國關係的發展變化。

令人欣慰的是，自上世紀八〇年代以來，隨著中蘇關係的緩和改善，黑龍江水繫上中俄兩國航運部門的溝通聯繫、協商談判越來越頻繁，雙方工作

關係越來越融洽，有力地促進了外貿貨物運輸和江海聯運的發展，從而也帶動了兩國邊境地區的貿易和經濟繁榮。今日的中俄界河，名副其實地成為兩國和人民間友好往來與務實合作的天然紐帶。

中俄領事官員邊境聯合考察記

張宏喜

（中國外交部領事司原司長，曾任駐坦桑尼亞
大使、駐美國紐約總領事）

一九九一年蘇聯解體以後，處於混亂和困難中的俄羅斯缺吃少穿，老百姓特別是退休的老年人日子相當難過。這時，中國的經濟改革十分成功，商品大為豐富，大量日用品通過邊境貿易進入俄國。大批中、俄商人來往於兩國邊境地區從事商務活動，被稱為「國際倒爺」。

來往人員一多，難免不出事端：不按規定辦理出入境和居留手續者有之；唯利是圖，不講經商道德，以次充好者有之，既有中方人員如此，也有俄方人員到中國批發次貨運回牟利；走私偷稅行賄者有之；交通秩序不好，汽車上、火車上、飛機上，大包小包亂塞亂放，擁擠不堪，如此等等。有的西方國家趁機挑撥中俄關係，造謠說中國向俄遠東地區滲透，企圖用這種辦法收回失去的土地。亦有俄媒體渲染說，中國東北有一億多人，而對面的俄這邊僅有七八百萬人，如同一個大水閘，一旦決口極其可怕。我在同俄方的兩次領事磋商中，也從言談話語和表情中觀察出此種疑慮。

俄方同仁對中國了解不夠，畢竟在蘇聯時期雙方關係對立了二十多年，難免產生誤會和隔閡。鄧小平提出「結束過去，開闢未來」是出於改善兩國關係的真誠願望，中方尊重俄方的選擇，對其面臨的困難給予理解和同情。積極發展邊境貿易是一件合作雙贏的事情。當然，林子大了什麼鳥都有，對發生的不良現象要重視，要通過雙方合作加以妥善解決。為此目的，我向俄外交部領事局局長維諾格拉托夫建議，由我們兩人帶隊聯合到邊境地區實地考察。他愉快地接受了這個建議。我認為，通過聯合實地考察會加深相互理解，取得共識，如果辦成幾件實事，必會給兩國的老百姓帶來實惠。領事工作就是這樣，它是貼近百姓生活的實實在在的外交，辦理的都是互有需要的實實在在的好事。

　　一九九五年五月十一日下午，我率團在滿洲裡與維諾格拉托夫局長一行匯合，先考察俄方的外貝加爾斯克。這是一個鐵路小鎮，樓房不高且陳舊，最好的一座建築要算鐵路部門的辦公樓，還是中方承建的。我們在剛剛建成的紀念反法西斯戰爭勝利五十週年廣場駐車，下車參觀、照相。廣場也是中方承建的，俄方對中方承建的工程質量和建設速度十分讚賞。前後也就是半小時，便看完了全鎮。然後去參觀俄方一側正在建築中的連接兩國的新公路過道。邊境上，雙方在各自一側架設了高高的無法翻越的堅固鐵絲網，中間是誰也進不去的隔離帶。俄方又沿鐵絲網在他們的一側用拖拉機翻了幾公尺

寬的土地，如有人偷越便可留下腳印而被發現。蘇聯時期，這樣的鐵絲網綿延七千六百多公里，此景令人想起以往雙方對抗的蕭瑟氣氛。眼下，鐵絲網已打開一個缺口，因為俄方這個工程也是中方公司承包的，中國工人要從這個缺口進出。新過道建成後，將比現在鐵路旁的汽車過道寬闊得多。之後去參觀俄方計劃中的互市區，幾座簡陋的設施冷冷清清地扔在那裡，恐怕停工已很久了，隔著鐵絲網與中方已成規模、頗有氣勢的互市區相望。

下午五點多，我們回到滿洲裡。滿洲裡城市不大，但知名度頗高，當年友好時，這裡是中蘇之間主要的交通要道和聯繫點。兩國人員乘火車過境時，都要在這裡休息（因雙方的路軌寬窄不一，要在這裡花幾個小時換車輪）。車站至今仍保留一部分舊建築，似有作為古蹟保留的價值。進入飯店時，工作人員夾道歡迎，真可謂待如上賓。何以如此熱情？晚上市黨政領導宴請時，便一切了然了。建國後三十年滿洲裡沒有什麼大的發展，而改革開放後，特別是近幾年，利用臨邊與蘇、俄進行邊貿，一下子繁華起來。新建築如雨後春筍，真像一個新城市，加之保留了一些舊的俄式建築，使這個邊境小城很有特色，很有朝氣。這座城市需要與俄友好，需要相互交往，需要開展外貿，從而有利於本地的經濟發展。而兩國領事部門的合作是雙方交往的關鍵之一，因此，當地對兩國領事司（局）長的到來期望極高。市委祝書記說，希望互市區早日

開放，如能通過這次考察解決這個問題，他們將在互市區立一塊碑，寫上兩位司（局）長的名字。其殷切之情，溢於言表。

俄方如何呢？赤塔州州長伊萬諾夫趕來參加了我們的會談。會談的形式、內容和氣氛極為有趣。兩國的地方官員聯起手來作為一方，把兩位司（局）長作為另一方。兩國地方官員的共同點就是他們要發展經濟、發展貿易，要克服困難，改善當地人民的生活，因此，希望兩國的領事當局高抬貴手，允許多設領館，簡化簽證手續，最好恢復過去的免簽制度。

除了座談外，滿洲裡方面還安排客人們參觀了幾家有實力的公司，如邊境貿易總公司、東方國際貿易總公司等。我告訴維諾格拉托夫局長，中方與俄進行貿易的不只是個體戶、「倒爺」，有相當一部分是有實力、有信用的大公司。在參觀這些公司時，請俄國客人看了他們的商品陳列室，那裡有很多高質量而價格適中的商品，並非有些人所講的中國輸出的都是些偽劣商品。有趣的是，參觀這些公司時，伊萬諾夫州長乾脆取代中方人員，自己向局長講解起來，可見他對滿洲裡的情況包括這些公司的情況是很熟悉的。東方國際貿易總公司張經理接待客人時，特意穿上了俄交通部長頒發給他的具有中將銜的俄國鐵路職工將軍服，並拿出了俄國的勛章和證書。該公司承包製作俄國鐵路職工工作服質量高、價格合理、信譽好，因此獲此殊譽。我向維

諾格拉托夫局長建議，像這樣的公司，我們領事部門恐怕應該大力支持，使他們在兩國之間進行貿易時來往更加方便。局長對此當然是同意的。除大公司外，還安排客人參觀了熱鬧的北方市場，這裡是俄國人購買中國貨物的集中地，也是中國內地到滿洲裡出售貨物的集散地，出售的多為中低檔商品。到這裡來的俄國人也相當多。

在滿洲裡住一夜後，我們又乘車去呼倫貝爾盟首府海拉爾，請客人們參觀了當地最大的百貨公司——友誼大廈。總經理出面陪同和介紹，她是當地的女強人，上任以來使這個公司面貌大變，成為當地效益最好的企業之一。連我也沒有想到，海拉爾會有這麼大、檔次這麼高、管理得這麼好的百貨公司，裡面陳列的家具、服裝等相當好。維諾格拉托夫局長注意到一雙皮鞋賣二千多元，他看了看，是意大利進口的，似乎頗有感觸。後來他告訴我，在中國竟有人能買得起這麼貴的皮鞋，說明已經有了兩極分化。出了百貨公司的門，大街上是接連不斷的馬路攤販。我同維諾格拉托夫局長談起，說這就是中國的現實，既有超級市場，又有臨街攤販，買中低檔物品的人們似乎更多些。看來，目前市場上需要有各種檔次的商品，以滿足不同需求。我還特別利用這個機會和場合說明中低檔商品與偽劣商品的差別，表示不能把中低檔商品不加分析地都說成是偽劣商品；中國當前的高檔商品越來越多，輸往美國的商品質量都相當高。問題是要考慮當下的

經濟狀況和人們的消費水平。

從一開始，俄代表團裡的伊薩耶夫二秘就對購物表現了特別的興趣。大家對他給予了特別的關照，幫他選物，給他介紹，有時還得坐在車上耐心等他。他匆匆忙忙的樣子，加上一副個子不高、胖乎乎的哈薩克族模樣，讓大家覺得十分風趣，大街上準有人把他當成活脫脫的一個「倒爺」。後來我們發現，其實他是替全團購物。

十二日晚，我們從海拉爾乘火車前往哈爾濱。哈爾濱是東北的大城市，過去曾有不少俄國人在這裡生活，俄式建築很多。俄方曾想在這裡設領事辦公室，甚至對我說，他們在哈爾濱辦的事比在瀋陽要多，總領館似乎應該設在哈爾濱而不是瀋陽。維諾格拉托夫局長對哈爾濱的印象很好。我進一步向俄方指出：考察了以上城市可以看出，雙方在對方土地上要辦的事情越來越多，特別是發展經貿，兩國有不少互補性，保持友好、擴大貿易對雙方都是有利的。我們領事機構應該為雙方人員來往提供良好服務，因此對那些不利於雙方的人應該卡住，同時更應該為那些真正進行貿易、有利於雙方的人員提供方便。為此，我建議雙方向對方領館提供本地有實力、有信譽的大公司的名單，領館對這些大公司人員申辦簽證應給予方便。對名單以外的公司，經過審核，在手續完備的情況下也應儘快發放簽證。俄方接受了這一建議，黑龍江省外辦立即向俄駐瀋陽總領館提交了第一批名單。這時，俄駐瀋陽

總領事維爾欽科也趕來了，加入考察團的行列。

離開哈爾濱，我們又乘火車去黑河。早在滿洲裡時我就向對方說明，中國的人口多、旅客多，火車不足，設施落後，請對方多加諒解。車上果然發現了不少欠缺，廁所極髒。維諾格拉托夫局長說，他們那裡的火車也一樣，條件也很差。

到了黑河，我們再次受到該市書記、市長、外辦主任及各界的熱烈歡迎。對岸的俄阿穆爾州副州長也提前來到黑河歡迎考察團。黑河是中方沿黑龍江邊界上最大的城市，隔河與俄方的布拉戈維申斯克（中國人習慣稱海蘭泡）相望。邊界上像這樣兩國各有一個這麼大的城市隔河相望的還不多。甚至可以說，兩邊本是一個城市，只是一條江從中間穿過，把城市一分為二而已。從一邊向另一邊看，對面的樓房、汽車、行人歷歷在目。雙方已達成協議，修一座大橋把兩邊連起來。兩個國家的這樣兩個城市，是友好往來好呢，還是把它們變成前線、刀槍相對好呢？兩個國家經歷了友好──對抗──再友好的曲折過程，歷史已經告訴人們、現實生活已經告訴人們應該怎麼辦。

這裡的座談會突出談一個問題，黑龍江中方一側的大黑島已具備互市條件，實際上已啟用，地方政府已就人員來往找到了共同接受的辦法，現在請兩國中央政府認可。維諾格拉托夫局長說，滿洲裡和黑河的互市區還沒有開張，責任在俄方，他認為這是封閉區，好管理，應該開。與維諾格拉托夫局

長一起從莫斯科來的邊防局代表丹琴上校也認為應該開。

在黑河也就是大半天，我們乘遊艇過江到對岸，受到俄阿穆爾州政府的歡迎。這裡的街道乾淨整潔，市政府前是豎有列寧塑像的廣場，街上的人遠比中國城市少得多，顯得相當安靜。副州長告訴我，他每天都能從辦公室觀望到黑河，瞧，那就是剛才在對岸時休息過的飯店、參觀過的大黑島上的樓房……，雖是兩國，卻近在咫尺。

從這裡開始，維諾格拉托夫和我被安排在一邊的座位上，對面是以阿穆爾州州長季亞琴科為首的地方官員們。我們開始被放在「受審」的地位，作為「首都的官僚主義者」被人們批評：「兩國首都的官僚主義者們應該多到地方上看看，將自己的工作作風改一改，提高工作效率。」他們說，現在的管理辦法嚴重妨礙了地方發展，所謂非法滯留俄方

中俄兩國領事官員與地方官員座談。（右2為張宏喜）

的中國人為數已很少，事情完全在可控範圍之內，不能因此而收緊。他們再次呼籲多設領事機構，免得辦一件事要跑老遠的地方。

我覺得地方官員們的意見應該聽取，實際上他們與我的想法沒有分歧。但維諾格拉托夫局長卻另有想法，他反駁俄國地方官員們說：「現在的辦法是過去你們提的，照你們提的辦法做了，為什麼現在又反過來批評我們？」來自莫斯科的官員與遠東的地方官員當著我們的面爭執起來。我覺得需要出面打打圓場，便說：「局長和我是為大家辦事的，我們聽了大家的意見，以後請把事情交給我們吧，我們會很好地商量，找出各方都滿意的辦法。」似乎就這樣解了圍。我一路都在設法使維諾格拉托夫與我取得共識，讓他感到雖然雙方都是在為自己的國家盡忠，但有很多共同點，是朋友而不是對手。

十五日，我們準備從布市飛往哈巴羅夫斯克（中國人習慣稱伯力），哈巴來一軍官迎接，雙方坐汽車直奔一架小型噴氣機下。在此之前，不管是在中國還是俄羅斯，考察團出行都有警車開道，所以一路暢通無阻。只是這次，上了飛機才發現旅客已滿，座位不對號——未給我們預留位置。最後，我們被安排在又暗又悶的後排座位上。此後，一路都可發現，俄方內部很不協調：地方上同莫斯科有矛盾，地方上各個單位之間也有矛盾，軍方與地方政府之間還有矛盾。俄國面積太大，遠東離莫斯科太遠，像維諾格拉托夫局長這樣的官員似乎難得來

一次，所以彼此有些不一致是不奇怪的。我們中國同樣存在地方與中央、部門之間的不一致。

在哈巴，我到總領館看望了我們的館員。總領館相當困難，經常停水停電。同志們對我們一行的到來十分高興，非常熱情。

之後，我們參觀了一個市場。市場是封閉式的，出入口有人把守。進去後發現規模相當大，但大部分不是中國人，不是中國商品，只是在一個小區域才看到中國人比較多。所賣商品多為衣服、鞋帽、日用品、小商品。與幾位中國人交談了一會兒，他們說貨沒有以前好賣，當地人沒有多少錢，而且盧布與美元相比越來越貶值。一位中年婦女說每月可收入一兩千元人民幣，比在哈爾濱下崗拿幾百元要好得多。我問他們如何辦手續，在何地方居住，他們都作了答覆；問他們如果簽證過期不怕被抓嗎，回答是問題不大，俄方的人員都認識，看，他們不是在眼前過來過去嗎？可見，有些人能在這裡逾期居留恐怕不完全怪中方。中方是反對非法居留這種事情的，已採取和將繼續採取措施加以制止，但也有俄方管理不善的原因，需要雙方共同努力。

十六日晚，我們從哈巴乘火車去符拉迪沃斯托克（中國人習慣稱海參崴）。火車是新的，相當好，比中國的要好得多，特別是臥具，簡直像新的，非常乾淨。對諸如此類的事情加以對比，可以看出當時中國與俄國的不同。一個眼下雖遇到了困

難，經濟不景氣，市場供應很差，但畢竟曾是唯一能與美國抗衡的超級大國，處處顯出仍是闊人的樣子：街道整潔，處處講衛生，街上的人穿戴整潔得體，體態儀表優雅，特別是年輕女子亭亭玉立，身穿連衣裙飄飄然，非常漂亮。另一個雖然蒸蒸日上，經濟迅速發展，無處不在大興土木，但處處可見仍是不發達國家的窮人樣子：大街上又髒又亂，有些人素質較差，某些西裝革履看樣子挺闊氣的人卻蹲在馬路邊，往腳下亂扔煙頭，有傷大雅。總之，闊人破落和窮人致富，形成鮮明對照。但我想，隨著今後的發展，這些都會發生變化的。眼下，雙方需要的是作為好朋友友好相處，共同發展，這對大家都是好事，何樂而不為！

一夜之間，火車來到海參崴。這是俄遠東最大的城市，也是最大的港口和海軍基地，樓房林立，汽車如流，市中心人群如織，儼然是個大城市。中國本想在這裡設領事館，但因當時該地不對外開放，俄方不同意。

這裡屬濱海邊疆區，會談在區政府大樓裡進行，邊區領導及軍政各界數十人參加，比前幾次的人都多。發言中，唯有邊區內務部處長提出了中國人非法居留問題，說自本年初至五月已有三千多人未按期返回中國。為此，他提出取消團體旅遊免簽的辦法。但後面發言的各方，包括俄旅遊局、運輸公司、貿易公司、區領導等，都持反對態度，他們還列舉了與中國交往的種種好處。整個會談的主調

仍是友好合作。我說：「逾期不歸是我們反對的。有些人為了賣貨賺錢，只考慮他們自己的利益，但十二億人民的利益決定了我們需要與俄國友好，我們只會按十二億人民的願望行事。這幾千人為何要逾期不歸，需要查找原因，有中方人員的原因，恐怕也存在俄方需要改進管理的問題，所以，要解決這個問題，需要我們雙方共同努力。再說，總的來說不遵守規定的人總歸是少數，不能因少數人使多數人無法正常經商。」俄方多數與會人員對我的講話是能接受的。實際上，由於俄方改變了蘇聯時期的免簽辦法，使來往經商的人很麻煩，就出現了所謂以團體旅遊名義免簽進入對方、行買貨賣貨之實這樣的事情，俄方人員來中國是為了購貨回去出售，中方人員去俄是為了賣貨賺錢，貨未賣完就不願按時離境。俄內務部地方當局官員主張取消這種旅遊，就意味著取消這種交易活動。來自莫斯科內務部的丹琴上校曾在海參崴工作過八年，他對問題的實質是十分清楚的。一路上他都不說話，但在這個問題上他出來表明了態度，支持我的看法。實際上，俄方比中方更需要邊貿，特別是地方州、邊區領導人，十分明白其中的利害關係。

第二天，俄方突然通知原定的所有日程全部取消，因為這天天氣好，政府人員都要到山上別墅內自己的田地裡種植土豆。土豆是他們的主糧和最愛，這關乎一家全年的生活，絕對耽誤不得。陪同接待我們的區外辦工作人員不忍心丟下我們不管，

就犧牲個人利益，不去弄自己的土豆田，整天陪同我們在飯店聊天。他對我們說：「這次接待你們難得很，領導一會兒一個辦法，使我很難安排。你們走後我就要辭職不幹了。我是俄國人，熱愛我的祖國，但卻看不到希望。我們的領導人今天一個說法，明天一個說法，一會兒是私有化，一會兒又是休克療法，我們下面不知道該怎麼辦，弄不清方向在哪裡。你們那裡我常去，看你們的莊稼多麼好。你們有個鄧小平，我們沒有鄧小平。」我安慰他說，你們的資源比我們豐富得多，困難是暫時的，相信你們很快會好起來。這位愛國、真誠、正直、熱情、鬱悶的朋友令我們十分感動，他的話給我留下極深的印象。

最後一天，我們坐汽車過境到綏芬河，同樣受到了盛情接待。該市政府大樓建在山坡上，正好能俯瞰全市。市長領雙方人員觀景，看到一片新樓和一片塔吊，興旺景象盡收眼底。我告訴客人：這樣的新城市在中國到處都是，深圳就是改革開放後冒出的一個大城市。我說，我到過與越南、老撾、緬甸、哈薩克斯坦鄰近的邊境地區，發現不開放時兩邊都是落後偏僻地區，一旦開放，兩邊立即繁榮起來，在自己這邊多得是的平平常常的東西，一交流到對方馬上賣個好價錢，雙方都發財。在俄境內走了一路，只在哈巴羅夫斯克看到幾個塔吊，是中方建築隊承建的兒童醫院。俄方的道路、邊境檢查廳都很陳舊落後，而中方一側都是新修的，特別是綏

芬河，互市區規模大、交易額高，有互通的汽車、火車、飛機，來往的人很多。在互市區我們這邊，擺放著很多從俄進口的木材、建材、汽車，我還看到有俄軍退役的坦克、直升機，都是從那邊作為廢鋼鐵買來的。

一路上，維諾格拉托夫目睹了真實情況後很有感觸，所以在汽車裡對我說：為什麼俄國領導人不向中國領導人學習？我們談了很多，距離越拉越近。他告訴我，蘇聯時期他是本單位的黨委書記。他一路上都對我以「同志」相稱，我自然投桃報李。告別時，維諾格拉托夫熱烈擁抱我，這是我頭一次與外國客人擁抱。

兩國領事司（局）長花費八天時間，聯合到四千三百多公里的邊境兩邊穿插考察，一起走了這麼遠的路、到了這麼多的地方、見了這麼多的人、談了這麼多的話，恐怕不多見。這種形式對雙方都是一個創造，大有好處。雙方找到了不少共同點，達成了若干共識，改進了工作，保證了邊貿順利進行和人員正常來往，促進和擴大了兩國的友好合作。

我與俄羅斯人的情緣

魯培新

（中國前駐蘇聯使館職員、駐斯洛文尼亞大使）

　　談起和俄羅斯人的情緣，可以追溯到二十世紀
五〇年代。我讀初中時就開始對俄語產生興趣，讀
大學時繼續學習俄語。在近四十年的外交生涯中，
差不多有三十年同俄羅斯人打交道。我們之間不僅
關係密切，而且有曲折，還帶有傳奇色彩，甚至或
多或少影響到兩國關係。

　　我接觸過的俄羅斯人，有工人、司機、修理
工、清潔工、教師、醫生、工程師，有機場場長、
總調度、辦票員、地面服務小姐、搬運工、海關署
長，有蘇聯和俄羅斯駐華使館各級外交官、外交部
副部長，直到蘇共中央總書記、俄羅斯總統。可以
說，我和俄羅斯人有較深的感情，俄羅斯人的民族
性格、生活習慣、思維方式等給我留下了深刻印
象，我們之間發生過許多大大小小、多彩有趣的故
事。

俄語成績優良而受老師寵愛

　　一九五三年，在北京市第二十四中學讀高中
時，我就選讀了俄語，且成績優異，特別是口語更

好。一天，俄語老師把我叫到辦公室，說後天有個蘇聯教育代表團來學校考察，想給我一個鍛鍊口語的機會，讓我作為學生代表參加接待。開始我有些膽怯，但他鼓勵我說，沒什麼可怕的。在整個考察過程中，主要是俄語老師同蘇聯朋友交談，我在旁邊偶爾也搭上一句話。一位蘇聯人還誇我發音不錯，讓我好好學習，將來有機會到蘇聯工作。雖然沒講幾句話，但這是我第一次同蘇聯人直接接觸，老師給我鼓勵，同學們也為我高興。

一九五五年，我考上了外交學院。這是周總理親自建議、毛主席批准的培養新中國外交人才的高等學府，被稱為「中國外交官的搖籃」。我選修了俄語，並擔任俄語課代表。當時，一位中國老師教閱讀，一位俄籍女老師教口語。我的俄語成績一直名列前茅，深得俄籍老師的喜歡。一天下課後，她對我說，今晚蘇聯國家大劇院芭蕾舞團在天橋劇場表演《天鵝湖》，邀請我去觀看，可以搭乘專家的大轎車。我高興得都發呆了。她問我：「怎麼，不想去？」我連忙說：「不，不，太想去看了，太感謝了。」當晚，我全神貫注地觀看了這場精彩的演出。

記得在一九五八年快到年末的時候，一天課後，這位老師又告訴我，快到新年了，蘇聯駐華使館要舉行新年聯歡晚會，邀請我參加，並代表她的學生在晚會上用俄語唱一首蘇聯歌曲。我十分高興，認真準備了蘇聯抒情民歌《遙遠的地方》。那

天晚上，我還從一個國外使館回國進修的同學處借了一件西服上衣，請使館一位外交官為我鋼琴伴奏，演唱博得了熱烈掌聲。

在讀中學和大學期間，蘇聯小說中的一些名作對我的教育和成長影響也很大：高爾基的三部曲；斯莫傑米揚卡婭的《卓婭與舒拉的故事》（兩位年輕主人公為了保衛祖國不惜犧牲的英雄氣概讓我深受感動和鼓舞）；奧斯特洛夫斯基在病中頑強寫完的自傳體小說《鋼鐵是怎樣煉成的》（主人公保爾‧柯察金更是中國青年的偶像）。有些句子至今還能背下來：「人最寶貴的東西是生命。生命屬於人只有一次。一個人的生命應當這樣度過：當他回首往事的時候，他不會因為虛度年華而悔恨，也不會因為碌碌無為而羞愧；這樣，在臨死的時候，他就能夠說：我整個的生命和全部的精力，都已獻給了世界上最壯麗的事業——為人類的解放而鬥爭。」這段名言更加堅定了我加入共青團的決心，甚至影響了我的一生。

大使館為蘇方服務人員舉行招待會。（左 3 為魯培新）

俄羅斯平民的幾件小事

一九六〇年八月，我順利地結束了在外交學院五年的學習生活，被分配到外交部，直接到駐蘇聯使館工作。

剛到使館時，我被分到辦公室總務科工作，辦些行政上的雜事。如管理大使官邸施工工程，同俄

工程師、工人聯繫；負責管理聯繫僱用的俄籍僱員，如醫生、司機、清潔工、洗碗工、通訊員、打字員、修理工、花工等。他們都是普通勞動者，但我很尊重他們的勞動，關係非常融洽。他們工作都很認真，也很樸實、憨厚，按時上下班，從不偷懶。每年春節前，為感謝這些工人，使館專門舉行招待會，邀請他們的家人、孩子參加。他們都像過節似的，穿上最好的衣服出席。

記得一天下大雪，午夜，在機場送走一批途經莫斯科回國的中國人後，我隻身開車回使館，路上突然車胎爆裂。我不會換輪胎，正在著急時，一位路過的出租車司機主動停下來，二話沒說，很快就幫我換好了輪胎。我要給錢，他無論如何不肯收，說「這是應該做的」。

使館廚師長年在廚房工作，很少有機會外出，語言又不通，很想有一位懂俄語的人帶他們到城裡看看。一天，領導交代我帶上幾位廚師乘地鐵進城。不料在換車時走丟了二個人，我十分著急。萬一出了事，回不來怎麼辦？只好中斷逛街，帶其餘幾個人回使館報告。但萬萬沒想到，他們已先於我們回來了，原來是一位好心的蘇聯人將他們送回了使館。

我的宿舍在使館沿街的二層，人行道緊挨窗子下面。夏天的一個週末，我開著窗子在屋內打掃衛生，播放著《喜洋洋》、《彩雲追月》等中國民樂，聲音較大。音樂剛停，忽然聽到外面傳來熱烈的掌聲，不知發生了什麼事。我探頭朝外面一看，人行道上聚集了二十多位男女老少，他們齊聲高喊：「再放一遍。」我滿足了他們的要求。可見俄羅斯普通百姓是多麼喜歡聽中國的民族音樂啊！

我在使館行政科迎送組工作了近兩年，同機場上下關係都很好。為了稱呼方便，他們給我起了俄文名字，叫「別佳」。有一年，外交部召開駐外使節會議，所有駐外使節都要回國參加。大使們都很忙，一般提前一到二天才能啟程回國，且飛機銜接很緊。一天，一批駐外大使原計劃晚上六點從捷克布拉格飛抵莫斯科，一小時後即轉機飛北京。但布拉格來的飛機晚點二小時，而莫斯科飛北京的飛機應於晚上八點起飛，怎麼辦？我找機場場長和總調度說明了情況。他們當即決定，莫斯科飛北京的班

機等待這批使節抵達並辦完轉機手續後再起飛，致使航班延誤了兩個小時。大使們十分高興，誇獎我工作出色。而機場領導作出這一決定是很不容易的，我後來專門拿使館工藝品送給他們表示感謝。

被宣布為「不受歡迎的人」

二十世紀六〇年代初，中蘇兩黨產生了意識形態分歧。一九六三年三月三十日，蘇共中央發出《致全體蘇共黨員的一封信》，對中國共產黨進行攻擊和誣衊。六月十四日，中共中央覆信蘇共中央（即《關於國際共產主義運動總路線的建議》），作為回敬。這封信對蘇廣播後，引起了較好的反響，不少蘇聯人想得到這封信。國內把這份文件的俄譯文打成蠟紙由信使送到使館加印，然後交給我們五個人負責分發。派送對象都是我們熟悉的蘇聯中層人士。我們的車後備廂裝滿了文件，一連送了五六天。如果送辦公室不方便，就送到對方家裡。使館門外遠處停了好幾輛蘇聯克格勃的車，一直在跟蹤監視我們。一九六三年六月二十七日，蘇聯外交部副部長約見中國駐蘇聯大使潘自力並送交照會，指責我們五人做了「不符合外交官身分的事」，宣布為「不受歡迎的人」，要求「立刻召回」。實際上，就是限期驅逐出境。為此，中國外交部發表聲明，抨擊蘇聯政府這一做法是史無前例的，是故意破壞和惡化兩國關係。

我們回國後受到熱烈歡迎，成了「最受歡迎的人」。七月三日，周總理親切接見，對我們積極負責的態度和不屈不撓的精神進行了表揚。總理對我本人也十分關心，說我原來在使館搞迎送、接待工作，去禮賓司正合適，就到禮賓司去吧！並當即交代陪見的外交部副部長曾湧泉安排。七月七日，外交部等單位七千多人在人民大會堂舉行集會，陳毅副總理兼外長出席並講話，梅文崗同志代表我們五人介紹了這次被蘇聯政府無理要求召回的經過。

六年過後，一九六九年中蘇兩國進行邊界談判時，我被任命為中國政府代表團聯絡員，負責與蘇方代表團會談相關的禮賓工作。實際上，我的身

一九六三年周總理接見被召回的駐蘇使館人員。（右3為魯培新）

一九七一年中蘇邊界
談判代表團在杭州參
觀訪問。（後排左 2 為
魯培新）

分、經歷，蘇聯人心知肚明。一次，喬冠華團長到
蘇聯駐華使館參加宴請活動時，曾開玩笑地指著我
向蘇聯人說：「你知道這個人是誰嗎？」蘇聯人回
答：「我們知道是禮賓司的。」蘇聯邊界談判代表
團團長、外交部副部長伊利切夫接過來說：「那都
是過去的事了，那件事（指我被趕回）是瞎胡鬧，
是我們的過錯，魯任何時候去蘇聯都歡迎。」蘇聯
駐華大使托爾斯季科夫幽默地對我說：「魯培新，
你的護照現在帶來了嗎？我三分鐘就給你簽證。」
大家聽了一陣哈哈大笑。

　　自一九六九年十月開始的中蘇邊界談判是馬拉
松式的談判，每週一到二次，每次三個小時，談判

複雜敏感，國際上也十分關注。我作為中方代表團的聯絡員，不但要做好聯絡工作，在日期、時間、地點等禮賓安排上不能出現絲毫差錯，而且還要負責生活接待上的事情。蘇聯代表團工作人員有四個人住北京飯店，我長期陪住。在會談的間歇，我方還為蘇方代表團準備了豐富的點心、水果，有小籠包、燒餅、春卷等，春卷最受歡迎。酒類當然少不了茅台，每到休息時，伊利切夫團長總是先倒茅台喝上兩杯。

為了調節談判的緊張氣氛，中方還邀請蘇方代表團到外地參觀旅遊。由於我天天同蘇方人員打交道，生活在一起，相互很熟悉。特別是在北戴河休假時，還發生了一場有趣的軼事。蘇方代表團中兩個年輕的女打字員都對我這位「帥哥」產生了好感，追著同我一起聊天、散步、游泳。此事在兩個代表團中傳為笑料，蘇方人員還開玩笑說：「把魯交給我們，帶回莫斯科吧！」

一定要把「只握手」這件事辦妥

一九八九年五月十五日至十八日，戈爾巴喬夫以蘇聯最高蘇維埃主席、蘇共中央總書記的身分正式訪問中國。我當時任外交部禮賓司副司長，參加了戈爾巴喬夫訪華的籌備和在華期間的禮賓接待工作。由於懂俄語，在這次訪問過程中，我同戈爾巴喬夫朝夕相處，直接交談，頗有一些感觸。同時，

也深深感受到鄧小平同志在解決中蘇關係正常化問題上高瞻遠矚、舉重若輕的戰略家風範。

中蘇高級會晤是轟動世界的大事，在禮儀、熱度等方面如何把握分寸，事關重大。小平同志對此考慮得很細。在戈爾巴喬夫訪華前，他指示外交部說，全世界都注視著中蘇高級會晤，在接待戈爾巴喬夫來訪的禮儀等安排上不要太熱，要講究適度，見面時只握手、不擁抱。他還叮囑說，此點在同蘇方談具體禮賓安排時向他們打個招呼。

為了認真貫徹小平同志這一重要指示，錢其琛外長特意把我叫到他的辦公室，要求一定把這件事辦理妥當。至於如何同蘇方談，讓我自己考慮，但提醒注意方式方法，要藝術一點。我深知這件事情的分量。同先期來華的蘇聯外交部禮賓司司長會談時，我談到兩位領導人會見廳的布置、座位具體安排時，恰當而自然地向對方提出：中國的禮節習慣與俄羅斯不同，按中國古代禮節，朋友之間見面只用作揖，握手是你們西方的禮節，我們接受過來，而我們沒有擁抱的習慣。中方建議兩位領導人見面時「只握手、不擁抱」，按照中國習慣做，希望司長親自向戈爾巴喬夫本人轉告。蘇禮賓司長表示理解，並允諾報告戈爾巴喬夫本人。

一九八九年五月十六日上午十時至十二時三十分，小平同志在人民大會堂東大廳同戈爾巴喬夫舉行了歷史性的會晤。對此次會晤中的座位和參加人員握手程序，我們都作了特殊的禮賓安排。由於不

是會談，是會晤，決定不設長桌，而是擺茶几，坐沙發。為了突出小平同志和戈爾巴喬夫，我們安排中蘇雙方參加會晤人員的座位與主賓拉開一定距離。小平同志和戈爾巴喬夫的沙發背後，分別豎立著中蘇兩國國旗。至於握手程序，為了突出兩位領導人握手的場面，我們安排參加會晤的李先念主席、姚依林和吳學謙副總理以及錢其琛外長同小平同志隔開兩三個人的距離，蘇方人員也是這樣安排的。

當我陪同戈爾巴喬夫走到人民大會堂東大廳門口時，小平同志已在那裡等候。兩位領導人熱烈握手，此時我特別留意，戈爾巴喬夫沒有擁抱小平同志，顯然蘇方禮賓司長已向戈爾巴喬夫打了招呼。不過，兩人握手的時間相當長。有位朋友看電視直

一九八九年戈爾巴喬夫訪華。（右 2 為魯培新）

播時掐著手錶算了算，整整三十五秒鐘。

「只握手，不擁抱」這簡單樸素但含意深刻的六個字，不只是禮儀問題，實際上蘊含著深刻的政治含義和長遠的戰略考慮，既準確概括了當時中蘇關係的性質，又為兩國關係的長遠發展確定了方向。它使我深刻領悟到，即使是握手這一簡單的禮儀形式，也有高度的政治性。

由於臨時決定記者招待會改到釣魚台國賓館，已經等在人民大會堂的中外記者只好趕到釣魚台，這樣，記者招待會至少得推遲一個半小時舉行。戈爾巴喬夫提出，要我陪他在院內散散步，欣賞一下釣魚台的美麗風景。在一個小時的散步中，我向他介紹了釣魚台的歷史、簡況等。他對這兒的建築風格和優美環境讚不絕口，說蘇聯每年也接待不少國賓，也應建一個像這樣的國賓館。後來，他把話題自然地轉到了對小平同志的印象上。他說，剛才同鄧小平的談話，給他留下極為美好、深刻的印象。他覺得，鄧小平猶如他的老師，在給他講課，又好像是他的長輩。他仔細傾聽鄧對中蘇關係今後發展的高見。鄧小平對中俄歷史很清楚，對中蘇近二十年的問題瞭如指掌，令他感到十分驚訝，也很欽佩——八十五歲高齡的人，精神這樣好，記憶力驚人，分析問題條理清楚，在世界偉人中也是少見的，真不愧是一位偉大的領袖。

值得回味的葉利欽首次訪華細節

如今，中俄兩國關係進入了一個全新階段。回顧兩國關係的歷程，一九九二年十二月葉利欽總統訪華堪稱是一次里程碑式的重要事件。算起來，這既是葉利欽本人，也是俄羅斯國家元首對中國的第一次國事訪問。訪問期間，中俄雙方簽訂了一系列合作文件，為兩國關係的發展奠定了堅實基礎。我當時任外交部禮賓司代司長，參加了葉利欽訪華接待的相關工作，很多細節至今難忘。

第一個細節，就是語言。按照國際禮賓接待的慣例，外國元首專機停穩後，被訪問國外交部禮賓司司長和來訪國大使一同登機，迎請外國元首下飛機。但見面時必定要問候，作為登機迎接葉利欽總統的中國禮賓官，我是該說中文呢，還是俄語？最終我決定「秀」一下俄語。我在外交學院讀書時學的就是俄語，更應發揮這一特長，以表達對葉利欽總統這一歷史性訪問的歡迎之情。

和我同時登機的是俄羅斯駐華大使羅高壽，他向葉利欽介紹說：「魯是我的老朋友、好朋友，我們已是二十多年之交了。」我隨後用俄語對葉利欽說：「熱烈歡迎總統閣下首次訪華。今天天氣晴朗，天氣也在歡迎您，您把莫斯科的好天氣帶到北京來了。我國政府陪同團長等官員正在機旁迎候，請您下機。」

果然，聽到我用俄語表示歡迎，葉利欽非常高

興地說：「這是我擔任總統後首次訪華，踏上中國土地後，你是我見到的第一個中國官員，又用流利的俄語同我交談，天氣又這樣好，我十分高興，這是訪問圓滿成功的先兆。」

第二個細節，則是喝酒。俄羅斯人愛酒，作為總統的葉利欽自然也不例外。抵達當晚，時任國家主席楊尚昆在人民大會堂舉行了隆重的歡迎宴會。在擬定菜單和用酒的問題上，我們作了特殊的考慮。隨同葉利欽總統來訪的人中有不少是「中國通」，他們長期同中國打交道，很了解中國菜餚的特點，而我們對他們在飲食上的喜好、要求也很了解。經過反覆研究，我們擬出了一個適合俄國人胃口的菜單，其特點是不用海參（俄國人並不喜歡），菜量要大。至於是否上烈性酒，我有些猶豫——一九八七年以來，中國已實行了禮賓改革，國宴上不再用烈性酒。

考慮到俄羅斯客人有喝烈性酒的習慣，特別是

一九九二年葉利欽總統訪華期間，在人民大會堂出席中國國家主席楊尚昆舉行的歡迎宴會。（右1為魯培新）

葉利欽有飲酒的嗜好，此次又是擔任總統後首次訪華，我們決定破例在宴會上用中國的名酒茅台。楊主席對此事也很關心。宴會開始前，他在休息廳問我，俄國人喜歡喝烈性酒，今天是否考慮用些白酒？我說，已經準備了茅台。楊主席說：「這很好！」此時，羅高壽也悄悄地問我，葉利欽喜歡喝烈性酒，主桌能否上茅台？我告訴他，已經作了安排。

宴會開始後，楊主席對葉利欽說，我們是老朋友了，今天特別為你準備了茅台酒。葉利欽非常高興地說：「我很喜歡，氣味很香。」宴會上，葉利欽興致很高，不斷稱讚茅台酒好。宴會後，我向服務員了解到，主桌賓客喝了兩瓶茅台，葉利欽一人喝了足有半斤多。回到釣魚台國賓館後，他還向服務員要茅台酒。

一般來說，在正式的外交場合，各國領導人之間的稱謂都很正式，「總統」、「閣下」之類很常見。但這次葉利欽訪華聽到了幾個很不一樣的甚至令他激動的稱呼，這個細節也頗有意思。

葉利欽抵京後，楊尚昆主席在同他見面時的第一句話就是：「你好！我們是老朋友！」不料，中方翻譯把「老朋友」譯成了「老相識」，俄方翻譯立即糾正說，不是「老相識」，是「老朋友」。聽到這裡，葉利欽笑了。

翌日，江澤民總書記在釣魚台國賓館舉行小型宴會招待葉利欽。葉利欽到達宴會廳前，江總書記

問我，葉利欽的名字叫什麼？我說，叫「鮑里斯」。葉利欽到達後，快步走過來同江總書記握手，並熱情擁抱。江總書記也十分熱情地說：「鮑里斯，歡迎你，我的兄弟。」依照俄羅斯人習慣，關係十分親近才相互稱呼名字，一般只稱呼姓。葉利欽聽到稱他名字，格外高興，緊緊地握住江總書記的手說：「這是我第一次聽到一個外國領導人直接叫我的名字，並稱我為『兄弟』，我很激動。你看，我們的關係多麼親近啊！」

以上這些親身經歷──不同年代、不同人、不同背景、不同側面，都給我留下極為深刻、十分難忘的印象。現在回憶起來，總覺得異常溫馨，深感欣慰。當前，中俄關係處於兩國歷史上最好的時期，是全面戰略協作夥伴關係。作為一個直接見證人，我衷心希望兩國關係更加緊密和發展、兩國人民世代友好！

謝謝你，莫斯科國際關係學院

楊　勍

（中國外交部歐亞司二秘）

　　莫斯科國際關係學院是俄羅斯國際關係研究領域的最高學府，是俄羅斯外交官的搖籃。我於二〇一三年在莫斯科國關學院進修，期間同俄本國研究生一起聽講，度過了五個月的留學生活。這是我參加工作後再次走進課堂，短暫的進修經歷給我留下了深刻印象。它讓我領略了俄羅斯十年來的長足發展，同時，俄羅斯學者的國際關係理論知識讓我大開眼界；與國關老師、同學以及其他國家留學生的交流，也給了我很多有益的啟迪。這成了一段我終生難忘的日子。

闊別十年的莫斯科

　　首先必須說說十年前我的第一次莫斯科之行。我曾於二〇〇三年秋天到二〇〇四年春天在莫斯科進修俄語，當時的俄羅斯還處在國力復甦初期。那是我平生第一次出國，作為只學過三年俄語的學生，莫斯科的進修生活實在是一項過於繁重的任務。俄羅斯給我的第一印象就像俄語一樣，一切都那麼陌生、善變，而且難以適應。莫斯科的冬天總

是陰沉沉的，而且，半年裡還發生了友誼大學火災、地鐵和民族飯店爆炸案。總之，這成了一段充滿憂鬱、傷感的時光。然而，還是有一些回憶給我留下了特別溫馨的慰藉，比如在踏上莫斯科土地的那個晚上，一輛載著我們幾十個中國進修老師和學生的半舊大巴奔馳在深秋的暮色裡，音響裡不停地播放著一首歌，其中我能聽懂的一句歌詞就是：Xo-po-шo， всебудетхорошо……（好，一切都會好的）。

果然，二〇一三年的春天，正如同這句歌詞一樣，一切都變得更美好。

我再次踏上莫斯科土地的那天是農曆正月初三（2月14日），正是六十三年前《中蘇友好同盟互助條約》簽訂的日子。莫斯科機場早已不再像十年前那樣陳舊，充滿了現代化的氣息。我匆匆取了行李，看著窗外漫天的風雪，再次以一個學生而不是外交官的身分，滿懷著忐忑走過了邊檢。車子碾過冰雪，飛馳在莫斯科的公路上，萬家燈火的美麗夜景一一掠過我的眼前。十年後，我終於發現莫斯科郊外的晚上是如此迷人。

冬去春歸，我漫步在莫斯科的街頭，探訪很多十年前曾經到過的地方，發現這座城市改變了太多。到處都是拔地而起的新樓，街上的汽車也不再像十年前那樣雜亂，街道市容變得更加整潔，人們的衣著更加光鮮亮麗，精神面貌也煥然一新。再也未見恐怖襲擊，到處是人們的笑臉，還有明媚和煦

楊勐在莫斯科國際關係學院留影。

的陽光。莫斯科這座城市的一切，都讓我感到如此
熟悉而又陌生。就這樣，我在闊別十年的莫斯科又
度過了人生中一次充滿愉悅的學生時代。

學習就是挑戰自我

　　必須承認，能來到莫斯科國際關係學院聽課，
是我畢生的榮幸。作為職業外交官，在工作中積累
的知識再豐富，也無法和真正的國際關係學者相
比。參加工作之後，我沒有緣分再回校園讀書，而
這次進修給了我圓讀書夢的寶貴機會。一到學校，
我們就受到了外事處老師和其他中國留學生的熱情
接待，學校的各方面良好條件也讓我立即安心投入
忘我的學業之中。應該說，這五個月的學習，無疑
讓我經歷了一次難忘的自我挑戰。

　　國關學院的課程理論性和實踐性並重。先說說

理論性，我清晰地記得，聽第一堂課時我大吃一驚，因為這裡學生上課居然不用任何教材，只有老師指定的一些有代表性的學術文章作為必讀材料，讓學生首先直接感受原汁原味的學術權威著作，再上課聽老師答疑解惑。那些著作包含了本領域有代表性的觀點，如果不通讀一遍打下理論基礎，縱然上課聽講也不知所云。雖然曾在俄羅斯遠東工作過幾年，但以我的俄語水平，聽這樣理論性強的課程，剛開始未免困難。還記得第一天連著上了幾堂課，真的聽不懂，晚上回到宿舍頗為頭痛。為此，我還給使館同事打電話訴過苦，在大家的勉勵下，還是堅持了下來。隨著時間的推移，聽力水平慢慢提高，通過做讀書筆記，閱讀水平也有了進步。就這樣，我終於逐漸克服語言障礙，走入理論知識的殿堂。

課程的實踐性體現在很多課都要求學生作演示或組織辯論。老師請學生分組合作，運用理論知識研究一個國際關係現象，在課堂上向全體同學展示研究成果，接受點評或質疑。這對學生的思維水平、材料掌握程度、課題研究深度是全面的考察。有些演示要求學生以「專家為政府提建議」的名義，介紹對課題未來走向的分析和對策建議，十分接近外交實踐，對我的工作很有借鑑意義。這種討論課的實踐，不僅檢驗對知識的掌握，更是對俄語口語和當眾演講能力的一次檢驗。不僅編寫「台詞」時要和合作的同學充分交流討論，現場發揮也

是決定性因素，緊張時即使背誦「台詞」也會發生錯誤。我的演示固然算不上優秀，但可以說，在老師和同學們的鼓勵下，至少我的最後一次演示比第一次效果要強很多。

五個月過去，我不僅完成了各門課程規定的所有論文任務，還自告奮勇選擇了與同學們一起參加期末考試（本來以我的進修生身分是可以免試的）。很幸運，我取得了較好的成績，這是我第一次在研究生課程上用考試成績證明自己的能力，也是我本次學習的最大收穫。

我的老師們

說到學習，首先不能不感謝給我授課的所有國關學院的老師們，他們嚴謹的學風令我十分敬佩。他們終身從事科研工作，具有很高的專業水平和敬業精神，從教學角度出發，對學生要求嚴格。即使他們知道我是外交官，也都是一視同仁，沒有任何優待。有的老師還對我更加鞭策，讓我用外交官的標準要求自己。很慶幸遇到他們，是他們給我打開了又一扇通向知識的大門。

回想起來，國關老師最主要的教學特色有以下幾點：一是堅持理論結合實際。比如在考試中設計時事題，考查學生對一年內發生的國內外大事的了解情況，促使學生在理論學習之餘還要廣泛閱讀時事報刊和新聞，避免只懂理論不知實際的空談。二

是強調思辨的邏輯和簡潔，在演示課上著重鍛鍊學生的表達能力，要求言簡意賅、條理清晰並且限制時間，為學生以後參加工作打下基礎。三是具有強烈的危機意識和憂國情懷，老師們大多認為當前西方發達國家主導下的世界秩序缺乏道義，號召學生們投身外交事業，推動構建公正合理的國際新秩序。寓德育於智育之中，也可謂頗具俄羅斯特色的教學法。

給我留下最為深刻印象的是，很多老師把課堂從教室轉移到校園裡。沐浴著和煦的春風，看著滿眼生機盎然的草木，聞著芬芳的花香，一群青年學生們坐在長椅上，在老師的主持下暢談著國際關係的話題，一陣陣掌聲和歡笑，讓嚴肅的課程變得輕鬆愉悅。還有一次，講俄羅斯建築藝術的老師帶我們遊覽莫斯科市容，一路上介紹沿途各種建築的風格樣式、時代背景、設計理念，讓我們不僅在美景中遊玩觀賞，還在知識的海洋中暢遊享受。

我的俄羅斯老師們，有的年事已高，有的和我年紀相仿，但他們都毫無保留地把自己的知識傳授給我。正是因為他們的無私，我才能把他們的研究成果介紹到中國，介紹給我的同事。我由衷感謝他們，儘管我記得他們的名字，他們也許並不記得我，因為我僅僅是他們所教育過的千千萬萬學生中的一人，但正是這樣，才愈顯得他們的偉大。

我的同窗們

　　經歷了在莫斯科國關學院的進修，我對俄羅斯新生代大學生有了更多的了解，他們的素質令人刮目相看。從家境上看，國關學院學費高昂，學生大多出身優越，衣著時尚，很多人出身外交官世家，但身上少有紈褲子弟的「衙內」習氣，很多人對外交工作性質有一定認識，有的還表現出很強的使命感和責任感。他們不同程度地掌握西方的語言、科學和文化知識，並對西方國際關係有所了解，但都相信俄羅斯有別於西方，深知國家利益決定了俄在國際格局中的立場與西方國家有所區別。從學生的學術作風上看，由於不使用指定教材，思維十分活躍，在一定程度上令我驚訝——在我的學生時代，從來都是老老實實聽老師講課，然後劃重點、背講義、對付考試這樣一種學習風格。儘管我十年前在莫斯科進修過，但那時也都是和中國同學一起聽課，對俄式教學沒有如此強烈的體會。這裡的學生除了聽從老師的見解之外，在科研中還體現出強烈的獨立精神。絕大多數人進行課題研究時作風嚴謹，不少學生對專業極為熱情，始終與老師保持積極互動，對辯論、演示也很熱心。因此，課堂氣氛要比國內學校更加活躍。

　　隨著中俄兩國關係的不斷深入發展，莫斯科國關學院的學生對中國普遍抱有好感，對中國的興趣也越來越濃厚，其中學習漢語者為數不少，很多人

對中國內政外交也頗感興趣，經常主動詢問中國的國情知識，還有不少同學對中俄在國際舞台上的密切配合也表示佩服和高興。春天，學院經濟系學生組織的經濟學俱樂部還自發舉辦了一次學術論壇，專門討論中俄經濟合作的現狀和前景，並邀請在校進修的中國學生和老師旁聽。很多學生在深入研究中俄經濟關係之後，都表達了對華合作的信心和願望，讓我十分感動。

特別值得一提的是，習近平主席二〇一三年三月成功首訪俄羅斯，選擇莫斯科國關學院發表演講，大獲成功。因為我要參加代表團的接待工作，所以沒能在現場聆聽。這次演講在學校引起了轟動，學生之間奔走相告，還興奮地「通知」我這個消息。我笑了笑說，訪問的時候也將見到習主席，只不過是在另外的地方。後來，習主席的巨幅照片登上了學校當年的招生海報，這從一個側面體現出中國在俄羅斯大學生心目中的地位和分量。

我在莫斯科國關學院還認識了很多來自其他國家的留學生，包括美國、法國、德國、印度、日本、韓國、泰國等。他們對俄羅斯充滿興趣，對中國更抱有好奇之心。我儘力用俄語（有時也用英語）給他們講述有關中國的故事，分享我在莫斯科的學習心得，也讓他們知道中國的和平發展道路。和他們在一起是愉快的，我想，人和人是這樣，國家和國家也該是這樣，只有求同存異，平心靜氣地用共同語言交流，這個世界才能變得更加和諧美

好。雖然大家在課堂上學了很多國際關係學知識，看慣了國家之間的利益交易，但誰也不能否認，人與人之間、國家與國家之間畢竟還存在著感情，以利動人，不如以情動人。課堂外的生活告訴我們，世界上除了共同利益之外，共同的人類情感，也是團結全世界所有國家和民族的一條堅強紐帶。構築這兩條紐帶，也是一個外交官應該加倍努力的方向。

依依惜別情

春去夏來，美好的時光總是短暫。往返奔波在宿舍、教室、圖書館之間，不知不覺消磨了五個月的時光。考試之後，離別在即，我從使館的同事那裡取來了幾本《俄羅斯友人看中國》作為臨別紀念，贈送給每一位老師，感謝他們對我的教導。老師們也給我留下了諄諄的寄語。有的老師說：如果將來有機會，希望看到你能成為我的同行，即使是繼續做外交官，也希望在這裡學到的知識能對你的工作有所幫助。有的老師說：希望未來在莫斯科再次見到你，不過那時你恐怕是以外交官的身分了吧。我說，我會以學生的身分再次來此與您相見，如果您允許我使用莫斯科國際關係學院校友這個稱號的話，我會永遠珍惜它。

離別那天，已是暑假將至。學校裡到處是歡聲笑語，畢業生到處合影留念，即將放假的學生們互

相慶賀「最後一聲鈴響」的到來，而我卻再次一一走過我曾經聽課的所有教室，回想老師同學們的身影和笑語。這時我才發現，自己是如此留戀這裡的一草一木、一桌一椅。徜徉在校園裡，我再次看到那幾張曾經戶外上課的長椅，我獨自坐下來，凝望著遠處的樹木、操場、樓宇，直到晚霞染紅了西邊的天空。我不知道這是不是我學習生涯的結束，但我知道，這是一個新的開始，應該把這裡所學到的、看到的、聽到的都帶回中國，讓我所學的知識都用在工作中，這才是對這段生涯最好的紀念。

最後，我在學校外事處道別時，負責留學生管理的老師說：「作為第一位來到這裡進修研究生課程的中國外交官，希望你能在這本《俄羅斯友人看中國》扉頁上為我寫一句留念的話。」我想了想，一時間千思萬緒湧上心頭，想到就要離開自己生活時間最短卻從此受益良多的這座母校，竟不知從何下筆。搜盡枯腸，只好把所有的離愁別緒都化成滿腔感激，深情地寫下了一句：

「Спасибо，МГИМО!」（謝謝你，莫斯科國際關係學院！）

人物 篇

我的中國生涯

顧達壽

（俄羅斯資深外交官、漢學家）

一九五一年秋，我從莫斯科東方大學中文系畢業，被派遣到當年的中國長春鐵路局工作。之後，蘇聯外交部派遣我到駐天津總領事館和駐北京的大使館任職。在我的外交生涯中，我在中國前後工作生活了十二年，與中國領導人毛澤東、周恩來、劉少奇、鄧小平等素有交往。為了不忘那段歲月風雲，我曾在《直譯中蘇高層會晤》一書中記錄了這些難忘的歷史鏡頭。

毛澤東給我取了中國名字

一九五七年夏，蘇共中央通過了關於清除莫洛托夫、馬林科夫反黨集團的決議。據悉，當時許多共產黨和工人黨已致電蘇共表示支持，而唯獨中共方面尚未正式表態。為此，蘇共中央第一書記赫魯曉夫派政治局委員米高揚來華。使館接到外交部的通知，我將作為翻譯陪同米高揚。

當米高揚飛抵北京時，我們獲悉，毛澤東和其他中國領導人已經去杭州了。於是，米高揚決定當天下午即飛杭州去見毛澤東主席。時任中共中央辦

公廳主任楊尚昆、中聯部部長王稼祥等前來機場迎接。兩輛蘇制「基爾」防彈轎車載著我們來到杭州西湖邊一座單層樓房前面。

毛澤東、周恩來、劉少奇、朱德、陳毅已經在會客廳裡迎候我們。周恩來一眼就認出了我，便立即向毛澤東介紹：「主席，這位是蘇聯使館的翻譯官庫達舍夫同志。」我終於在杭州第一次同毛澤東見面了，這使我感到非常榮幸。

毛澤東給我的最初印象是身材魁梧，精力充沛，神采奕奕，真不愧為雄才大略的偉人風度，令人肅然起敬。他身穿淺灰色布料的中山裝，上衣略顯寬鬆，有四個方正衣袋。據說，這是中國革命先行者孫中山創導設計的，而後來被西方稱之為「毛式服裝」。出生於普通農民家庭的毛澤東，從青年時代起就開始投身農民革命運動。從井岡山到延安，又從延安到北京，他親自領導了中國革命的偉大實踐。他曾經「身無半文，心憂天下」。他最反對奢侈和揮霍，提倡艱苦樸素，並且身體力行。這是中國一代偉人毛澤東留給我的最深刻的印象。

那天，米高揚與毛澤東會談一直持續到傍晚。我們被安排與中國領導人共進晚餐。晚宴很豐盛，中國菜別有風味。除了中國烹調的大盤熱炒，還有我們愛吃的冷盤沙拉。我記得還有一道別具特色的杭州「叫花子雞」，是糊上黃泥用火爐燒烤而成的。米高揚也對這杭州烤雞讚不絕口。我發現，毛澤東最愛吃的菜是紅燒肉和油煎辣椒。工作人員也

許考慮到我們蘇聯人可能不愛吃辣椒，所以餐桌上的大菜都不帶辣味，唯獨在毛澤東的面前放著一小盤油煎的紅辣椒。毛澤東問我們要不要嘗嘗，我說我不愛吃太辣的菜。這時他用筷子夾起一隻辣椒笑著說：「革命者應該敢吃辣椒，不辣不革命嘛！」

席間，毛澤東聽我談起曾經讀過中國的古典名著《三國演義》《水滸》《紅樓夢》《西遊記》《西廂記》《桃花扇》《孫子兵法》，便笑著說：「你選讀的這幾部中國古典作品，可以使你了解具有五千年文明史的中國和中國的風土人情，同時洞察中國人的精神世界，也就是中國人民的心靈感情。」當他知道我姓庫達舍夫，便繼續說道：「你已經讀了這些中國的書，會說中國話，又在我們中國生活和工作，我想你應該取個中國名字。」他笑著看著我，又說：「你這麼年輕，身體這麼健壯，我給你取個中國名字，就叫顧打手吧！」他見我似乎不明白其意，接著又笑著說：「你叫庫達舍夫，我給你取中國姓顧，名為打手，就是會打架的人。你看如何？」這時我明白了，回答說：「毛主席，請原諒我不能接受這個名字。因為我是個外交人員，從事和平的工作，怎麼能去當打手呢？」毛澤東又笑著說：「既然你不願意當打手，那我就給你取個真正好聽的中國名字，叫顧達壽吧，你看如何？」我聽成了「顧大壽」，便問毛澤東：「這個名字是不是大福大壽的意思？」毛澤東笑了，他說：「是這個意思，但不是大小的大，而是到達的達字。」他說

青年時期的顧達壽

著，便用鉛筆在一張紙上寫下中文「顧達壽」，然後遞給我，說道：「這個名字你可以接受吧？」我接過那張紙，對毛澤東笑著點頭同意了。毛澤東很高興，接著又對我說：「我很喜歡這個名字，希望你在中國就用這個真正的中國名字吧！」他這番幽默的話使在座的中國人和蘇聯人都樂了。米高揚提議舉杯，笑著對我說：「祝賀你榮獲毛澤東主席授予的中國名字！」那次歡樂的晚餐，給我留下了難忘的美好回憶。

從此，我便用毛澤東給我取的中國名字「顧達壽」在中國生活、工作了許多年，直到今天仍然愛用此名，並且難以忘懷當年毛澤東的音容笑貌。他對於一個普通外國人所表現出的是那麼平易近人、和藹可親的風範和品德。這次在杭州陪同參加蘇中領導人會談，毛澤東給我留下的最深的印象是他不僅談吐精闢，見解高超，而且講話幽默風趣，常常語驚四座。對中國歷史和博大精深的文化的儲備，以及親自領導和經歷的中國革命實踐，使他具備了廣闊的胸襟和超凡的才能。從此，我對毛澤東有了更深的了解和更多的敬意。

那天晚上，我們同毛澤東和其他中國領導人一直交談至凌晨三點。會談結束後，中方安排我們在西湖岸邊的賓館休息。使館臨時代辦阿波羅希莫夫指示我連夜起草一份會談紀要，交由他帶回使館，然後用密碼電報發給蘇共中央。

與米高揚在杭州會晤後，毛澤東終於致電赫魯

曉夫，支持蘇共中央關於清除莫洛托夫、馬林科夫反黨集團的決定。一九五七年十一月，毛澤東率中國黨政代表團到莫斯科參加慶祝蘇聯建國四十週年觀禮，同時出席世界共產黨和工人黨會議。在我的記憶裡，這是毛澤東第二次也是最後一次去蘇聯，而且除了蘇聯，毛澤東再沒有去過別的國家。

劉少奇向尤金傳達中共中央決定

二十世紀五〇年代我在蘇聯駐華使館工作期間，曾作為尤金大使的中文翻譯多次參加與中國領導人的會晤。那時，蘇中兩國、兩黨的關係還比較密切，相互通報關於國際共運和兩國重大政策的情況與觀點。儘管有時也會出現意見分歧，但雙方都還能通過友好的協商交流，達到基本一致。但到五〇年代後期，蘇中關係發生了一些微妙的變化。毛澤東開始不滿意赫魯曉夫的某些觀點和做法，赫魯曉夫也對中國那時的政治運動持懷疑態度，對於正在中國興起的「總路線」「大躍進」和人民公社化運動感到大惑不解。

我記得那是在一九五八年春天的一個傍晚，中國國家主席劉少奇在北京中南海的辦公室接見尤金大使，我作為翻譯陪同前往。那天在座的還有為劉少奇擔任翻譯的趙仲元先生。當劉少奇向尤金通報中共中央關於在全國開展「大躍進」和人民公社化運動的決定時，我將更能貼近中文「大躍進」涵義

一九五八年七月三十
一日，毛澤東在首都
機場迎接來訪的赫魯
曉夫。

的俄文直譯為 Большой скачок，並從俄文
Парижская коммуна（巴黎公社）想到了應用
Народная коммуна 翻譯「人民公社」這一新詞。
同時，我徵求了在場的中方翻譯趙仲元先生的意
見，他當即表示贊同。劉少奇主席聽完我的翻譯
後，也微笑著點頭表示認可。

　　誰料回到使館後，大使專門召集各處參贊開
會，研究對中共中央這個決定的詞義翻譯是否準
確。他認為，根據馬克思列寧主義的觀點，所謂
「大躍進」和「人民公社」是不符合社會主義經濟
建設規律的，蘇聯人不能接受中國人發明的這兩個
政治術語。尤金大使堅持認為，劉少奇曾經在蘇連
接受馬克思列寧主義教育，他不可能提出違背馬列

主義的觀點。如果這兩個術語的俄文翻譯準確無誤，那麼劉少奇傳達的中共中央決定其實就是毛澤東對馬列主義理論的曲解。之後，大使決定將此情況報告蘇聯外交部轉呈蘇共中央。然而，據我所知，蘇聯對中國正在廣泛開展的這場政治運動保持了一段時期的沉默。

不久，新華社《俄文電訊》刊載的中共中央決定中，將「大躍進」和「人民公社」的俄文分別譯為 Большой скачок 和 Народная коммуна。我了解到，在那次會見之後，趙仲元即將我翻譯的這兩個俄文新詞報請劉少奇主席批准，然後在新華社《俄文電訊》中首次採用。同時，在中國對蘇聯發行的刊物中，在對蘇俄語廣播節目裡，以至在出版的俄語教科書和詞典中，都出現了這兩個俄文新詞。然而，蘇聯出版的《漢俄詞典》中卻未收錄這兩個詞彙。我對「大躍進」和「人民公社」這兩個新詞的翻譯，首先得到了劉少奇主席的肯定，這是我未曾想到的。

這一年，中國開始在全國各地掀起聲勢浩大的「大躍進」和人民公社化運動，甚至提出了「十五年趕超英國」的口號。那時候，赫魯曉夫也正在推崇「土豆燒牛肉」的共產主義生活。蘇聯和中國分別按照自己既定的目標向「共產主義」邁進。這期間，蘇中關係依然保持友好。

一九六〇年十一月六日，蘇聯最高蘇維埃主席團主席勃列日涅夫會見來訪的中國黨政代表團團長、國家主席劉少奇和副團長、國務院副總理鄧小平（右1）。

周恩來在克里姆林宮強烈抗議

我在中國第一次見到周恩來是一九五二年十二月。那時，我在長春鐵路局哈爾濱分局為援華蘇聯專家當翻譯。時任中國國務院總理兼外交部長周恩來從北京到達哈爾濱，代表中國政府和鐵道部主持由蘇方管理的長春鐵路局正式移交給中方管理的儀式。我對周恩來早有所聞，已經從新聞媒體中更多地了解到他的外交才能。我記得那年他才五十來歲，風度翩翩，舉止高雅，平易近人，談吐風趣，特別善於外交辭令。他是我認識的中國領導人中最具風采和魅力的外交家。

後來我在使館工作期間，又多次在外交場合見到周恩來。在每次蘇中高層會晤由我擔任翻譯時，他總是笑容可掬地聽著，然後說出非常中肯而又得體的意見。即使在二十世紀六〇年代蘇中關係非常緊張的時期，他與我們的領導人和外交官交談時，仍然表現出既堅持原則、又不傷和氣的大家風度，令人敬佩！

　　一九六四年十一月，周恩來率中國黨政代表團到莫斯科出席蘇聯十月革命四十七週年（同時也是蘇聯國慶47週年）紀念活動。期間，為了維護毛澤東的尊嚴和地位，他的態度非常強硬，針鋒相對，毫不讓步。這是周恩來作為一位傑出外交家的另一種品格。

　　在此之前，蘇中兩黨、兩國關係惡化。毛澤東與赫魯曉夫在一些原則問題上分歧很大，以致兩個社會主義大國的友好關係破裂，兩國領導人的對話和互訪幾乎終止。一九六四年十月，赫魯曉夫被免職。新任蘇共領導人勃列日涅夫為恢復兩黨、兩國關係，決定邀請中國黨政代表團來莫斯科參加蘇聯國慶四十七週年觀禮。中國方面也表現出友好的姿態，組成以周恩來為團長的代表團應邀訪蘇。

　　那年，我已從蘇聯駐華使館調回外交部工作。也許是考慮到我在北京與中國高層領導人的交往關係，外交部決定派我乘專機到伊爾庫茨克迎接中國代表團，並陪同護送周恩來乘坐我們的專機到莫斯科。同時，上峰指示我利用這次機會，向周恩來探

聽中共方面對於改善蘇中關係的意見。

　　十一月五日，我提前飛到伊爾庫茨克機場迎接周恩來一行。中國代表團的專機降落後，周恩來一見到我，便親切地與我握手擁抱，高興地說：「顧達壽同志，我們老朋友又見面了！」我轉達了我國領導人對中國代表團來蘇聯參加國慶觀禮的真誠歡迎，並請他乘我們的專機前往莫斯科。但周恩來謝絕了我們的安排，反而建議我乘坐他的伊爾-18專機飛往莫斯科。我立即將有關情況電告外交部，並獲准可以乘中方專機。我們的專機與中方專機同時返回莫斯科。

　　我和周恩來坐在機艙的同一個包廂。他關心地問起我回到莫斯科後的工作和生活，又問我對中國的印象和對目前中蘇關係的看法。於是，我先談到目前兩黨在國際共運方面的觀點分歧已經影響和破

一九六四年十一月五日，蘇聯部長會議主席柯西金（左3）在莫斯科機場迎接來訪的周恩來一行。

壞了兩國關係，蘇共新領導人真誠希望我們兩黨能夠消除分歧，恢復和發展兩國的友好關係。接著，我試探性地問他：「毛澤東對於這個問題的意見如何？」周恩來認真地聽了我談的問題，沒有馬上回答。他用中國的一句古話「路遙知馬力，日久見人心」，來說明朋友之間的交往和友情應該建立在相互真誠信任的基礎上。然而，令人遺憾的是，當時我們兩黨之間還缺乏這種相互信任的基礎。他說：「我們不會忘記過去蘇聯對中國社會主義建設的大力支持和援助，同時，我們也不會忘記前幾年我國困難時期赫魯曉夫在政治和經濟上對我們施加的壓力。我們很珍惜社會主義陣營的統一和團結，因為這對於國際共運、推進世界革命進程有著重大的意義。但是，我們必須在馬列主義旗幟下，建立統一和團結的社會主義陣營。」末了，他又用中國的一句古話「前事不忘，後事之師」來表明他的觀點。

十一月五日下午，我陪同周恩來和中國代表團抵達莫斯科。新任蘇聯部長會議主席柯西金到機場迎接。當晚，我陪同他們為周恩來一行接風洗塵。宴會是在友好融洽的氣氛中進行的。中方人員下榻在莫斯科列寧山上的國家別墅賓館。

十一月六日，我陪同中國代表團參觀了列寧博物館和無名烈士墓。

十一月七日，在克里姆林宮隆重舉行了紀念蘇聯十月社會主義革命四十七週年慶典，同時在紅場舉行了盛大的閱兵式。蘇聯黨和國家領導人都出席

一九七〇年，周恩來總理會見蘇聯駐華大使托爾斯基科夫。（後排右3為顧達壽）

了這次慶典，各社會主義國家的兄弟黨代表團應邀出席。當蘇聯領導人會見各國代表時，國防部長馬利諾夫斯基走到我跟前，讓我和他一起去見中國領導人。他首先說了幾句表示歡迎的客套話，接著突然冒出一句令人感到驚訝的話：「我們已經把我們的一個笨蛋趕下了台，現在輪到你們也……」我立刻意識到他的此言所指，便急忙打斷他的話，輕聲提醒他注意分寸，否則將引發一場衝突。然而，他沒有理會我的勸告，毫無顧忌地緊接著說完他的話：「該把你們的那個笨蛋也趕下台。」我清楚地知道他的這句話攻擊的是中國的最高領導人毛澤東，便立刻請求在場的中國翻譯暫時不要將馬利諾夫斯基剛才說的那句話告訴周恩來。同時，我急忙

走到正在與某國代表團談話的米高揚面前，告訴他剛才發生的事情。他馬上意識到這件事的嚴重後果，便囑咐我暫時不要離開。他匆匆走到主席台前，向勃列日涅夫匯報了這件事並且交換了意見。然後，他回來招呼我與他一起走到中國代表團座位前。這時我看到周恩來眉頭緊鎖，顯然他的翻譯已經將馬利諾夫斯基剛才說的話告訴他了。他非常氣憤地對米高揚說：「剛才馬利諾夫斯基元帥說的話攻擊了我們的毛澤東主席，我周恩來對此表示強烈抗議。我要求他公開認錯並且正式道歉。否則，我們代表團明天將提前離開莫斯科回國。」米高揚握著雙手向周恩來賠禮，告訴他，馬利諾夫斯基剛才說的話只是他自己的看法，不能代表蘇共中央的觀點。這時，我看見周恩來激動的臉色稍微平靜了，沒有再堅持說中國代表團馬上離開莫斯科的決定。但我感覺到這件事令他非常氣憤。中國代表團的其他成員也都面帶不悅。好在當時這件事並沒有更多的人知道，也沒有驚動新聞媒體的記者，只是作為那次盛大慶典活動中一支不被人注意的插曲過去了。

十一月八日，蘇共中央第一書記勃列日涅夫專門會見了周恩來，代表蘇共中央為昨天在克里姆林宮發生的不愉快事件再次表示歉意，並重申，馬利諾夫斯基說的話只是他個人的意見，完全不是蘇共中央的觀點。馬利諾夫斯基除了將要為他的言論負全部責任，還要為他的言論錯誤受到黨紀處分。據

我所知，這之後不久，勃列日涅夫在一次黨的高級會議上嚴厲批評了馬利諾夫斯基。應該說，當年蘇共領導人仍寄希望恢復兩黨、兩國的友好關係。

參加蘇聯十月革命節活動後，中國代表團按照原定的日程安排在莫斯科逗留了一週。在這期間，周恩來會見了在莫斯科的社會主義國家兄弟黨代表。

十一月十四日，周恩來率中國黨政代表團啟程離開莫斯科回國。我從當天的新聞報導中獲悉，毛澤東和劉少奇親臨北京機場迎接周恩來一行。

鄧小平說我們都要向前看

在使館工作期間，我曾經好幾次見到鄧小平。按照慣例，我們使館接到外交部的有關指示和重要文件需要傳達或轉交中國外交部時，都是由我陪同大使請示會見中國政府領導人。在與周恩來的多次會晤中，我也多次看見鄧小平陪同接見我們。那時我注意到，鄧小平也如周恩來一樣平易近人。他個子不高，但看得出很精明能幹。他說話不多，但談吐直率，言必務實。

除了外交場合，我還清楚地記得有一次陪同尤金大使與鄧小平的非正式會晤。尤金大使對鄧小平的才識和能力深為欽佩。當他聽說鄧小平因為足骨受傷住院時，立刻通知我陪同他去北京的一家醫院看望鄧小平。那天，鄧小平起初用漢語跟我們交

談，帶著很重的四川口音。他說：「大使同志，我在工作之餘，除了打橋牌，還喜歡打乒乓球。」接著，他滔滔不絕地向我們講述打乒乓球受傷的經過。這時在我們面前的鄧小平，全然沒有他在外交場合的那種審慎和寡言少語的嚴肅表情。他笑著說：「這下好了，我的腳受傷了，將有好幾天不能工作了。你們說我是不是夠倒楣的？」他半臥在病床上，把我們當成朋友一般訴說著苦衷，朗聲笑著說：「看來醫生是要訓練我當宇航員了，你們看我的姿勢像不像宇航員？」他詼諧的說笑真把我和大使給逗樂了。他見我沒有完全聽懂，有時便改用俄語說，還問我在哪裡學的中文。當我用漢語自我介紹後，他笑著用俄語說：「你說的是北京話的漢語，可是我說四川的方言你就不能完全聽懂了。因為漢語是最難學的，特別是中國各地的方言。」那次在北京醫院裡看望鄧小平給我留下非常溫馨的印象。

　　一九五九年十月一日，我作為翻譯陪同赫魯曉夫率領的蘇聯黨政代表團在北京參加慶祝中國國慶十週年的觀禮活動。在天安門城樓上，毛澤東向赫魯曉夫介紹在場的中國領導人時，特別提到鄧小平：「別看我們的鄧小平同志是小個子，他可是中國政壇升起的一顆新星。」當我翻譯了毛澤東的話後，赫魯曉夫會意地過去同鄧小平握手。

　　一九六六年，中國爆發了「文化大革命」運動，劉少奇和鄧小平作為中共黨內最大的「走資本

主義道路當權派」被革職。之後，劉少奇在河南被迫害致死，鄧小平被下放到江西長達七年。一九七三年二月，經周恩來舉薦，毛澤東決定讓鄧小平回中央工作，同時任命他為國務院第一副總理兼中國人民解放軍總參謀長。令我難忘的是這年的夏天，我又有機會與分別多年的鄧小平重逢。

那天是中國外交部邀請各國駐華使節在人民大會堂會面，同時將舉行記者招待會。我陪同蘇聯新任駐華大使托爾斯基科夫應邀出席。在那裡，我見到了鄧小平和我的其他中國老朋友。幾年未見，我還是很快認出他來，依然是我熟悉的鄧小平！他身穿草綠色的薄呢子軍裝，坎坷磨難使他略顯蒼老，但看上去依然身體健碩，精力充沛。當時，他正和其他中國政府領導人依次同各國外交官握手問好。一見到我，他立刻和我擁抱，大聲說道：「顧達壽同志，你好！我們老朋友又見面了。」我向他介紹了我們的托爾斯基科夫大使。他與鄧小平還是第一次見面，但對鄧小平早有所聞。大使向鄧小平轉達了蘇聯領導人勃列日涅夫對他重新任職的祝賀，鄧小平很高興地同他握手並致謝。

在那次記者招待會正式開始前的短暫時間裡，鄧小平又特地讓他的秘書請我單獨過去交談。我快步走到主席台前向他致禮，他再次緊握住我的手說：「顧達壽同志，我現在又回北京了。你是我們的老朋友，很高興今天見到你。記得周恩來總理說過，一九五二年他在哈爾濱見過你。那時候你還是

個年輕小夥子吧？那時你好多年紀？」我聽懂了他
問我多少歲，因為四川話說「好多」就是「多少」。
我告訴他，那年我才二十三歲。他又說：「今後我
們會有更多的機會見面了。請轉告你們的大使同
志，中蘇兩國人民還是要友好的。我們都要向前
看。」聽他說著鄉音不改的四川話，我覺得很親
切，不禁又回憶起多年前陪同尤金大使在北京醫院
裡看望住院的鄧小平的情景。

　　一九七五年周恩來病重住院，中國國務院的領
導責任實際上已全部落在鄧小平的肩上。這個時
期，蘇中關係依然緊張。在此之前，我早已離開北
京，被派駐紐約聯合國任職。一九七六年一月八日
周恩來病逝後，我從電視新聞中看到鄧小平主持追
悼會並致悼詞。一九七六年春天北京「天安門事
件」後，鄧小平又遭厄運。至一九七六年秋天「四
人幫」被粉碎後，鄧小平再度出山，在全國大力推
行新形勢下的改革開放。

　　一九八九年五月，蘇共中央總書記戈爾巴喬夫

應鄧小平的邀請訪華。此後，蘇中關係在經歷了長期的冷凝冰封后終於解凍，重歸友好。如今，俄中兩國關係遠勝從前。撫今憶昔，我感慨萬千。我堅信，俄羅斯和中國經歷了歲月風雲，走過了滄桑，正在共同邁向新的輝煌。

（顧達壽口述，鄭少鋒執筆）

我所知道的蘇聯/俄羅斯政要

李景賢

（中國前駐俄羅斯使館公使，駐格魯吉亞、

烏茲別克斯坦大使）

一九一七年，十月革命在俄國取得勝利後，曾
經出現了一個短暫過渡期，史稱「蘇維埃政權時
期」。五年過後，一九二二年十二月三十日，蘇聯
作為一個國際法主體宣告成立；但在差四天就六十
九年之際，即一九九一年十二月二十六日，它卻突
然「停止存在」。本文寫的是蘇聯一位政要以及它
停止存在後，在聯合國取代其席位的俄羅斯的三位
政要。

戈爾巴喬夫

戈爾巴喬夫五十四歲入主克里姆林宮。他一開
始就推行「新思維」，但引發蘇聯諸多矛盾浮出水
面。一九九一年八月十九日，蘇聯黨政軍警領導人
趁戈爾巴喬夫在外地休假之機，發動「逼宮」事
件，不過兩天后就以失敗告終。但此時戈爾巴喬夫
的政治氣數已盡，由葉利欽取而代之，已成了不可
逆轉之勢。

歷史性的鄧戈會見

一九八九年五月十五日至十八日，戈爾巴喬夫以蘇共中央總書記、蘇聯最高蘇維埃主席團主席的雙重身分對中國進行了正式訪問。鄧小平同志與他舉行的會見，宣告了中蘇關係正常化的最終實現，是二十世紀最具影響力的事件之一。

鄧戈會見定於一九八九年五月十六日十時整在北京人民大會堂東大廳開始舉行。九時三十五分，小平同志就在女兒蕭榕的陪同下來到了東大廳。他

一九八九年五月十六日，鄧小平與戈爾巴喬夫在北京會晤，宣布中蘇關係實現正常化。

安詳地坐著，話不多，但有一句我一直記得。老人家告訴大家：請人給戈爾巴喬夫帶口信以來，在這三年多時間裡，一般性的事情都不怎麼過問了，「就想著今天怎麼樣跟他談」。遵錢其琛外長之囑，我除了要記錄小平同志會見戈爾巴喬夫時的談話外，還要記下老人家在會見前的內部談話內容。望著他那安詳的面容，我心裡想，老人家也許在這最後一刻還思考著過一會兒「怎麼樣跟他談」。

會見開始時，鄧小平同志就表示，中國人民真誠地希望中蘇關係能夠得到改善。他建議利用這個機會宣布兩國關係從此實現正常化。接著，小平同志開門見山地指出：「我們這次會見的目的是八個字：結束過去，開闢未來。」

戈爾巴喬夫一邊落座，一邊打開隨身帶的手提箱。一支筆突然從箱內掉落在地，發出小小的響聲，我坐在他的後面卻聽得一清二楚。戈爾巴喬夫對這個小「閃失」顯得有些尷尬，連忙彎下腰去撿起那支筆，定了定神後莊重地說：「我們政治局全體都贊同您那句著名的話（即『結束過去，開闢未來』，這句話是鄧小平同志當年二月四日對來訪的蘇聯外長謝瓦爾德納澤首先說的）。」

坐在這位曾震撼過世界的「傳奇人物」身旁，戈爾巴喬夫的崇敬之情顯而易見。他一直聚精會神地在聽老人家講，不時邊聽邊記、邊點頭，連連說「對」、「是的」、「同意」、「完全贊同」。他偶爾也插插話，比如，當小平同志憶及三年前請人給他帶

口信時，他「幽默」了這麼一句：「三大障礙——三年時間，正好一年解決一個。」當小平同志談及對中俄、中蘇關係一些問題的看法時，戈爾巴喬夫或者聲稱，蘇方對此有不同意見，但今天不準備爭論；或者表示，這些年沒有白過，弄清楚了不少問題。看著坐在前面只有半米遠的戈爾巴喬夫，我腦子裡突然閃出了這麼一句：在一位八十五歲高齡的長者跟前，一個五十八歲的「後生」畢恭畢敬！

面對俄中關係三四百年的風風雨雨和蘇中關係三四十年的恩恩怨怨，戈爾巴喬夫講了三層意思，對小平同志有關中俄、中蘇關係的談話作出了回應：（1）對俄中、蘇中關係中某些問題的成因，蘇方有自己的看法；（2）對兩國間在不太久遠的過去所產生的某些問題，蘇方「也感到有一定過錯和責任」；（3）同意過去的問題就講到此為止。

十二時三十分，中蘇高級會見結束，歷時二小時又三十分鐘，比原定的「超長」會見時間還超出了半個小時。半小時過後，鄧小平同志在人民大會堂福建廳設小型宴會款待戈爾巴喬夫，兩人繼續進行親切友好交談。

有一次，蕭榕告訴我，戈爾巴喬夫後來託人給她父親帶來了三張蘇聯唱片，「老爺子很喜歡」，常讓家人放給他聽。

曾任中國外長的李肇星，向我講過這樣一個有意思的故事。有一次，他在飛機上邂逅戈爾巴喬夫，覺得這是個難得的機會，又怕它會隨時失去，

寒暄兩句後，便單刀直入地問：您認為蘇聯解體的原因何在？戈爾巴喬夫思索好一會兒後，才慢慢地答道：我們如果也有個鄧小平就好了！

竟然也能說到點上

一九九一年五月中旬，江澤民總書記應蘇共中央總書記戈爾巴喬夫的邀請，對蘇聯進行了正式訪問。這次訪問由中聯部負責組團。我（時任外交部主管蘇聯的蘇歐司副司長）參加了長達三個多月的出訪準備工作，並隨團出訪。

與江總書記會談和交談時，戈爾巴喬夫主動分析了蘇聯陷入困境的原因。他先從體制方面找，認為蘇聯從三〇年代開始形成的中央集權、粗放經營這一政治——經濟體制，雖曾發揮過巨大作用，但進入六〇年代以後，這種「一切由莫斯科發號施令」的體制，越來越暴露出其弊端；這個問題在高壓之下長期被掩蓋著，但到了八〇年代末，就「浮出了水面」。

接著，戈爾巴喬夫又從「公開性」中找原因。「公開性」是「戈氏新思維」的核心內容之一。他點了一下「公開性」的「積極作用」後，立即把話鋒轉入其負面影響——在社會上引起了思想混亂：工人、農民主張維持已經存在六七十年的現狀，而民主派則要求進行更為激進的改革。說到這裡，戈爾巴喬夫把雙手一攤，很無奈地說：「結果呢，我左也不是，右也不是，進退不得」，「魔鬼被從瓶

子裡放出來啦！」

對我說的幾句恭維話

十五日晚七時，戈爾巴喬夫在克里姆林宮為江澤民總書記舉行歡迎國宴。七時差一兩分，蘇方禮賓官把我和代表團十二人帶進了克里姆林宮弗拉基米爾廳。戈爾巴喬夫站在廳的中央，與中方來賓一一握手。他與每個人都講幾句話，輪到我時，微笑著說：「在克里姆林宮能見到您，感到非常高興！祝您在莫斯科、列寧格勒期間過得愉快，諸事順遂！」我用俄語回謝後，戈問我俄語是在哪裡學的，為什麼沒有來蘇聯留學。我極其簡要地回答了兩句話，他說了一句所有學俄語的人都愛聽的恭維話：「您的俄語說得真好！」我道了聲謝，他笑了笑。

葉利欽

蘇聯解體後，葉利欽當上了俄羅斯聯邦首任總統。這個世界上面積最大國家的轉軌，進行得頗為艱難，國內外矛盾錯綜複雜，總理走馬燈似地換。葉利欽主政十年後，在最後一刻才選出了接班人普京。

「空對地」搞定戰略協作夥伴關係

上世紀末，我在烏茲別克斯坦任大使期間，曾任葉利欽總統外事顧問的俄駐烏大使留利科夫繪聲

繪色地給我講了一件很有意思的往事。

　　一九九六年四月二十三日下午，葉利欽總統乘坐專機前往俄遠東最大城市哈巴羅夫斯克，稍事休息後再飛往北京，對中國進行第二次國事訪問。專機起飛後大約半個小時，葉利欽讓留利科夫把《俄中聯合聲明》拿出來再看看。這位外事顧問不解其意，不經意地說，聲明的全部內容已與中方商定。葉利欽卻不以為然，說他這幾天反覆在琢磨一個關鍵提法，覺得「建設性夥伴關係」這個措辭有點過時了，不能反映俄中關係的實際，因為這一關係已經成為「戰略關係」了。葉利欽總統先把聯合聲明中「建設性夥伴關係」這一提法劃掉，寫下「戰略協作夥伴關係」幾個詞；斟酌好一會兒後，又在這個新提法之前，加上「平等、信任、面向二十一世紀的」等語。他不大滿意地說：這個聲明稿不行，沒有突破，我們不要忘記，這是第三個俄中聯合聲明了，每一次都應該前進一步，上一個新台階。還說：「再過幾年，人類就要進入二十一世紀了。我們要把目光放得遠一點，有責任把俄中關係順利地帶入新千年。」

　　葉利欽讓留利科夫設法立即與北京聯繫，看看中國主席是否同意上述新提法。此時，北京已經是萬家燈火了。這位外事顧問從專機上致電俄羅斯外交部，讓其火速與中方溝通。俄羅斯駐華大使羅高壽得到俄外交部指示後，立即約告中國副外長張德廣。張德廣迅速打電話向正在中南海開會的江澤民

主席進行匯報。大約過了二三十分鐘，俄外交部向專機上的葉利欽報告：中國主席贊同他所提的新措辭。此事辦得真可謂神速，從提出到商定，不過用了個把鐘頭時間，而且還是通過「空對地」、「地對空」這種獨特的方式進行的。

後來，我從外交部一位知情者那裡得知，二十四日，江澤民主席一見到葉利欽總統就高興地說：你昨天在專機上提議，把中俄關係目前的定位改一下，我很讚賞你工作的認真態度和高效率。還說：我們外交部的官員得知你的這個提議後，立即告訴我，我當時正在開會，一看覺得很好，就讓他們立

江澤民主席贈送給葉利欽的發繡肖像

即復告你，表示完全同意。可見，我當時也在積極工作。

在這次訪問過程中，葉利欽所到之處，發表講話時幾乎都要抨擊美國的單邊主義。有一次，他面對中國各界知名人士，動情地吼道：「美國有什麼了不起？！俄中兩國現在是戰略協作夥伴了，美國人難道敢同我們抗衡？！」之後，又意味深長地說：「俄羅斯與中國，是一對搭檔、一個混合體、一個共同體!」

四見葉利欽

（一）

一九九二年十二月十一日，我到駐俄羅斯使館出任公使。五天之後，即十六日，葉利欽作為俄羅斯總統，乘坐專機前往中國進行首次國事訪問。我作為使館的臨時代辦，到機場為他送行。當我被介紹給葉利欽總統時，他用兩隻大手緊緊地握著我的手，十分和藹地說：「代辦先生，很高興見到你，感謝前來為我送行！我同你們的總書記雖然沒有見過面，但這並不意味著我完全不了解他。他一年多以前來過莫斯科，還到過列寧格勒。我期待著與你們總書記在北京見面。」

葉利欽問我：「你們總書記名字的漢語發音怎麼念？」還說：「我得好好跟你學一學，練一練，免得到時候唸錯了，那可是一件很丟人的事！」他跟著我「練」了三四遍之後，笑著問：「你看，

『江』──『澤』──『民』，我唸得怎麼樣？發音準不準？」我說「準」，他立即轉過身對總理切爾諾梅爾金說：「你看，代辦先生都誇我的漢語發音準呢！」

葉利欽在登機前一直站著與我交談。他提了好些問題，例如江總書記目前在中國擔任什麼職務、中國的國家元首是誰、中國准不準備實行總統制⋯⋯還問我在哪裡學的俄語，俄語與漢語相比哪一種語言更難學⋯⋯

（二）

三天過後，我又一次見到了葉利欽總統。十二月十九日下午，他從中國訪問歸來。在機場貴賓室，總統一見到我就莊重地說：「這次去中國，作為俄羅斯總統，我完成了一項重大的歷史使命；作為一個俄羅斯聯邦公民，我實現了平生的一大夙願。」他還說：「我與你們總書記雖是第一次見面，但我們兩個人很談得來。他經常講俄語，而我呢，則一句漢語也不會講。他總是叫我『鮑里斯・尼古拉耶維奇』（葉利欽的名字與父名，尊稱），可我呢，總書記的名字不是記不住，就是江──澤──民三個字唸起來特別費勁。代辦先生你看，我這個人真是比不上你們的總書記啊！」

葉利欽對我說，這次北京之行收穫頗多，之後就讓我猜一猜最主要的一個是什麼。我說了好幾個，他都微笑著搖搖頭，末了才悄悄地貼著我的耳朵說：「我估計代辦先生也猜不著。最主要的收穫

是，看了中國皇帝的宮殿（指北京故宮）！這是個無與倫比的大建築群。我是個『老建築』，參觀輝煌的建築物，最能令我陶醉！」還說：「中國朋友們的『情報』搞得真細，連我學過建築那些情況都弄得一清二楚。」

接著，葉利欽向我講了一件「深感遺憾」的事。他說：「今天本來要到鄧小平的一個『窗口』去看看的。」稍作停頓後又問這個「窗口」叫什麼，我告訴他：「深圳。」他說：「對啦，想起來了，是叫深——圳，這個發音就更難了。」之後又說：「深圳未能去成，是因為昨晚莫斯科給我來了個電話，說家裡出了點兒事。今天我只好趕回來處理。」葉利欽還指著陪他一道回國的俄外長科濟列夫說：「我自己去不成鄧小平的那個『窗口』也就罷了，可代辦先生你的這位同行，也跟著我『遭了殃』。」兩天過後，我看了一則電視新聞，才知道事情的真相。葉利欽對記者說：「前幾天我在北京得到了一個消息，說家裡有人要搶公文包（指組閣爭奪席位），我只好提前從北京回來，以便整頓一下內務。」

（三）

當年十二月三十一日晚，葉利欽總統與夫人在政府迎賓館舉行迎新年化裝舞會，我作為使館臨時代辦和夫人應邀參加。晚八點整，葉利欽夫婦和全俄大牧首皮緬一起出現在一千多名嘉賓面前。這位俄羅斯總統用深沉的嗓音即席講了七八分鐘，抑揚

一九九二年十二月十七日，葉利欽總統訪華期間和夫人一同登上長城。（供圖：中新社）

頓挫，富有人情味兒。他的迎新賀詞博得全場雷鳴般的掌聲。

舞會進行過程中，總統和夫人，還有全俄大牧首一起走到使節區，與大家一一握手祝賀新年。葉利欽再次與我分享十幾天前訪問中國的愉快情景，並問我「新年」二字漢語怎樣發音，跟我練了兩三遍後，又讓我代表他向全中國人民祝賀新年。

（四）

我第四次見到葉利欽，已經是七年以後的事了。那是一九九九年秋天，我在烏茲別克斯坦當大使。這一次，葉利欽總統對烏茲別克斯坦進行國事訪問。在一場活動中，當我被介紹給葉利欽時，他高興地說：「中國大使——偉大國家的使者！我同中國主席是好朋友，常常見面。不過，總共見過多少次，我也說不清了。」他讓我統計一下他同中國主席一共見過幾次面。我想了一會兒說：「您同我

們主席已見過十七八次面了。」葉利欽聽到這麼大的數字感到有點吃驚，問：「有那麼多嗎？」之後又說：「我與你們主席相處已經有六七年時間了。十七八次除以六或七，平均每年也就兩三次，不算多。」葉利欽還故作神祕狀，貼著我的耳朵說：「給大使先生透個信兒，我打算在今年底還要到中國看看，見見你們的主席，順便也去看看鄧小平的那個『窗口』（指深圳）。」當年底，葉利欽總統對中國進行了第三次國事訪問。這也是他作為俄羅斯總統最後一次出國訪問。可惜的是，「鄧小平的那個『窗口』」，他這次因故還是沒有去成。

普京

普京四十七歲接替葉利欽當上俄羅斯第二任總統。在兩屆總統任期屆滿後，他放棄謀求再次連任，而改任總理。四年後，二〇一二年春，普京在總統大選中再次獲勝。

短短三句話勝過萬語千言

我見普京這個人比較早。一九九一年五月十八日，江澤民總書記對列寧格勒進行正式訪問，市長索布恰克宴請江總書記時，普京作為市蘇維埃執委會主席顧問出席，但他當時並沒有給我留下什麼特別的印象。八年之後，即一九九九年十二月十五日凌晨，他作為俄羅斯總理飛抵烏茲別克斯坦首都塔什干進行訪問。晚七時，烏總統為普京舉行國宴。

普京與使節們一一握手，神情相當「酷」。在國宴上，烏總統先致歡迎辭，照稿讀了約半小時。之後，普京疾步邁向講台，邊走邊說：「我來說兩句！」我即從兜裡掏出筆記本，準備將其講話記下來，看看是否真的只說兩句。在講台前，他連該向宴會主人及賓客說的那幾句開頭呼語也沒有說，而是來了個單刀直入：「烏茲別克朋友們，在伊斯拉姆·阿卜杜加尼耶維奇（註：烏總統卡里莫夫的名字和父名，尊稱）身上，（我看到了）你們擁有一位遠見卓越的、果斷的、強硬的政治家，而在這個『強硬』後面，卻埋藏著一種深思熟慮。俄羅斯的政治領導人祝願他成功。伊斯拉姆·阿卜杜加尼耶維奇，您可以相信，在北方，您有一位可靠的朋友（指俄羅斯）！」這是我當時用俄文記下的講話全文，總共才三十二個詞。宴會一散，使節們就對普京的講話議論起來，真可謂讚不絕口；短短的三句話，句句中的，勝過泛泛的萬語千言！

在宴會上，普京與少數使節單獨進行了簡短交談。他對我說，因為總統葉利欽訪華，他留守在莫斯科「看家」，便推遲一天來訪。來之前，他見過訪華歸來的葉利欽一面，總統說，這次訪華很成功，他很滿意。

「可千萬別騙我們！」

二〇〇〇年三月，普京當選俄羅斯第二任總統。五月七日中午十二時，總統就職儀式在克里姆

林宮喬治大廳舉行。我觀看了儀式的電視實播。普京宣誓後，從上衣內側口袋取出演講稿，將其放在講台上，即席講了八分鐘，其中最令人動容的一句話是：「有一次在外地，一群百姓圍著我，其中一位中年婦女嚴肅地對我說：『我們信任您，對您寄予厚望，您呢，可千萬別騙我們！』我會牢牢記住人民這一囑咐的！」

從實況轉播中聽到這幾句話時，我心頭頓時為之一震：「可千萬別騙我們！」——這句最樸素不過，卻又震耳欲聾的話，把平民百姓對一國之「君」最殷切的期盼給點「穿」了。而這位俄羅斯新總統，在這種極為莊重的場合特意引用出來，以表達自己將努力實現人民殷切期盼的決心。我聽過、看過普京的言語、文字可謂成千上萬，唯獨這幾句最深地印在我的腦海裡。

親密的交往

二〇〇〇年春，普京入主克里姆林宮以來，中俄關係提升到「全面戰略協作夥伴關係」這一新高度，「駛入超速疾馳的快車道」。他與歷任中國領導人保持著深厚乃至親近的個人情誼。二〇一〇年春，時任國家副主席習近平同志首訪俄羅斯，出席俄羅斯漢語年開幕式，與時任俄總理普京初次見面。兩國領導人先進行了「一對一」式小範圍會見，談得相當投緣，以致於開幕式推遲約半個小時才開始舉行。

二〇一二年六月，習近平同志又以國家副主席身分會見來訪的普京總統，兩人再次進行了親切友好的交談。

二〇一三年三月十四日，習近平同志上午當選國家主席，下午就應約與普京總統通電話。習近平主席在感謝普京總統的熱烈祝賀後說：期待著訪問俄羅斯與普京總統會晤。這位中國主席的首訪國便是俄羅斯，期間，他與普京總統多次進行親切友好的交談，時間累計長達八個多小時。

二〇一三年十月七日，亞太經合組織峰會期間，正好趕上普京六十一歲生日。晚上，習近平主席在印尼峇里島上一個帳篷裡給普京送上一隻生日蛋糕表示祝賀；普京則拿出伏特加與之共飲，邊飲邊吃三明治。有一次，普京與央視記者水均益談起這個不同尋常的生日派對時，高興地說，「就像回到大學生年代那樣」，既隨便，又親切。

二〇一四年初，習近平主席又把俄羅斯作為這一年外訪的第一個國家。他參加了索契冬奧會開幕式，並與普京總統進行親切友好的交談。

習近平主席與普京總統兩人有許多相似之處。就拿治國理念來說吧，習主席強調堅持道路自信，既不走老路，也不走邪路。普京則認為，「被蘇聯拋棄的意識形態、革命前俄羅斯理想化的保皇主義、西方的極端自由主義」這三條路，在當代俄羅斯都走不通。

神奇的答問

普京任俄羅斯總統十年來，有過許多強勢表現，其中之一是他的「答問」。

他答問時，即興說過許許多多「普式」精彩語句，有富於人情味的、幽默的，也有辛辣的、一針見血的。有一次，談到葉利欽主政十年所留下的「政治遺產」時，普京極其形象地說：「國家面臨的困難數不勝數，但最大的難點是，如何找到問題的癥結所在。問題在於，國家機器失靈了，其『馬達』——權力執行機構——發出一陣陣嘶啞聲，在傷風打噴嚏。」

二〇一四年二月索契冬奧會前夕，普京特意與志願者們舉行會見。一位來自外地的小夥子特別激動，說：「近些年來做夢都夢見您」，「我的朋友們今晚看新聞聯播時，肯定不會相信：今天我見到了您。」普京一聽笑了笑，隨口說道：「他們今晚看新聞時，很可能認為這是個克隆版普京。」小夥子一聽，更加興奮地說：「我近些年來一直有個夢想，就是同您一起度過一個工作日。」普京聽後又笑了笑，問道：「這麼說來，您是希望我成為志願者呢，還是您要成為總統？」

普京的中國朋友圈

「我知道，自己在中國有很多朋友。這不是偶然的，因為我們與中國有一種特殊關係，而我對中國有著一種特殊感情。」這番話是普京於二〇一四

普京會見鄧小平的女兒蕭榕。

年一月十七日在索契高山滑雪場對中國央視記者水均益說的。

二〇〇三年七月二十八日，普京在克里姆林宮會見了鄧小平的女兒蕭榕。一見面，他就從「中午好」開始，發表了一篇對鄧小平深表崇敬的正式講話。這位俄羅斯總統高興地指出，俄羅斯民眾已經有機會讀到了鄧小平生前的著作，更令人高興的是，鄧小平的思想正在中國的對內對外政策中得到實施，在俄中關係發展中得以延續。

當蕭榕把《我的父親鄧小平：「文革」歲月》一書俄文版遞給普京後，他高興地表示會認真地拜讀，相信從中會看到那些已經為人所知，還有那些

尚未為人所知的智慧。

新華社記者盛世良、上海學者馮紹雷在俄羅斯「瓦爾代俱樂部論壇」舉行期間，曾得到向普京提問的機會。盛世良問：您對華政策的延續性將如何保障？普京答：俄中關係有了今天的高度，得到絕大多數俄羅斯人的讚賞。未來不管誰當總統，國家杜馬如何構成，都必須尊重這種民意。馮紹雷問普京對與亞洲國家發展合作的前景有何看法，普京著重談了與中國的經貿關係，列舉了油氣、核電、航天、軍工方面的合作，認為前景很好，空間很大。對於中國經濟增長的減速，他認為這並非「不安的信號」，稱讚「中國做得很對，稍微控制一下發展」，以避免泡沫。

中國高中生李晶曾有幸問過普京，是否希望兩位千金（註：普京 33 歲時喜得一女，起名瑪麗婭；次年，二女兒葉卡捷琳娜出生）將來也女承父業而從政。他笑著回答：兩個女兒能做她們最感興趣、最能體現其個性的事，這才是最好的。至於選擇何種工作，由她們全權決定。無獨有偶，新華社記者在一次書面採訪中也問及普京兩個女兒的情況，問其中一位是否在學習中文。普京答道：兩個女兒都在練武術，其中一名確實在學中文。還說：「我完全理解她，因為她將來有可能『原汁原味』地了解貴國的文學以及豐富的精神和哲學寶庫。」

二〇〇六年普京訪華期間，曾特意到河南嵩山少林寺與方丈釋永信品茗論禪。時任外長李肇星給

二〇〇六年三月二十二日下午，俄羅斯總統普京赴河南嵩山少林寺參觀，並觀看了武僧的精彩表演。合影時，普京將一位童僧托起，讓其穩坐在自己左肩上。（供圖：中新社）

我講過這樣一個掌故：普京在少林寺觀賞了武僧們的表演後，用左手將身邊的一名小僧人輕盈地舉起，讓其穩穩落在自己的左肩上；小僧人隨即做出童子拜佛的姿態。一幅「小童僧穩坐普京肩頭」的照片，立即傳遍大江南北，一時傳為美談。普京的非凡功夫、童僧的機智表現，都令人讚不絕口，有人稱這位童僧是普京「最牛氣」的中國朋友。他叫釋小廣，當時只有八歲，二〇一一年光榮地應徵入伍。

對於這名童僧如何落到普京肩上，我還聽到另一種也許更為權威的版本。一位在現場的中國高級外交官對我說，武僧們表演一結束，大家便圍在普京身旁，要與他合影留念。這位俄羅斯領導人環視

了一下四周，發現身旁的童僧太矮小，估計照相時會被人擋住，遂用左手輕盈地把他托起，讓其一下子穩坐到自己左肩上。結果，照片上的普京只露出頭部，小童僧卻占了照片的中心位置，不免有點喧賓奪主。但我反覆端詳後卻覺得，這就是活生生的普京，一個我並不陌生又難以琢磨得透的普京。

羅高壽

我們中國人常常自豪地說：「我們的朋友遍天下！」可偏偏有位外國人「反其道而行之」，用漢字這樣寫道：「我的朋友遍中國。」他就是俄羅斯第二任駐華大使、曾任俄聯邦委員會委員的羅高壽。

「水到渠成了，你我都有福」

一九八七年二月，第三次中蘇邊界談判第一輪會談在莫斯科舉行。中方團長是錢其琛副外長，蘇方團長為羅高壽副外長。談判之餘，羅高壽與錢其琛有過不少私下接觸，有些不便在談判桌上說的話，就在這種非正式場合通通氣，甚至「亮亮牌」。也許因為我的漢俄雙語記錄還不錯，錢其琛常常讓我跟著他作記錄，有時還當翻譯。

錢其琛第一次宴請羅高壽後，喝茶時，這位蘇方團長邊落座邊用漢語說：「從前，我們兩國的代表總是『務虛』。」曾在蘇聯中央團校學習過的錢其琛，一聽就立刻接上話茬，用俄語跟進：「我們

俩現在可以『務實』了。」此言一出，兩位團長即相視而笑。我在旁聽得這番言簡意賅的對話，感到實在是妙：一句話剛出，另一句話即接上，而且，一句漢語，另一句俄語，連接得嚴絲合縫，但均話中有話。我不由得想起，中蘇邊界談判已進行過兩次，時間跨度將近十一年，曾有人想出這樣一句俏皮話來形容這種馬拉松式談判：「用子彈還沒上膛的毛瑟槍打飛鳥——空對空。」中蘇兩位團長現在聊得這麼投機，我因而預感到，這次談判肯定「有戲」，不會再「空對空」，而是「實打實」啦！

面對這種「務虛」「務實」的默契對話，羅高壽顯得很興奮，順口來了這麼一句：「錢部長，你說得真好，咱們現在可以務實了。漢語有個四字成語，叫『水到渠成』。現如今，水到渠成了，你我都有福啊！」

中蘇邊界問題有一大難點：東段的黑瞎子島的歸屬。私下與錢其琛交談時，羅高壽用漢語稱之為一塊「硬骨頭」。他還問在場的我：「李，你是邊界問題專家，用『硬骨頭』這三個字來形容，恰不恰當？」我連聲答道：「恰當，好恰當，真恰當！」隨後，他輕輕嘆了口氣說：「這塊硬骨頭好難啃，著急不得啊！」

談判之餘，羅高壽還向錢其琛講了一段「題外」話，很值得回味。他說：「『文革』後中國的局面，能有魄力扭轉過來的，只有小平同志一人！」還說，蘇聯要是也有個「他」（指類似鄧小

平的人），那就好辦得多！

「劃界大臣」是個「難纏的對手」

中蘇劃界聯合專家組會談在北京、莫斯科兩地輪流舉行，由雙方代表團一名團員作為本方組長主持。羅高壽團長會見我（時任中方組長）時，用漢語輕鬆地交談。他稱我為「李」，表示親切；我則以其名字和父名相稱，以示尊敬，有時也詼諧地叫他「羅先生」。他一落座，就來了這麼一句：「李，你的官可不小啊，比我這個官大出一大塊兒。」見我不解其意，便說：「要是放在清朝，你可是個『劃

界大臣』呢！」說完便哈哈大笑起來。我聽後不由得一笑，好一個幽默的漢學家，用漢語恭維人啊，都恭維到家了！

談判中，我與蘇方組長魏列夏金各自手執一張張大比例尺地圖，談一塊塊邊界地段的劃法。我們二人談得有時比較順，有時則相當苦，往往是你批我駁的，「火力」相當猛。有一次，羅高壽半開玩笑地對我說：「李，我們外長（指謝瓦爾德納澤）對你這個組長『很不滿意』，稱你為『難纏的對手』。」我也半開玩笑地回應道：「面對那麼一個大塊頭（指俄羅斯），我只好接受謝外長送的這個雅號！」碰巧的是，一九九五年三月二十八日，我作為中國駐格魯吉亞第二任大使，向格總統謝瓦爾德納澤先生遞交國書後交談時，他說：「我記得你，你同蘇聯方面代表談過劃界問題，曾有人向我反映，你是位難纏的對手。」我聽後便笑著說，聽羅高壽先生說，「難纏的對手」這一雅號是您本人送給我的！這位總統一聽便爽朗地哈哈大笑起來。

「羅高壽同志啊，你給我當過翻譯」

一九八九年二月初，蘇聯外長謝瓦爾德納澤對中國進行訪問，為蘇聯最高領導人戈爾巴喬夫五月中旬訪華作最後準備。四日，鄧小平在上海虹橋賓館會見了他。羅高壽作為蘇聯副外長陪同訪問，當他被介紹給鄧小平同志時，這位中國領導人略為停頓了一兩秒鐘，即若有所思地說：「哦，羅高壽同

二〇一〇年十一月六日，第四屆世界中國學論壇在上海開幕並首度頒發「中國學研究貢獻獎」。圖為時任中國國務院新聞辦公室主任王晨（左）向俄羅斯著名中國問題專家羅高壽頒獎。（供圖：中新社）

志啊，你給我當過翻譯，這個嘛，記得！」又說：
「這是五○年代的事兒，那時，你還是個二十來歲
的小夥子嘍！」羅高壽用漢語連聲答道：「是，小
平同志，是這樣的，我那時二十七八歲，初出茅
廬，小翻譯一個！」鄧小平同志記憶力驚人，將近
四十年前見過的一個小字輩翻譯，他竟然還記得，
而且這幾句憶舊的話娓娓道來，那濃重的四川口音
不通過麥克風，更顯鮮活而親切，至今彷彿仍在耳
邊迴響。

　　一九八八年八月十二日，蘇聯《真理報》曾在
羅高壽等人建議下，以顯著版面刊登題為「鄧小平
的政治畫像」的長文，稱讚這位中國領導人「敢於
放棄已被實踐證明不正確的那些決定」，「以其勇
氣及現實主義精神，開創出中國特色發展道路」，
「翻開中國歷史新的一頁」。這篇文章自然得到了
中國高層的重視。

出使中國十三年

　　一九九二年三月底，羅高壽作為俄羅斯第二任
駐華大使來北京工作。四月九日，中國國家主席楊
尚昆同志接受了羅高壽大使遞交的國書，我作為外
交部主管俄羅斯的官員參加陪見。這位俄新任駐華
大使禮服左側上方的一枚獎章閃閃發光，頗為搶
眼。羅高壽告訴楊主席，他今天特意佩戴周總理一
九五八年授予的「中蘇友誼獎章」來遞交國書。

　　在華工作十三個年頭，羅高壽的足跡遍及全中

國。他對我說過：「除了台灣島外，中國我都去過了。在中國各界各地，我結交了無數朋友，我的朋友遍中國啊！」

一九九二年十二月十一日，我到駐俄羅斯使館出任公使。有一次，羅高壽回國述職，我作為使館臨時代辦邀請他到使館做客。羅高壽一見到我，就激動地用漢語說：「今年是我的本命年，二十多年來，在國內外做過幾個比較重要的工作，而『駐華大使』這個職務分量最重，這是本人一個光榮的歸宿！」

在俄羅斯駐外大使中，羅高壽創下了任期最長的紀錄：十三年又二十三天。有一次，一位俄羅斯朋友跟我開玩笑說：「在我們俄羅斯，換總理易，換羅高壽大使難！」

退而不休，奔波於莫斯科、北京之間

二〇〇五年五月二十一日，羅高壽大使離任回到莫斯科。此後，他退而不休，作為俄羅斯一名精通中國問題的政要，為中俄間交流合作牽線搭橋，長期奔波於莫斯科、北京之間，一直樂此不疲。

二〇〇八年八月八日，羅高壽應邀來北京觀看奧運會開幕式，說對此感到十分榮幸。他從北京回到莫斯科不久，不幸因車禍傷了右腿，走路得靠枴杖。有中國朋友見此情景便過去攙扶，他總是不讓，說：「不用，不用，還不到八十呢，能算老嗎？儘管拄拐了，我並不服『殘』！」

有一次，他半開玩笑地說：「小平同志不是說過嗎，『膽子要大一點，步子要快一點』。而我呢，走路不夠利索了，不過，也要記住小平同志的話，『膽子要大一點，步子要快一點』。」邊說邊拄著枴杖往前邁大步，作出快走的樣子。

　　羅高壽晚年雖然腿腳不太靈活，但依然神清氣爽，心寬豁然，思維敏捷，神采奕奕。他詼諧地說：「去八寶山還早呢！」

　　二〇一二年四月七日，羅高壽因病在莫斯科辭世。在俄外交部舉行的追悼會上，這位中國人民的誠摯朋友穿著一套純黑色的中山裝安臥在鮮花叢中。

中蘇關係回暖的第一隻春燕

——憶蘇聯第一副總理阿爾希波夫訪華

潘占林

（中國前駐吉爾吉斯斯坦、烏克蘭、南斯拉夫聯盟

和以色列大使）

上個世紀八〇年代初期，中蘇關係乍暖還寒。

中國的改革開放政策，在蘇聯一石激起千層浪。蘇共中央以及研究中國的專家學者之間產生了紛爭：改革開放將把中國引向何方？中國舉什麼旗，走什麼路？蘇共中央聯絡部那位所謂權威人士認為，中國向西方資本主義世界敞開大門，毫無疑問要走資本主義道路。而一些研究機構的專家則認為，在「文化大革命」造成經濟多年停滯之後，中國在探索國家發展的道路，社會主義國家的性質並沒有改變。

在這種情況下，蘇共中央決定派人到中國實地了解情況，但在派誰去中國的問題上頗為躊躇。當時中蘇兩國高層往來幾乎斷絕，驟然派一位高官去中國，對方能否接受？但派低層或中層官員，又往往見不到中國領導人。一九八二年蘇聯領導人勃列日涅夫去世後，安德羅波夫就任蘇共中央總書記。他對改善中蘇關係較為積極，主動提出派中國的老

朋友、蘇聯部長會議第一副主席阿爾希波夫訪問中國。

起初，蘇方就阿爾希波夫作為蘇聯大使館的客人來中國訪問徵求中方意見，中方對這一提議沒有回應。蘇方又通過私下渠道放風：蘇聯領導人真心實意地要改善兩國關係，而指派阿爾希波夫來訪也是考慮了各種因素，此人五〇年代擔任過蘇聯援華專家總顧問，是中國人民的老朋友，認識陳雲、李先念、萬里等老一輩領導人，可以順便進行高層接觸。對此，中方的答覆是：阿爾希波夫作為蘇聯大使館的客人來中國訪問我們不歡迎，我們歡迎他作為中國政府的客人來中國訪問。

但是，在中方答覆同意並作出具體安排後，蘇方突然以「技術原因」為由推遲阿爾希波夫訪華。這引起了中方的強烈不滿。有人猜測，由於安德羅波夫去世，契爾年科接任蘇共中央總書記，對華政策可能發生微妙的變化。這時，蘇方通過雙方外交官接觸的渠道向中方透露，契爾年科在對華政策上沒有改變，只是因為中越邊界武裝衝突升級，蘇方擔心得罪越南方面而暫時推遲。在雙方的推動下，阿爾希波夫終於在一九八四年十二月再次踏上中國的土地。

訪問期間，姚依林副總理在人民大會堂同阿爾希波夫舉行會談，從宏觀角度談了中國的改革開放政策，並簽署了雙邊貿易協定。此外，主要安排阿爾希波夫考察改革開放的窗口——深圳特區。當

時，北京到深圳還沒有直達航班，於是取道廣州去
深圳。在廣州，阿爾希波夫一行下榻白天鵝賓館，
入住總統套間。這是中國改革開放後港商在廣州興
建的第一家現代化的賓館。當時在蘇聯還沒有這樣
現代化的賓館，沒有這樣豪華的總統套間。當天晚
上，阿爾希波夫半夜醒來，感覺有點涼，於是起身
尋找毛毯。他在房間裡轉來轉去，房間裡各種物品
應有盡有，就是找不到毛毯。因為是半夜，他不忍
心叫醒值班的服務員。直到黎明時分，他才按響了
服務鈴。服務員進來後，打開壁櫥，裡面有各種各
樣的毛毯、被縟。阿爾希波夫恍然大悟，原來這四
周的牆壁都有壁櫥，裡面有各種需要的物件。他加
蓋毛毯後小憩，很快到了起床時間。門鈴響過後，
服務員送來豐盛的早餐。

餐後，阿爾希波夫一行乘火車從廣州去深圳。
途中，陪同訪問的外交部副部長錢其琛向阿爾希波
夫詳細地講解了中國的改革開放政策，講特區

「特」在什麼地方。阿爾希波夫很感興趣，不時地提出問題。他問道：第一波來華投資辦企業的都是哪些人？錢稱，第一波主要是海外的華人，他們帶動了一些外國企業家。阿爾希波夫感嘆道：這就是你們的優勢。我們蘇聯就沒有這個條件，你們海外華人當年都是窮苦人到海外謀生，經過多年打拚發家致富，積累了資本，所以他們同中國共產黨不但沒有仇恨，而且還有好感，他們願意回國投資，願意為家鄉作點貢獻。蘇聯在國外的俄僑大多是十月革命的對象，他們逃離俄羅斯，有的也很有錢，但他們對蘇維埃政權懷有仇恨和偏見，不會回國投資，有的還在國外給蘇聯製造麻煩，而他們的後代對俄羅斯更是淡漠，沒有那麼珍貴的愛國情操了。所以，在這方面我們羨慕你們，希望你們充分發揮這方面的優勢。

阿爾希波夫一行在深圳參觀了華為公司、液晶廠、船運碼頭以及其他一些合資或獨資企業。他一邊參觀，一邊思考，有時向陪同人員談談觀感，有時像在推敲似地自言自語。他認為，外國人不會一下子把新技術給中方，中方拿到一些新東西，加上自己研究琢磨，就會掌握新技術。參觀漁民新村時，他們到新村黨支部書記家裡做客。漁村都是一棟棟小樓，支書的家就在一棟小樓裡。支書介紹了漁村的今昔：幾年前，這裡還是幾十戶人家的小漁村，如今已經變成了現代化的大城市。深圳市市長介紹說，用一兩個星期的時間就可以建起十幾層、

二十幾層的大樓，這就是「深圳速度」。這種翻天覆地的變化，就是改革開放的初步成果。這令阿爾希波夫感到震驚，也感到欣慰，不由得嘖嘖讚嘆。

阿爾希波夫一行還參觀了港商投資興建的度假村。在介紹情況時，多半是港商的夫人講話，看得出來，這位夫人精明能幹，他們的家業由夫人掌管。阿爾希波夫半正經半開玩笑地跟這位夫人說，請告訴我你有多少資本。夫人笑而不答。阿爾希波夫又說：你在我耳邊說，不讓他們聽到，我給你保守祕密，我把這個祕密帶回莫斯科。夫人始終笑而不答，阿爾希波夫沒有打探到她家的「祕密」。

在參觀錦繡中華民族風情園時，阿爾希波夫對中國的民族政策表示讚許。他說：列寧講過，民族問題是令人頭痛的問題。十月革命後，蘇維埃政權為解決民族問題付出了巨大的努力，但迄今民族問題依然存在。發展不平衡、民族文化的保護、各民族的融合，這恐怕是永恆的課題。

回到北京後，阿爾希波夫會見了老朋友陳雲、彭真、李先念、薄一波、萬里。老友相見格外親切，他們久久相擁，傾訴衷腸。陳雲還書寫了「山重水復疑無路，柳暗花明又一村」條幅相贈。這表達了雙方希望兩國關係峰迴路轉、撥雲見日、重回睦鄰友好軌道的熱切期盼。

當晚，萬里在前門烤鴨店宴請阿爾希波夫一行。古老的烤鴨店裡，擺上了全鴨席，十分豐盛。廚師們把自己的拿手菜都拿了出來：燴鴨四寶、炸

胗肝、燴鴨雛、燴鴨舌、燴全鴨、糟鴨片、芫爆鴨腸等，當然少不了傳統的烤鴨。賓主頻頻舉杯，祝兩國關係早日正常化。阿爾希波夫品嚐著茅台酒和這豐盛的菜饌，彷彿回到了五〇年代，重溫當年的友誼。儘管歲月無情，昔日年輕倜儻的領導人都已白髮蒼蒼，都已是古稀甚至耄耋之年，但共同戰鬥的歲月難以忘懷，昔日的友誼像酒一樣越久越醇，他似乎感到朋友們的那顆滾燙的心，不由得感嘆：世上自有真情在啊！

席間，烤鴨店的總經理不時出來問阿爾希波夫和萬里「怎麼樣」，想聽到貴賓和主人的反應。阿老不住地點頭稱讚。萬里卻用濃重的地方口音回答：「還不到誇你們的時候！」

晚上，我回到家裡，兒子問我：為什麼幾位老人抱在一起久久不放？原來，他看了電視新聞播放的幾位老朋友見面的情景。

阿爾希波夫生於一九〇七年五月一日。十月革命後，他曾經負責蘇聯遠東地區的經濟建設，後來也是蘇聯經濟建設的組織領導者之一。上世紀五〇年代，他作為中國政務院經濟總顧問、蘇聯來華專家組負責人，在中國工作了八年。據師哲回憶，一九五〇年一月毛澤東主席訪問蘇聯時，向斯大林提出希望蘇聯派出總顧問問題。斯大林說，我們將給你們派出一位熟練的專家。於是，斯大林特意為中國選派了這位「年富力強、精力充沛，有成就、有經驗，非常能幹、積極、為人正派、認真負責，行

政管理能力、組織能力都很強，對經濟建設有經驗、有思想」的阿爾希波夫。實踐證明，斯大林沒有看錯人。在中國工作期間，阿爾希波夫處處為中國著想，日夜操勞，做了大量工作。在工作中，他十分尊重中國同志，同時要求在中國工作的蘇聯專家尊重一起工作的中國同事，平等待人，決不能把自己的意見強加於人。他對援華的蘇聯專家們說：「我們來中國不是遊山玩水，不是誇誇其談，而是為了工作，工作！」阿爾希波夫以高度的責任心和無私奉獻精神，博得了中國人民的信任。

在中國工作期間，阿爾希波夫同周恩來、陳雲、李富春、薄一波、姚依林等國務院領導聯繫密切，精誠合作，結下了兄弟般的友情。

在赫魯曉夫撕毀合同、撤退專家的日子裡，阿爾希波夫會見周恩來、陳雲，中方要求推遲撤退專家，為了兩國人民的利益，無論如何不能讓事態進一步惡化。回國後，在阿爾希波夫的請求下，蘇共中央主席團聽取了他的報告。他還力圖單獨同赫魯曉夫談話，轉達周恩來、陳雲談話的真情實意，希望赫魯曉夫收回成命或者暫緩執行，以避免使事情發展到決裂的地步，結果未能如願。在後來中蘇關係惡化期間，阿老沒有講過一句不利於中國的話，沒有做過一件不利於中國的事。他多次向蘇共領導人安德羅波夫、雷日科夫、戈爾巴喬夫等建議，採取措施改善同中國的關係。

在我作為翻譯和阿爾希波夫的接觸中，他個人

的修為和品德也給我留下了深刻的印象。他宅心仁厚，知識淵博，平易近人，為人隨和，使人感到和藹可親，一下子就能拉近同周圍人們的距離。尤其是在面臨危機的時刻，能挺身而出，不顧個人仕途安危而仗義執言，他這種無私無畏的精神，尤為中國人民牢記。這也使他同中國領導人之間的友誼雖然經歷了風風雨雨、滄桑巨變後，非但沒有泯滅，而且歷久彌新。

阿爾希波夫結束訪問回到蘇聯後，向蘇共中央政治局作了匯報。據稱，他充分肯定了中國的改革開放政策，認為十年「文化大革命」不但使中國經濟停滯不前，而且到了崩潰的邊緣，在這種情勢下，不能再走以階級鬥爭為綱的老路，要探索適合中國國情的發展道路。於是，鄧小平在中共十一屆三中全會上提出改革開放的新政策。這是中國發展經濟、提高人民生活水平的一個正確途徑。當然，打開門戶，會有蒼蠅蚊子飛進來，對這些負面效應，中國領導人也有充分的估計，也會採取相應的措施，盡可能減少或消除改革開放帶來的負面影響。

阿爾希波夫的訪問使蘇共內部對中國的改革開放政策統一了認識，從此，蘇聯報刊和媒體對中國的負面報導基本上銷聲匿跡。此後，中蘇關係逐漸熱絡起來。一九八八年十二月，錢其琛外長訪蘇。一九八九年二月，蘇聯外長謝瓦爾德納澤訪華，為中蘇高峰會晤做準備。一九八九年五月戈爾巴喬夫

訪華前，阿爾希波夫親自主持起草了《蘇中衝突的原因和過程》的文件，得出的結論是：蘇聯對中國政策上的失算和錯誤，導致發生衝突，導致蘇聯失去了中國這個最重要的戰略同盟國，給蘇聯帶來最沉重的經濟和政治後果。戈爾巴喬夫會晤鄧小平時，鄧小平提出會晤的目的是「結束過去，開闢未來」。談及過去，鄧小平指出，蘇聯把中國擺錯了位置，把中國放在從屬的地位，實際問題是不平等。戈爾巴喬夫表示，在不遠的過去，在蘇中關係的有些方面，蘇聯有一定的過錯和責任。他同意鄧小平說的「歷史的舊賬講了，這些問題就一風吹了」。戈爾巴喬夫對過去中蘇關係的反思，顯然參考了阿爾希波夫提出的看法。

蘇聯解體後，阿爾希波夫以俄羅斯國家杜馬代表團成員和民間團體領導人的身分多次訪華。他也曾以私人身分來中國，請中國醫生為他治療三叉神經痛，每次都受到中國同志們親人般的歡迎和接待。

為表彰阿爾希波夫五十多年始終如一致力於維護蘇中兩國人民的友誼，感謝他對中國建設事業所作出的貢獻，在他八十華誕之際，中國對外友協授予他「人民友好使者」的光榮稱號。一九九八年阿老走了，但他對中國以及中國人民深厚的感情，他為維護中國同蘇聯以及俄羅斯友好關係所作出的貢獻，永遠留在人民的心裡。

烏蘭諾娃的中國情結

梁沈修

（中國前駐蘇聯、羅馬尼亞大使館文化處負責人）

　　一九五七年，我從哈爾濱外語學院俄語系畢業，分配到國務院對外文化聯絡局工作，從事當時紅火、頻繁的蘇聯、東歐來華表演藝術團的接待、翻譯工作。

　　一九六六年，「文革」如疾風暴雨般展開，對外文化交流陸續停止，與蘇聯東歐的文化交流首當其衝。一九八三年，中蘇之間的堅冰有些微消融的跡象，我從《中外文化交流》雜誌副總編的崗位上被派往駐蘇聯大使館工作。

　　一九八四年一月八日，坐上整節車廂只有我一名乘客的北京——莫斯科國際列車，我思緒萬千地奔向蘇聯首都。初到使館，根據領導的指示，在尚不能全面展開文化交流的情況下，不妨從探訪、聯繫老朋友著手。

　　於是，我第一時間去拜訪了自稱「不懂政治，分不清是非」，但是「喜歡中國、中國人」的著名舞蹈家——加林娜·烏蘭諾娃。

　　烏蘭諾娃是中國的一位真誠的朋友，對中國懷有深深的友好感情。她不止一次地說過：中國是她

到過的國家中令她最喜愛和最嚮往的國家。她說，
中國產生過世界上最偉大的先哲，具有最樸實、最
勤勞的人民，風光秀麗，幅員廣闊，時時吸引著
她。幼時，她的母親瑪麗婭·羅曼諾娃給她講過很
多有關中國的故事：男人在舞台上扮演美貌豔麗、
千嬌百媚的女人形象；能工巧匠修建了精美無比的
廟宇和寶塔；智者留下了很多雋永不衰、流傳百世
的人生哲理、警世名言；舊時婦女把腳纏得很小；
等等。烏蘭諾娃說，實際上，她的中國情結那時便
已有了，心中湧動著到中國看看的衝動和願望。

一九五○年，排演芭蕾舞劇《紅罌粟花》時，
她就急切地想到「解放了的中國」看看，以便塑造
「桃花」這一角色。一九五二年十一月，她終於隨

一九五九年十月，烏
蘭諾娃在北京演出
《吉賽爾》，時年五十
歲。

蘇聯藝術工作者代表團首次踏上了中國的土地。代表團在北京、上海、廣州、長沙、西安、瀋陽訪問了四十多天。隨團女翻譯於兮回憶說：在上海，代表團在看剛拍完的紀錄電影時，看到數以萬計的中國民工挑著土筐歡快地呼嘯著穿梭在修築大堤的工地上，烏蘭諾娃驚愕得目瞪口呆，激動得流淚不止。

事後，烏蘭諾娃曾向當時的中國文化部副部長夏衍說：這就是意氣風發、勤勞勇敢的中國人民！他們團結一心，樂觀向上，有這樣的人民，怎會不建成一個偉大的國家！她還說：我一生崇尚堅忍不拔、永不言退，從中國人民身上我找到了共鳴。那一次，她是以參觀、訪問、考察的身分來到中國的，沒有演出安排。她表示，一定要再來，為善良、勤勞、純樸的中國人民演出！

終於，為祝賀中華人民共和國成立十週年，一九五九年九月，烏蘭諾娃又隨一百九十五名藝術家組成的蘇聯莫斯科大劇院芭蕾舞團來到了中國，實現了她的願望和諾言。除烏蘭諾娃外，隨團來華者中還有普列謝斯卡婭、列別申斯卡婭、法傑耶切夫等六名「蘇聯人民演員」，十三名共和國級人民演員和功勛演員。他們攜帶《天鵝湖》、《吉賽爾》、《寶石花》、《雷電的道路》等大型舞劇，在北京、上海、廣州、長沙演出了一個半月，引起巨大轟動。

當時，烏蘭諾娃已年屆五十歲，只參加了個別

場《天鵝湖》和拿手的當家戲《吉賽爾》片段，以及她一九二八年在列寧格勒藝術學校畢業時的應試作品《仙女們》的演出。她所不知道的是：九月二十五日代表中國政府在機場迎接她和演出團的對外文委黨組書記、副主任張致祥在與她握手歡迎之後，又成為大劇院演出團的票務組長，在前門飯店一間客房足不出戶地堅守了七天，處理了別人無法勝任的黨政軍各方面索票要求——誰先看誰後看，誰坐在幾排，當日是否有烏蘭諾娃表演，能否帶夫人或隨行人員……令他處心積慮，夜不能寐，以至聲音嘶啞、眼睛紅腫。即便這樣，還是令個別人（如馬思聰等）因當日未列入名單，親至交涉無果，悻悻而去。

中國領導人劉少奇、周恩來、朱德、董必武、宋慶齡等到現場觀看並登台祝賀。文藝界著名人士紛紛撰文賦詩，給予極高的評價。京劇大師梅蘭芳賦詩致烏蘭諾娃，稱：「剛柔相濟，彈跳如意，騰躍輕靈，儀態美極。轉旋如陀，身輕如羽！」戲劇大師田漢寫詩稱：「舉都驚妙技，萬掌發急鼓。君藝如美塑，不見匠與斧。輕如隨風絮，嬌若衝天羽。舉手見靈性，投足生喜怒。」

據當時陪同她的女翻譯於瑛同志回憶，烏蘭諾娃有自己的生活習慣和規則。如她從不會見記者，絕無例外，書面提問也不答覆。《人民日報》、《光明日報》以及中國的俄文《友好報》幾次想採訪她都無結果。她說，「我是用足尖表達藝術的，從不

會用語言表述什麼，請諒解我。」在廣州，記者想拍些她的生活照，她竟然帶上面罩活動。此外，她不想做的事，誰也甭想勉強她，不管別人對此高不高興。例如，當時有關方面想請她去參觀新組建的「中蘇友好人民公社」，她說：「我沒有興趣！」想請她看看新開張的農業展覽館以及展出的「大豐收展覽」，她也拒絕說：「我不去！」她說，在莫斯科多年，從沒有去過「ВДНХ」（全蘇經濟展覽會）。但她對參觀北京舞蹈學校和剛組建尚未演出的北京芭蕾舞團卻非常期盼，興趣盎然。在芭蕾舞團看過排練，她說，「白淑湘、吳祖捷、張純增……刻苦、執著，是好苗子！」「中國的芭蕾一定會成為世界一流的！」

上世紀八〇年代中蘇關係逐漸正常化之後，兩國文化來往也逐漸恢復。這一時期，每逢中國大使館的電影招待會、國慶招待會等活動邀請她，她都會欣然而至，而且，每次必穿上她在中國訂製的錦緞旗袍。她的體型仍是那麼苗條、挺拔，但仍少言寡語。一次，她對李則望大使說：「年紀大了，哪兒都不想去了，但是還想去中國，去看看未曾去過的長城，看看早已聽說卻未看過的中國芭蕾舞劇《紅色娘子軍》。」

當時，我已在使館負責文化處的工作，她是我們處的聯繫人。那一時期，她在莫斯科花園環行路巴裡特納婭的「高知樓」一所寬敞的住房裡居住，深居簡出，很少出來活動。除普列謝斯卡婭、列別

申斯卡婭兩位親密的舞星之外，她婉拒和任何人來往，僅由女傭伊麗娜照料，大多數時間是沉醉於音樂之中。但是，她對我卻很少拒絕，我給她送掛曆，送《人民畫報》俄文版和新的《中國一瞥》，她都熱情接待，與我親切交談。記得我前幾次去看望她時，她還找出在中國時收到的禮物給我看。其中有：中國芭蕾舞蹈家戴愛蓮送她的建國初期戴演出舞劇《和平鴿》的定妝照；舞蹈學校校長陳錦清送她的，令她驚奇不已、嘆為觀止的雙面繡（一面繡著鴛鴦，另一面是金魚）；舞蹈家協會主席吳曉邦送她的親筆墨寶《舞仙》；舞蹈家協會秘書長盛捷送她的杭州都錦生織錦桌布，上繡十二個各民族舞蹈人形。這些，她都視為珍寶，妥為珍藏。

為滿足她的願望，遵從大使指示，我在使館電影廳舉辦了一次電影招待會，放映芭蕾舞片《紅色娘子軍》。烏蘭諾娃應邀來和其他客人一起觀看了此影片，但她在放映後的酒會上卻一言未發，未予

一九八六年十月，烏蘭諾娃在中國駐蘇聯使館出席招待會。

置評。過了些日子，我去給她送畫報，她才非常直率地對我說：「那個舞劇只有革命，沒有愛情，這是不能傳世的。」「芭蕾，是愛情與女性美的藝術表現形式，沒有愛情，無法持久。」但她又說「可以改好」。

一九八五年，中國甘肅省的民族舞劇《絲路花雨》訪蘇演出，很少露面的烏蘭諾娃應邀到克里姆林宮大會堂觀看了演出。事後，她坦陳錚言，說：「故事很動人，服飾很華麗，但沒有可讓演員展現技藝的舞蹈片段，女主角只在一米見方的圓台上做些動作，是遠遠不夠的！」「技巧普遍不高」，「不像芭蕾舞劇！」她說，舞劇就是故事加技巧，缺一不可。她還說，她是中國的朋友，尤其關心中國的芭蕾舞事業，所以才直言不諱。她的坦誠、直率，令人感到她是個忠實的朋友。

一九八七年，蘇聯文藝界為烏蘭諾娃從藝六十週年舉辦了一場隆重的祝壽晚會。在她熟悉的大劇院舞台上，除一個接一個的熱情祝詞之外，還上演了她熟知的芭蕾舞片段。烏蘭諾娃坐在豪華的政府包廂裡，向舞台上的演員和熱情的觀眾頻頻招手致意。那一天是她的一個句號，是她創作生活、演員生涯的一個終結。晚會還沒結束，她就匆匆地、悄悄地提早搭車走了。我料想，那一刻她平靜、安詳的外表下面，一定在沸騰著一顆百感交集的心。

烏蘭諾娃的一生，榮譽和褒獎頗多。她是「蘇聯人民演員」（1931）、兩度「社會主義勞動英雄」

（1974、1980），獲得過蘇聯獎金、列寧獎金。在國際上，她獲得過巴黎舞蹈學院安娜·巴甫洛娃教授獎（1959）、奧斯卡「為舞蹈獻身獎」（1988，米蘭）。一九八一年，聯合國教科文組織專門為她舉辦了「烏蘭諾娃榮譽」芭蕾晚會。一九八四年，瑞典斯德哥爾摩市破例在她健在時為她樹立塑像。同年，她的出生地列寧格勒（現聖彼得堡）也為她樹立了半身銅像。揭幕的那天，列寧格勒文化體育公園裡來了一群來自莫斯科、明斯克、基輔、新西伯利亞、彼爾姆（蘇聯衛國戰爭時芭蕾舞演員的聚集避難地）的高高挺挺、亭亭玉立、動作優雅、氣質

烏蘭諾娃在頤和園。

不凡的人們，隆重地為他們的老師和前輩的銅像揭幕。人群中，亦有中國芭蕾舞女演員郁蕾娣和中國使館文化處的代表。但烏蘭諾娃本人並未在場。事後，我曾問過她，她笑著反問：「要我去給自己的銅像行禮？」她還說，「我是不贊成的。但別人要塑，我也無能為力。」烏蘭諾娃還是美國藝術科學院院士。一九九二年，法國授予她「卡曼托爾」勛章。

一九九八年三月二十一日凌晨，俄羅斯首都莫斯科大雪盈蓋，烏雲低壓，寒冷異常。享譽世界的芭蕾舞表演藝術大師加莉娜‧謝爾蓋耶芙娜‧烏蘭諾娃走完了她八十九年的人生歷程。中國國家主席江澤民發去唁電說：「她的去世不僅是俄羅斯，也是全世界芭蕾藝術的巨大損失。她的名字將永載世界藝術史冊。」當時的俄羅斯總統葉利欽說：「烏蘭諾娃所創建的芭蕾舞流派以及她所塑造的藝術形象，永遠是世界文化史中獨一無二和令人心醉的財富。她以她的天資和舞技、無與倫比的古典風格，對當代舞蹈藝術的發展作出了巨大貢獻。烏蘭諾娃的生活和創作將永遠成為俄羅斯藝術家的楷模。」

加莉娜‧烏蘭諾娃走了。她終生未嫁，沒有子女，沒有親人，她孤單地走了。世界上很多人懷念她，追憶她。她留下了《天鵝湖》、《吉賽爾》、《羅密歐與朱麗葉》等舞劇的烏蘭諾娃版本和《俄羅斯芭蕾舞大師》、《烏蘭諾娃的世界》等影視片。她的人品、她的藝術都留下來了，傳給後人。

烏蘭諾娃曾在蘇聯《接班人》雜誌一九八〇年第一期《躍動的心靈和心靈的躍動》一文中寫道：「芭蕾是我的生命，我生為芭蕾，死亦為芭蕾！」這就是她的自白、她的寫照。

　　結束了在蘇聯、羅馬尼亞使館近十年的工作之後，一九九二年十月我回到了文化部外聯局。一九九八年初，我隨中央芭蕾舞團去俄羅斯選聘男演員後回到北京，不久就獲知烏蘭諾娃辭世的噩耗，不由得深悔此次去俄未能抽空去探望她。烏蘭諾娃走了，中國失去了一位摯友、諍友，我本人失去了一位真摯的朋友、敬愛的老藝術家。

　　我有幸成為她暮年時接觸最多、交談最多的中國人。她的言談舉止、音容笑貌，深深地刻在我的記憶中。我們會永遠懷念這位為中俄兩國人民友好事業作出過貢獻的好朋友！

我的蘇聯編外導師

賀國安

（中國前駐土庫曼斯坦大使館參贊、駐哈巴羅夫斯
克總領館副總領事）

　　一九八六年十月十二日，莫斯科謝列梅捷沃國
際機場已經被初雪覆蓋。這天，我走下飛機，隨著
一批公派進修生緩緩走進候機大廳。使館的接機同
志正在清點人數時，我發現有一對接人的夫婦正在
向中國旅客打聽著什麼。那位男士看上去五十開
外，儀表堂堂；他的太太則是一位優雅的東方女
士。我驀然想到，莫非他就是與我通信的劉克甫教
授？我猶豫著上前試問那位女士：「請問您是黃淑
英老師嗎？」「我就是啊，這是我丈夫克留科夫，
我們來接北京的賀同志……」

　　啊，原來他真的是我敬仰已久的蘇聯朋友！頓
時，三雙手緊緊地握到一起。這一切既讓我意外，
又讓我感動：要知道，這可是在中蘇交惡多年後剛
剛解凍的年代！況且，這位接我的朋友是蘇聯科學
院的知名學者，他竟從百忙中脫身，來迎接一個從
未謀面的中國留學生！後來我知道，他為了接我已
經撲過一次空：一週前，得知有一批留學生將乘坐
北京到莫斯科的國際列車抵達，他就曾趕到火車站

來找我，結果當然是失望而返。

這件事已經過去整整二十八年了，至今還深深地印在我的腦際。這是我踏上蘇聯土地的第一天，是我和劉克甫老師的初次見面，也是我們長達數十年友誼的開端。

相識何必曾相逢

說到我和劉克甫的交往，要回溯到一九八三年。我剛被分配到中國社科院民族所不久，就聽前輩學者說起他的名字。他的俄文姓是 Крюков（克留科夫），但人們習慣了稱他的漢名「劉克甫」。上世紀五〇年代他負笈北大，算是我的前輩校友。畢業時，他可是收穫頗豐：既講得一口流利的漢語，又掌握了中國歷史、考古和古文字學，還成功地獲取了一位漂亮的中國姑娘的芳心——這就是後

來在莫斯科大學任教的黃淑英老師。可惜這對佳偶
「生不逢時」：沒過幾年，中蘇反目，他們竟連重
返北京都成了難圓之夢。不過，他們在各自的崗位
上都取得了驕人的成績。

當時，我在譯介蘇聯民族學的研究成果時，注
意到劉克甫發表的若干文章很有新意，有幾篇還成
了蘇聯學術界爭鳴的「導火索」。為了深入求教，
我冒昧地試著給他寫了封信，寄到了他任職的蘇聯
科學院民族學研究所，沒想到很快就收到了回覆。
我至今還清楚地記得，回信是用中文，還是豎寫，
字體工工整整。劉克甫詳盡地解答了我的問題，還
附上了幾份材料。從此，我們開始了書信往來，我
不時可以得到蘇聯學界的最新信息，也曾應劉先生
的委託幫他找一些中文材料。我印象較深的是曾經
登門拜訪了中國民族學界的元老楊堃先生，請他回
憶上世紀三〇年代與蘇聯民族學家史祿國
（Широкогоров）教授的交往，因為當時蘇聯學界
正在研究關於史祿國的史料。

客觀地說，在上世紀八〇年代前期，中國的民
族學和人類學、社會學等一樣，久遭封殺後剛剛起
死回生，不免理論薄弱，資料匱乏，信息閉塞，急
需敞開國門引進新風。然而當時中蘇關係乍暖還
寒，直接的學術交流尚屬可望難及之事。在這個背
景下，漢學家劉克甫發揮自身的優勢，率先與中國
學界建立了文字之交，真可謂開風氣之先！而我這
個民族學界的新兵，入門之始便得到如此「外

劉克甫導師在講課。

援」，更覺得彌足珍貴。那時我還不敢奢望能有機會赴蘇進修，自然十分珍惜這個求知的渠道。記得我在給朋友的信裡還寫到了與劉克甫先生的信息交流，信中套用了白居易的詩句，改寫成「同是民族學界人，相識何必曾相逢」，可見當時的興奮之情。不期幾年之後，隨著中蘇關係的進一步回暖，我們竟不僅相識，還真的在莫斯科相逢了。

不拘一格的學術交流

根據蘇方的安排，我的進修單位是列寧格勒大學（現聖彼得堡大學）。進修期滿後，我又申請延長，就地攻讀博士學位。應該說，前後五年的異域生涯並不是件輕鬆的事，但我卻從未產生過「孤懸海外」的寂寞感；相反，覺得這是我一生中最充實、有益、難忘的經歷之一。問我原因，可以講出很多，但不能不提到蘇聯的師長、朋友們給我的支持、幫助和關心。劉克甫便是其中突出的一位。

我記得，在莫斯科機場匆匆一晤之後，劉克甫當晚又到我們下榻的「大學賓館」，向我介紹了我的指導老師和幾位他所熟悉的民族學者，特別是談到了莫斯科和列寧格勒民族學研究的分工和特點。這對我進修的起步階段大有裨益。

還記得，當時我帶著遺憾的情緒對他說：原指望能被安排在莫斯科的民族學所，這裡與我的國內單位直接對口，也便於就地向劉老師求教。劉克甫

很理解我的心情，說，他的研究所其實也巴不得分到幾個中國進修生，無奈人員安排是蘇聯教育部的事。「不過，」他話鋒一轉，接著說，「事在人為。以後咱們見面交流的機會蠻多呢，你可以來莫斯科找我，我也會過去見你！」經他解釋，我明白了，原來蘇聯科學院民族學研究所在列寧格勒設有分所，而劉克甫作為所裡的研究室主任，時有機會去列寧格勒出差；同時，按照教育部規定，外國進修生也可以申請去外地的對口單位進行交流、訪問，這在蘇聯稱作「學術出差」。

這些提示對我很重要。幾年裡，我沒有浪費「走出去請進來」的每一次機會，去了不少城市的大學、研究所交流考察、拜訪專家，這其中自然首選的就是莫斯科。不過這裡我更想一提的，還是劉克甫的列寧格勒之行和我對他的訪談。

那是一個寒風凜冽的冬日，列寧格勒遭遇了少有的寒流，傍晚，氣溫降到了零下二十六度。我帶著擬好的提綱，冒雪來到劉老師下榻的科學院招待所，和他作了一次長談。劉克甫不顧一天工作的勞頓，就我感興趣的一些問題系統地談了他的看法，不難看出他是有備而來。那時我還不懂得配備錄音機、錄音筆之類，全靠筆錄，時而撇開紙筆隨性交談。不知不覺幾個小時就過去了。記得那天我是趕末班地鐵回宿舍的，雖說挨了凍，但我對這次訪談非常滿意，覺得主題好、觀點新，於是我把它整理成專題訪談錄，寄回了國內。不久，一篇《劉克甫

談漢民族研究與民族理論問題》長文發表在國內重點刊物《民族研究》上，還占了突出的版面。這是多年來中國學術刊物首次直接發表蘇聯學者的觀點，立即引起了廣泛的注意。在此後召開的全國漢民族研究學術討論會上，此文印發給了與會代表，還有兩家報紙對它的內容作了介紹。

記得當我把那一期《民族研究》面交劉克甫時，他首先感謝我做了牽線搭橋的好事，接著說：「你看，咱們雖然分居兩城，不是照樣進行了交流嗎？還擴大到了兩國學者之間呢!」我趁機進言：「那就讓我們把這種交流形式繼續下去吧！」果然，大約過了一年半以後，我又對他作了一次類似的訪談——還是在老地方，只是話題換成了民族定義方面的問題。談話錄再次發表在《民族研究》上，反響依然很好。

這事過去多年了，至今還能在相關網站上查到這兩篇談話和援引它們的文章。此後，我沒有再做這類訪談，但是先後翻譯了幾篇劉克甫的學術論文，陸續刊登在《民族譯叢》上。此時，「劉克甫」這個名字至少在中國民族學界早已為人熟知了。遠在雲南大學的一位老教授讀了他的著作後，心有所感，便直接與他通信。後來，他們之間的「兩地書」也在國內公開發表了。我不由得感嘆：科學真的沒有國界，學者之間的交流也真是不拘一格啊！

名副其實的編外導師

在列寧格勒大學讀研期間，我的導師伊茨教授不幸因病去世，接替他的是我們的教研室主任加德羅（Гадло）教授。他對我非常關心，也十分嚴格，第一次見面就問到我正在寫作的學位論文。當得知內容是中蘇民族理論的比較研究之後，他的第一個反應是「這個題目選得不錯」，緊接著又面帶難色地表示，搞這個題目得熟悉兩國的材料，他不搞漢學，也不懂中文，指導這篇論文有些困難。我向他匯報說，這個題目得到過已故導師和莫斯科克留科夫的支持，因此不希望再改換題目，是否能允許我獨立完成，必要時尋求克留科夫的幫助？「你認識克留科夫教授？」加德羅教授問。當他聽完我的匯報，嚴肅的面孔變得輕鬆下來，爽朗地說：「克留科夫可是我們民族學界的重量級人物，你要是能得到他的協助，我這個導師也就放心了！加上你自身的努力，這篇論文一定能寫好，我同意了！」這句話使我吃了一顆定心丸，也增添了成功的信心。

其實，劉克甫對我完成論文的幫助，還在動筆之前我就感受到了。試想，在我留學的過程中，一次次對他的拜訪、求教和同他討論，不都為最後階段的論文寫作打下了基礎嗎？特別是前面提到的兩次專題訪談，還有我翻譯的好幾篇他的論著，主題都與我選定的題目息息相關，這就是很實際的指導

啊！

　　由於我寫的學位論文是作比較研究，既要看大量俄文文獻，也要了解國內的最新信息。前一方面還比較好辦，我可以在列大圖書館盡情查閱，加德羅教授還熱心地給我提供了一些參考書目；而查找中文書刊在當時的列寧格勒可就不那麼容易了——那個年代受政治和經費限制，書刊進口有限，更談不上網上搜索、電郵傳遞這些手段。在這方面，我也得到了劉克甫老師的大力幫助。每當通過自己的渠道得到新的中文資料，特別是符合我的論文方向的資料，他都給我保留，和我共享。我印象最深的是，大約在一九八八年，蘇聯科學院的情報所編印了一本劉克甫寫的小冊子，專門介紹近年來中國民族學研究的概況。這本小冊子並未正式出版，不易被一般讀者看到。幸好作者就是我的師友，使我得享近水樓台之便，很快就獲贈一本，先睹為快。其中許多信息是我在列寧格勒難以找到的。

　　按照規定，論文完成後須請兩名熟悉這個領域的資深學者審閱，並寫出書面評語，過了這一關才能申請答辯。加德羅導師聘請的評閱人，頭一位就是他所說的「重量級的克留科夫教授」，另一位評閱人列舍托夫（Решетов）教授曾與我在蘇聯刊物上合作撰文，對我的論題和思路也比較了解。他們十分認真地審讀了論文，最後都對論文給予了充分肯定和積極評價。這對我來說倒也是意料中的事。試想，有這麼多可敬的蘇聯師長不辭辛苦地熱心指

導和幫助，我再不交出一份合格的試卷，豈不是太愧對大家了？

可以這樣說，我在蘇聯學習的幾年中，有幸遇到了三位導師。前兩位正式導師都為我付出了大量心血，我由衷地感激他們，懷念他們；而第三位「導師」則是雖不在編，卻同樣對我的學習盡心儘力的劉克甫老師。每當我和朋友們談到他，我總是滿懷敬意地把他稱為「名副其實的編外導師」。

師生情誼地久天長

上世紀九〇年代，由於命運的安排，劉克甫和我都改變了自己的生活軌跡：他去國外長期講學，我進了外交部並先後到不同國家工作。

我們一別便是十幾年。人失聯了，心卻沒有失聯，懷念和感恩始終伴隨著我的人生羈旅。在我書架最醒目的地方，一直擺放著當年分手時劉克甫的簽名贈書。每當我取出閱讀，就彷彿看到了他那張留著大鬍子的親切面孔和那雙睿智而又慈善的眼睛。然而，我們畢竟斷了音信。

大約是二〇〇六年的初秋，電話裡忽然傳來了一個似曾相識的聲音：「請問是賀國安同志家嗎？」「是啊，您是……」「我是劉克甫！」「劉老師？您，您回莫斯科了？」「不，是從莫斯科過來了！」當時激動得我一時說不出話來……

原來，劉克甫已經結束了國外講學。回國以

賀國安（右1）與劉克
甫夫婦在北戴河。

後，他毅然決定偕夫人來北京定居。初聞此訊，欣
喜之餘我也有些不解。我知道此時他不僅是享譽全
俄的漢學家，還被選為歐洲科學院院士，可謂著作
等身，功成名就。是什麼促使他放棄莫斯科的優越
生活和豐厚待遇？我想到的唯一解釋，就是他要陪
愛妻重歸故里，落葉歸根。

等到我們見面暢談後，我才讀懂了這對老夫婦
的心曲——他們既懷抱著對中國這片熱土的眷戀，
還堅守著對事業的不倦追求：劉克甫念念不忘要就

近研究他所鍾愛的漢學；黃老師則要繼續編寫給俄羅斯人用的漢語教材。他們說到做到。幾年下來，劉克甫已經發表了多篇論著，歷史、考古、中蘇關係，無所不涉。在他的計劃表中，還有幾本書有待完成。

我懇切地對他說：「當年您給了我那麼多幫助，如今我成了東道主，該我為您老出點力了！」的確，他們夫婦都已年屆八旬，又遠居市郊，生活上難免會遇到些難處。因此我們夫婦也時而略盡綿薄之力，給他們提供一點方便。儘管我們兩家相距甚遠，但始終熱線暢通，往來無阻。我發現劉老師每日居家寫作，常感手頭文獻匱乏，尤其是史料，查閱多有不便。在這方面我也算「過來人」了，自然感同身受。於是，我充分利用自己的地利優勢──靠近國家圖書館，時常騎輛自行車去查找、複印所需的資料，碰到年代久遠的「老古董」，就要辦縮微膠卷的復原。這些事看似不大，有時還真起到了及時雨的效果。每當從我手中拿到他苦苦搜尋的文獻時，劉老師總是如獲至寶，喜形於色，致謝不迭。看到他那副眉開眼笑的樣子，我也感到無比欣慰。

當筆者寫這幾行文字時，劉克甫正在家中打點行裝，準備飛赴哈爾濱參加一個中蘇關係史的研討會，報告都準備好了。真是寶刀不老啊！預祝劉老師旅途順利，更相信他的報告還會像二十多年前的訪談錄一樣，贏得中國學者的熱烈反響。

對俄羅斯兩位「藝術皇后」的採訪及啟示

王憲舉

（中國國務院發展研究中心歐亞社會發展研究所副所長、研究員，曾任新華社、中國青年報和光明日報駐莫斯科記者）

一九九一年三月至二〇〇〇年四月，我擔任《中國青年報》和《光明日報》駐莫斯科記者期間，對俄羅斯一系列文化名人進行了採訪。其中給我印象最深刻的是電影明星利季婭·斯米爾諾娃和「歌劇皇后」伊琳娜·阿爾希波娃。她們的音容笑貌、她們對藝術事業的執著追求以及對中國人民的友好情誼，至今仍令我感動不已。

「影后」斯米爾諾娃

一九九五年一月的一個傍晚，我踏著積雪，來到莫斯科河畔鍋爐廣場上的「藝術家樓」，拜訪俄羅斯著名電影演員利季婭·斯米爾諾娃。這是斯大林時期莫斯科建造的七座尖頂式高樓之一，著名芭蕾舞演員烏蘭諾娃也曾在這個樓居住。

門開了，迎接我的正是斯米爾諾娃。

主人熱情地把我迎進客廳。我剛坐穩，她就拿

利季婭·斯米爾諾娃
在家中。（1995 年一
月）

出珍藏多年的中國物品讓我欣賞。先是一疊黑白照
片和一個織錦緞盒子。年代已久，照片略微泛黃，
但保存得相當好：每張後面都襯了硬紙，平平整
整。照片上記錄了毛澤東、劉少奇、周恩來、朱德
等中國領導人接見拉波波爾特（斯米爾諾娃的丈
夫）的歷史鏡頭。錦緞盒裡，是閃閃發光的獎章和
榮譽證書。

「這是毛澤東送的。」聽著她自豪的口吻，順
著她手指的方向，我看到，三人沙發上方，有一幅
杭州產軟木雕山水畫。畫不大，掛在房間最醒目的
位置上，而斯米爾諾娃年輕時的電影劇照卻靜靜地
掛在門後面。

「這也是毛澤東送的，」她從門旁的矮櫃上拿
起一個茶壺。我接過來細細打量，這還是當年合作
社時期的產品，黑砂細膩光亮，四周鑲有薄金裝
飾。幾十年過去了，整套茶具仍完好如初。

交談中得知，斯米爾諾娃的丈夫弗拉基米爾‧拉波波爾特是俄羅斯著名電影攝影師，上世紀五〇年代初曾參加拍攝大型紀錄片《解放了的中國》，因此獲得中華人民共和國中央人民政府頒發的獎章和證書，受到中國領導人接見。這些禮品就是當時的紀念物。為此，他還榮獲蘇聯勛章一枚。

　　斯米爾諾娃一九一五年二月十三日出生於喀山附近的馬齊諾村，父親是沙俄科爾恰克軍隊的軍官，母親是小學教師。她七歲時成了孤兒，由叔叔收養。嬸子對她很刻薄，逼她幹各種各樣的農活。少年時，她在莫斯科大劇院下屬的芭蕾舞學校學習，一年後由於個子躥得太高只好告別舞鞋。中學畢業後，她考入莫斯科工業經濟專科學校（現在的鮑曼大學）。畢業後，她到工廠做統計員，工餘時愛好甚廣：博覽群書，高山滑雪，打網球，聽音樂會，參觀博物館。但她最迷戀的是看戲，每次看完

斯米爾諾娃給中國記者翻看老照片。

戲都激動不已：為什麼在台上演出的不是我？兩年後，她終於考入莫斯科戲劇學院，圓了演員夢。畢業前夕，一位電影導演到戲劇學院挑選演員，這位金髮碧眼的姑娘以紮實的功底擊敗十七名競爭對手，開始了電影生涯。

一九三九年，斯米爾諾娃在電影《我的愛情》中飾演女主角舒羅奇卡而一舉成名。影片插曲的歌詞根據蘇聯作家西蒙諾夫的長詩《等著我》改編，而這首浪漫曲由演員斯米爾諾娃親自演唱後，頓時家喻戶曉。然後，她因在《我們城裡來的小夥子》、《她在保衛祖國》、《他們有祖國》等影片中的出色表演而成為廣大影迷崇拜的偶像。為表彰她對蘇聯電影事業的貢獻，蘇聯政府授予斯米爾諾娃「蘇聯人民演員」的光榮稱號。從影五十多年，她拍攝了八十多部影片，經常參加國際上一些重大的電影活動，到訪過二十三個國家，其中上世紀五〇年代和九〇年代三次訪問中國。

著名作曲家伊薩阿克·杜納耶夫斯基（《紅莓花兒開》、《三個坦克兵》等歌曲的作曲者）在斯米爾諾娃飾演《我的愛情》主角時承擔為電影譜曲的任務，在拍攝過程中愛上了她。斯米爾諾娃喜愛丁香，他就不斷地給她送丁香；不管她走到哪裡，他每天都給她寄一封信。他向她求婚，但她為了自己的電影事業，予以婉拒。有一年夏天，斯米爾諾娃在拉脫維亞首都裡加度假。一天，她從海邊沙灘回住處的途中走進一家餐廳，小樂隊奏起《我的愛

情》裡的插曲。突然有人從背後抱住了她，她回首一看，原來是杜納耶夫斯基，是他為她點了這支曲子。他還請她聽了他的專場音樂會。次日他飛往莫斯科，但不幸猝然去世。這令斯米爾諾娃悲痛不已。

著名攝影師拉波波爾特在拍攝電影《她在保衛祖國》時愛上了女主角斯米爾諾娃，她也非常愛這個才華出眾的小夥子。他們喜結良緣，共同生活了三十七年。去世前，他最擔心的是：沒有他，斯米爾諾娃的生活將很困難。但是斯米爾諾娃性格堅強，全身心地投入自己所承擔的每一個電影角色的完美塑造，生活很簡約。

在我們的交談中，斯米爾諾娃對往日的榮譽輕描淡寫，而一談起她所鍾愛的藝術，就神采飛揚、眉飛色舞。

她的戲路很廣，除了女教師、女軍人、女醫生外，還飾演過貴婦人、巫婆、美國妓女。這些角色，無論身分、心態、氣質都有相當大的反差，但她都能準確地把握，演什麼像什麼，這得益於她「像海綿一樣」的學習精神，不斷地從書海裡尋求藝術精髓。

斯米爾諾娃的家裡有三個大書櫃，層層碼滿了書。櫃門玻璃上貼著普希金和托爾斯泰的畫像。「那是我最喜歡的兩位作家。普希金的詩熱情奔放，給人以激情。托爾斯泰最善於描寫俄羅斯婦女的心理，」她說。

生活是藝術生命的源泉。斯米爾諾娃認為，作為一個演員，「要善於觀察、勤於思考」。她不管在哪兒，都注意觀察周圍人們談話的表情、姿勢，觀察人們的服裝、髮型，也鬧出過因觀察著了迷而乘車坐過站、走路撞了人的笑話。一九六五年，她接受在故事片《媒婆》中飾演媒婆的角色任務後，一直在琢磨如何才能演好這個角色。一次乘公共汽車回家時，她突然發現車上有一名女乘客說話與眾不同，鼻音很重，面部表情十分豐富，正好符合媒婆的特點。借此，她塑造了一個說話甕聲甕氣、眉飛色舞的媒婆形象。

有了生活中的潛心刻苦，才有攝影機前藝術上的爐火純青。精湛的演技，使她把人物性格刻畫得極其鮮明、富有層次，擁有豐厚的內在感情。

我問她：做一個演員最重要的是什麼？她脫口而出：「真情實感。」她告訴我，經常出現這種情況，一天的拍攝工作已很累，但回到家裡仍徹夜難眠──太入戲了，心情難以平靜。「如果連我自己都沒有真情實感，怎麼能感染觀眾呢！」

一九九五年，年已八旬的斯米爾諾娃仍活躍在銀幕上，剛拍完一部反映黃昏戀的影片。影片結尾，老婆婆應邀在酒店跳舞，不僅有輕柔舒緩的交際舞，還有熱烈歡快的迪斯科。這時，我聽到斯米爾諾娃用低沉和略帶沙啞的聲音深情地說：「工作、工作，工作是我的生命。」此話從一位八旬老人口中說出，使人感到她無止境的追求。

採訪即將結束時，斯米爾諾娃贈我一本有她簽名的《蘇聯電影大師——利季婭‧斯米爾諾娃》。她在封面上簽名：「利季婭‧斯米爾諾娃，一九九五年一月。」並在扉頁上寫道：「祝你幸福！利季婭‧尼古拉耶夫娜。」

從那次採訪以後，十多年過去了，但我一直關心著斯米爾諾娃的情況。二〇〇七年二月，我在翻閱報紙時，突然在《明斯克晚報》上看到一則標題——利季婭‧斯米爾諾娃：「杜納耶夫斯基向我求婚。」這篇文章的作者寫道：年屆九十二歲的斯米爾諾娃仍然活躍在俄羅斯影壇，最近又在電視連續劇《女繼承者2》裡飾演了角色。

我為斯米爾諾娃長久的藝術生命而感到高興，根本沒有想到，僅僅幾個月後，二〇〇七年七月二十五日，斯米爾諾娃溘然去世，享年九十二歲。但是，她在電影藝術生涯中自覺的敬業精神、孜孜不倦地追求完美的原則、忘我地勤學苦練的態度、惟妙惟肖的模仿能力和出類拔萃的藝術表演能力，將永遠銘記在我的腦子裡。

俄羅斯的第一個「卡門」

二〇〇〇年三月二十四日上午，莫斯科風和日麗。我驅車來到位於柴可夫斯基音樂學院對面的俄羅斯國際音樂活動家協會，採訪俄羅斯最著名的女高音歌唱家之一伊琳娜‧阿爾希波娃。在協會的大

門口，阿爾希波娃的先生弗拉季斯拉夫‧皮亞科夫熱情地迎接我。我剛走進一間寬大的辦公室，協會主席阿爾希波娃就從桌旁站起身，迎上前來，微笑著說：「親愛的中國記者同志，您好！」

她風度優雅，慈眉善目，說話的聲音十分悅耳，而聽她唱歌更是一種很大的享受。

阿爾希波娃出生於莫斯科一個知識分子家庭。她似乎天生要成為一個出色的歌唱家，因為她外公的嗓音很好，母親的嗓音也很甜美，而她父母就是在大劇院相識的。

但是，年輕的阿爾希波娃一九四三年卻進入莫斯科建築學院學習建築。一九四八年畢業，參與了列寧山上莫斯科大學及莫斯科財經學院的建築設計。

由於阿爾希波娃歌喉嘹喨，在大學期間經常為同學們唱歌，被譽為校園「夜鶯」。上世紀五○年代中期，柴可夫斯基音樂學院開辦夜校，阿爾希波

娃被錄取。從此，她在建築學院學習的同時，又去音樂學院歌唱專業上課，後又到柴可夫斯基音樂學院讀研究生。畢業時，經她的老師薩夫蘭斯基推薦，斯維爾德洛夫斯克歌劇和芭蕾舞劇院吸納她為歌唱演員。

阿爾希波娃在烏拉爾山麓的這個劇院工作了一年半，在裡姆斯基－科薩科夫作曲的歌劇《沙皇的新娘》裡飾演了女主角，並成功地舉辦了自己的獨唱音樂會。一九五五年，她在華沙舉行的國際歌唱比賽中奪得一等獎。這時，莫斯科大劇院急需女次高音歌唱家，應劇院主要指揮亞歷山大‧梅利克－帕沙耶夫邀請，阿爾希波娃擔任了該劇院的獨唱演員。

一九五六年四月一日，阿爾希波娃在莫斯科大劇院首次飾演「卡門」，她的搭檔是二戰後到莫斯科訪問的第一位外國著名歌唱家、意大利男高音德利‧莫納科。兩人的聯袂演出獲得巨大成功，有些觀眾甚至認為這一故事好像就發生在他倆身上。之後，阿爾希波娃又與蒙特塞拉特‧卡巴爾耶、尼古拉‧吉亞烏羅夫等歐洲著名男高音合作，成為俄羅斯第一號女歌手。一九六七年，她應邀到意大利米蘭的拉‧斯卡拉歌劇院演出，成為在這個聞名遐邇的歌劇殿堂表演的第一位俄羅斯女歌唱家。

除《卡門》以外，阿爾希波娃還在《沙皇的新娘》、《黑桃皇后》、《阿依達》、《鮑里斯‧戈杜諾夫》、《霍萬希納》等幾十部歌劇中飾演主角，被

譽為俄羅斯的「歌劇皇后」。她對每一次演出都非常認真、一絲不苟。她不僅音質好，而且感情逼真，人物性格刻畫細膩，能夠準確烘托舞台氣氛，具有強烈的感染力。為表彰她對俄羅斯歌劇發展所作的貢獻，一九六六年蘇聯政府授予她「人民演員」稱號，並在以後的十多年間三次授予她「列寧勛章」。在人才濟濟、群星璀璨的蘇聯歌唱家隊伍中，只有她三次獲此殊榮。

在莫斯科大劇院演出的同時，阿爾希波娃還積極進行教學活動。莫斯科大劇院著名歌唱家伊琳娜·魯普佐娃、索菲婭·阿克肖諾娃以及韃靼共和國人民演員和喀山歌劇院女歌唱家葉蓮娜·米哈伊洛夫娜，都是她的得意門徒。獲得國際比賽大獎的男低音歌唱家阿斯卡·阿布德拉扎科夫也是她的研究生。她的學生共有二十多人，分別在聖彼得堡、烏克蘭基輔、哈薩克斯坦阿拉木圖、德國柏林、波蘭華沙等地的歌劇院擔任獨唱演員。

阿爾希波娃具有出色的組織才能。自二十世紀七〇年代以來，她擔任莫斯科大劇院的主要音樂顧問。她安排年輕歌唱演員去意大利的歌劇院實習，組織俄羅斯年輕演員去美國巡演。從一九八六年開始，她一直擔任「格林卡國際歌唱比賽」的評委主席，一九七八年以來則是柴可夫斯基國際音樂比賽歌唱組的評委主席。自一九八六年開始，她擔任全蘇音樂協會主席；一九九一年開始擔任國際音樂活動家協會主席。她是一系列音樂節和音樂活動的組

織者。

　　說到這裡，阿爾希波娃略微停頓了一下，微笑著說：「也許你們不知道，我與中國有一定的聯繫。」

　　「什麼聯繫？」我急著問道。

　　「我的父親五〇年代曾在上海同濟大學執教，弟弟尤里曾就讀於上海復旦大學。我父母始終對中國懷有友好的感情。當時我因在大學讀書而未能隨父母去中國，但是，幾十年來我一直想去中國演唱，這是我父親的遺願。請你們轉達我對親愛的《光明日報》讀者最良好的祝願，祝中國繁榮富強、中國人民健康幸福，希望俄中兩國人民友好相處。」阿爾希波娃說。

　　說完，她從桌上拿起一本《伊琳娜·阿爾希波娃——我的音樂》回憶錄送給我，並在書的扉頁上

阿爾希波娃在贈書扉頁上題字：贈給王憲舉先生留念並致以良好的祝願！

寫道：「贈給王憲舉先生留念並致以良好的祝願！」

這是以回憶錄形式撰寫的名人傳記，蘇聯著名作家欽吉斯・艾特瑪托夫為此書寫序。他指出，阿爾希波娃「具有歌唱的天賦」，她「演唱的詠嘆調和浪漫曲足以改編為室內音樂文學選集」。

為了幫助阿爾希波娃實現她父親的遺願，這次採訪之後，我立即開始與北京歌劇界聯繫邀請阿爾希波娃到中國演唱和講學事宜。其中空政歌舞團歌劇《江姐》主要演員金曼（2010 年三月出任北京歌劇研究院院長）對此事表現得尤為熱心，開始作具體安排。我們深信，阿爾希波娃訪華演出和授課定會使中國歌唱界受益匪淺，並將使中俄藝術家美聲領域的合作提高到一個新的水平。

然而，正當阿爾希波娃即將實現父親的遺願、中國同行滿懷欣喜地等待欣賞俄羅斯「歌劇皇后」的風采時，阿爾希波娃卻患上重病，難以成行。這令我們非常惋惜，也為她的病情而深感憂慮。

二〇一〇年二月十一日，在莫斯科波特金醫院治療的阿爾希波娃心臟終於停止了跳動，享年八十五歲。廣大俄羅斯民眾為自己最喜愛的歌唱家逝世而悲痛不已。時任俄羅斯總統梅德韋傑夫和總理普京發了唁電。七月十七日，中國駐俄羅斯大使館舉行文藝晚會紀念阿爾希波娃，中國駐俄大使李輝和阿爾希波娃的胞弟尤里・維多什金一起觀看了阿爾希波娃的嫡孫、莫斯科大劇院特約演員安德烈・阿

王憲舉與阿爾希波娃
（左3）及其丈夫皮亞
科夫（左2）、記者同
事楊政（右1）合影。

爾希波夫的演唱，並觀看了介紹阿爾希波娃生平和
藝術成就的影片。

　　阿爾希波娃離開了我們，但是她的藝術形象卻
永遠留在我們中間。她生前贈送我的那本介紹她的
圖書和幾張錄有她演唱的歌劇的光碟一直端放在我
書房的書架上。和俄羅斯人民一樣，我也永遠懷念
這位天才的「歌劇皇后」，並將努力為她所未竟的
中俄音樂和藝術合做事業盡自己的綿薄之力！

俄羅斯人何以具有高雅的藝術氣質？

　　通過對斯米爾諾娃和阿爾希波娃的採訪，這兩
位俄羅斯頂級藝術家的談話以及她們的藝術生涯給
了我很多啟示。我認識到，阿爾希波娃和斯米爾諾

娃僅僅是燦爛輝煌的俄羅斯文化藝術的代表之一，
豐富和高雅的藝術氣質是俄羅斯人具有的突出天賦
和性格特點。一千多年來，俄羅斯人不僅在科學技
術界，而且在文學藝術、音樂繪畫等領域也是群星
閃爍，人才濟濟。俄羅斯在文化藝術方面的成就，
對人類文明的發展作出了不小的貢獻。我認為，俄
羅斯人的藝術氣質主要源於以下五個因素：

第一，與俄羅斯人生活的自然環境有密切關
係。俄羅斯的音樂，像《三套車》、《雪球花》、《蘇
麗珂》、《茫茫大草原》等民歌給人的感覺是那麼
廣袤和深遠，反映了俄羅斯大自然和人民生活的情
景。柴可夫斯基《悲愴交響曲》的主旋律就來自一
首俄羅斯民歌。

第二，與俄羅斯人的心理特性有關。俄羅斯人
心理結構中聚集著非常豐富的感情和激情，情緒的
衝動和爆發在他們的行為中起著決定性作用。俄羅
斯人的心理特點是「直覺敏感型」，具有特別的預
感能力、發達的直覺和獨特的生活感性知覺。對於
他們來說，內在生活（精神的和思想的生活）是最
主要的。他們的情緒經常壓倒理智，激情經常壓倒
物質利益。俄羅斯哲學家別爾嘉耶夫說過，「激情
和熱忱組成了俄羅斯人的優秀藝術品質：不只是文
學，而且還有各個時代的繪畫、音樂和建築藝
術。」

第三，高水平的藝術教育體系對培養俄羅斯人
民的藝術氣質發揮了巨大作用。俄羅斯小學就開設

各種藝術興趣班，如舞蹈班、繪畫班、器樂練習班等，中學有音樂、美術、舞蹈等專科藝術學校，進行提高訓練。大學藝術教學的水平就更高了，像莫斯科柴可夫斯基音樂學院、聖彼得堡列賓美術學院等，都是培養藝術家的高等學府。斯米爾諾娃和阿爾希波娃就是從小在戲劇和音樂學校接受的教育。學校、教堂、劇院、家庭這四個地方是培養俄羅斯人藝術氣質的最重要場所。俄羅斯人的藝術氣質在這些地方得到了充分的傳承和發揚。

第四，濃厚文化藝術氛圍的陶冶。俄羅斯的芭蕾舞、電影、戲劇、音樂會、馬戲、博物館、展覽會等文藝形式繁多。僅莫斯科就有十五個交響樂團，每晚有四場音樂會和兩場歌劇。莫斯科 14%的人平均每月至少參觀一次博物館，15%的人每月聽一場音樂會，17%的人每月參觀一次藝術展，21%的人每月去一次劇院。莫斯科觀眾把看芭蕾舞劇、看歌劇、聽音樂會和看戲劇等藝術生活當作生活中不可或缺的一部分，是必不可少的精神食糧。

第五，得益於尊重藝術家的傳統。從一九二〇年起，蘇聯政府就設立了「人民演員」和「功勛演員」兩級稱號，下屬各加盟共和國又分別設立同樣稱謂的兩級稱號，以此表彰和獎勵那些有才華、有成就的導演和表演藝術家。這些稱號不僅標誌著其榮獲者的專業水平和社會聲望，而且給他們帶來比普通人更高的工資和津貼待遇。每逢著名演員生日，國家領導人都要表示祝賀；而每當一位著名藝

術家去世時，全國都會哀悼。俄羅斯人對藝術家的尊重和喜愛程度，比很多國家都熱烈。

中俄應進一步加強文化藝術交流與合作

與阿爾希波娃、斯米爾諾娃等俄羅斯文藝界人士的交往還使我想到，中俄兩國有必要進一步加強文化藝術交流與合作，使它們真正成為我們兩國人民加深相互了解、加強永遠友好的社會基礎，成為推動中俄關係不斷發展的橋樑和紐帶。

近二十多年來，雖然蘇俄文學在中國的影響逐漸式微，但中國人依舊喜歡唱《莫斯科郊外的晚上》、《喀秋莎》和《山楂樹》等蘇聯歌曲，依舊喜歡看《天鵝湖》、《睡美人》、《胡桃夾子》等芭蕾舞劇，以及《莫斯科不相信眼淚》、《這裡的黎明靜悄悄》、《辦公室的故事》、《兩個人的車站》、《命運的捉弄》等蘇聯電影。俄羅斯人對中國的京劇、雜技、民族器樂等藝術形式也頗感興趣。

二〇〇六年以來，中俄兩國政府相互舉辦「中國年」和「俄羅斯年」等活動，促進了兩國人民特別是青年之間的相互了解。我本人就參加了這些活動，在北京國家大劇院欣賞了由聖彼得堡馬林斯基歌劇芭蕾舞劇院藝術總監捷傑耶夫執棒的「肖斯塔科維奇交響樂作品音樂會」，在中山公園音樂廳觀看了俄羅斯庫班哥薩克合唱團、俄羅斯西部軍區歌舞團等多個藝術團體表演的俄羅斯歌舞。隨著《卡

林卡》、《紅莓花兒開》等優美旋律和歌聲的迴蕩，我又回想起我對斯米爾諾娃和阿爾希波娃的採訪以及後來與她們交往的情景，又一次深切地感到，正是由於像阿爾希波娃和斯米爾諾娃這些對華友好的俄羅斯藝術家們的不懈努力，中俄文化藝術合作才得以持續開展，使兩國的全面協作關係得到不斷深化。我們只有繼續堅持友好合作的方針，克服各種困難，解決尚存的問題，把中俄文化藝術交流與合作推向新的階段，才是對斯米爾諾娃和阿爾希波娃最好的紀念和告慰，才能使文化藝術合作在中俄全面戰略協作夥伴關係中產生更大的影響，發揮更大的作用！

海的女兒——瑪麗娜

朴揚帆

（中國外交部歐亞司參贊）

　　普京總統說，俄羅斯姑娘是全世界最美麗的。他並沒誇張。俄羅斯姑娘不僅美在容顏與體態，更美在心靈與品性。無論是在文學作品還是現實生活中，俄羅斯女人的形象都是堅韌、隱忍、聰慧、美麗的。在我近三十年與俄語和俄羅斯打交道的過程中，與俄羅斯女性有關的記憶構成了非常美好、獨特的一頁。女人是一個民族的母親，從她們身上，我了解和理解了俄羅斯這個偉大的民族，同時也感悟命運，汲取生活的智慧與營養。

　　我這裡要講的瑪麗娜只是一位普通的俄羅斯女性。但是，普通人身上的閃光更為耀眼，他們在平凡、艱難的生活中堅守著自己的道德與信仰，傳遞著光芒與熱量。他們的美好與溫暖看得見、摸得著，讓人對生活充滿希望。

　　瑪麗娜五十歲左右，但仍保留著少女氣質，完全不像這個年齡的人。一百七十三釐米的個子，細細瘦瘦的。淡黃色的捲曲頭髮，在腦後盤一個髻，兩耳側還留兩縷若有若無地飛著。點式小臉兒，灰藍色的眼睛，很柔媚的樣子。看上去，瑪麗娜有些

昔日模特的架式。

　　我認識瑪麗娜時，她才三十三歲，的確像個模特。一九九五年，她與父母一起來華參觀訪問，我為她們擔任翻譯兼聯絡員。那時，我剛剛進入外交部工作一年，對接受這個任務有點兒忐忑，對她們一家與中國的淵源充滿好奇。

　　瑪麗娜的父母退休前都是莫斯科工廠裡的普通技術和行政人員，上世紀五〇年代與在工廠實習的中國工程師們結下了深厚友誼。那時候，為了幫助中國實習人員熟悉俄羅斯歷史文化，瑪麗娜的媽媽業餘時間經常陪他們觀看話劇、遊覽莫斯科，還教他們朗誦俄羅斯詩歌。初來乍到、語言不通的中國工程師們通過她很快適應了在莫斯科的生活和工作，也感受到了蘇聯人民對中國人民的濃濃情誼。中蘇交惡期間，民眾之間的交往幾近中斷。八〇年

代末九〇年代初，隨著中蘇關係正常化和中俄關係的發展，瑪麗娜的父母終於與中國老朋友恢復了聯繫。那年，是他們第一次應邀訪華。時隔幾十年後再次見面，老人們的唏噓感慨是年輕的我無法完全理解的。

在瑪麗娜一家半個月的中國之行裡，我與他們一起遊覽了北京、西安、上海、廣州和深圳等城市。因為年齡相仿，我與瑪麗娜很快便熟識和親近起來。我發現，瑪麗娜為了顯示自己「芭比娃娃」一樣的長腿，喜歡穿超短裙，或者短上衣配長褲。她曾穿過一件黑網眼緊身小衫，隱隱約約地透出裡面的黑色內衣，這在當時的中國大街上很搶眼，沒見過世面的我驚訝於她的大膽。她說，冬天，她會著一襲白色裘皮，邁著一雙長腿，昂首走在莫斯科泥一腳、水一腳的路上，對美麗的追求超越了一切。為了保持身材，她還節食、做健美操。在中國

一九九五年，瑪麗娜（左1）一家在朴揚帆（左3）陪同下在西安參觀。

旅行時，她不顧勞頓，堅持自己的美體計劃。

因為是父母三四十歲時才得的獨生女，瑪麗娜從小就受寵，說話嬌滴滴的。對人表示感謝時，還優雅地屈一屈膝，有點貴族味兒。我認識她時，她已經結了婚，但沒有孩子。外在條件好，加之得到呵護，她顯得比自己的實際年齡年輕不少。

瑪麗娜身上很有藝術氣息。她從小學習演奏鋼琴，畢業後在一家音樂學校裡為學聲樂的學生作鋼琴伴奏。瑪麗娜還喜歡畫畫、彩繪和做手工。那次中國之行結束時，她曾送給我自己繪製的木勺和復活節彩蛋，非常漂亮、精緻。

當年，瑪麗娜的父母以自己天性的善良、真誠對待來自中國的實習人員，從此與中國結下了不解之緣，而中國朋友也從此再沒忘記他們。那次訪華，瑪麗娜一家一路走、一路贊，對中國的快速發展驚訝不已。那可能是他們此生唯一一次出國，他們說「就像到了天堂一樣」。上世紀九〇年代的俄羅斯，正是蘇聯解體後經濟困難、物資極度匱乏的時候。瑪麗娜一家所到之處，中國朋友們都贈送他們不少禮物。中方在選擇禮物時很費了心思，傳統工藝品會讓他們在欣賞中憶起中國，家用電器等實用物品能幫助他們解決生活之需。瑪麗娜一家離京前夕，我張羅著替他們買箱子、打箱子，不知為什麼，心裡有些難過。就在不久前的中國短缺經濟時代，我們曾把蘇聯看成物質的天堂，而今完全顛倒過來，世事發生了多麼大的變化啊！

那以後，我和瑪麗娜保持著通信聯繫，新年時會互寄賀卡。我從她的來信中了解她的生活，學習她活潑的俄語表達。她讚揚我的俄語進步，說我的語言富有文學氣息，理解起來沒有障礙。

　　二〇〇三年底，我到中國駐俄羅斯使館常駐，與瑪麗娜再次見面。那些年，他們一家曾幾次應邀參加使館舉行的友好活動。每次，瑪麗娜打扮得驚豔自不必說，她父母分別身著老式西裝和套裙的莊重與得體也令我肅然起敬。

　　每逢新年，使館的同事們還會去瑪麗娜家做客。她的家，確切地說，是她父母的家，位於莫斯科工廠區宿舍裡。火柴盒式的塔樓毫無色彩，髒兮兮的樓道散發著養狗的氣味，笨重的電梯令人心驚膽顫。但一進瑪麗娜的家就感覺別有洞天。兩室的老式房子大約五十平米左右，沒有客廳，只有過道，擁擠的空間裡擺了一架鋼琴後就更加狹小，但這有限的天地裡，無處不顯露著瑪麗娜的藝術天賦和對生活的熱愛。

　　屋裡擺放著得到精心照顧的大盆綠色植物，吊蘭攀爬在四壁上。牆上錯落有致地掛著壁毯、親朋好友的照片和瑪麗娜的畫，書櫃裡陳列著她繪製的彩蛋、套娃和木勺，天花板垂下中國的風鈴。瑪麗娜似乎想在狹窄的空間裡把自己擁有的所有美好物件兒都擺出來，在它們的美麗目光中度過每一天的時光。

　　瑪麗娜一家僅去過中國一次，但從此「中國情

結」就永遠融進了她家的藝術旋律裡。中國結、雙面繡、繪著古代仕女的絲綢圓扇……這些我們不屑一顧的「大路貨」，都被他們奉為上品擺在家裡。瑪麗娜說，她對這些工藝品感到親近，前生肯定與中國有些淵源。

每次去瑪麗娜家，她的母親都會準備好熱氣騰騰的茶炊和一桌豐盛的菜餚款待我們，忙前忙後的忙亂中透著見到老朋友的幸福和激動。他們一家依舊稱呼我的俄文名字「瑪莎」，說我是「自己人」。他們還會搬出相冊來，指點著發黃的老照片回憶當年與中國實習人員一起工作、交往的情景。中國實習人員回國前，曾贈送瑪麗娜的媽媽一幅杭州西湖的織錦畫。她後來雖多次搬家，但一直保存了下來。我們去時，她拿出自己的珍藏給我們看。四十多年過去了，畫上的青山綠水依舊，就像中俄兩國人民之間的友誼一樣歷久彌新。

去瑪麗娜家做客時，我們都會帶上些禮物，希望對他們拮据的生活有所幫助，而他們也總要對我們有所表示。有一次，她母親看我愛吃他們從郊外自家別墅裡采的蘋果，就給我裝了滿滿一兜帶走。沒有經過品種改良、也未噴灑過農藥的蘋果，散發著真正蘋果清新而芳香的氣息，就像這淳樸、親切的俄羅斯人家一樣。

使館一位領導離任前，瑪麗娜和媽媽還專門到使館拜會，並贈送了瑪麗娜的一幅畫作。畫上的題詞是「Пусть этот пейзаж напоминает Вам о России」，

意思是「希望這幅風景畫能讓您憶起俄羅斯」。瑪麗娜一筆一筆描畫的風景，是一片綠意盎然的俄羅斯森林。她把對祖國俄羅斯的熱愛畫了進去，也把她對與之前生有緣的中國的懷戀畫了進去……

在莫斯科工作期間，我慢慢了解到，瑪麗娜這樣一個美好的女子，個人生活卻並不幸福。她上中學時與自己的同桌相戀，畢業後他們結了婚。那個男孩個子矮，不到一米七，與高挑的瑪麗娜站在一起不太般配。他沒房子，結婚後兩人就住在瑪麗娜家，可以想像那麼小的房子裡擠兩家四口人的窘況。而且，在上世紀九〇年代初動盪的俄羅斯，他還沒有一個穩定的工作。所以，他們不敢生孩子。這樣的婚姻注定充滿磕碰，最後終於解體了。瑪麗娜的父母悄悄告訴我，他們倆沒辦正式的離婚手續，男人乾脆就一走了之了。

那以後，瑪麗娜再沒結婚。父母越來越老，她的生活也越來越黯淡。瑪麗娜的父母分別是「偉大衛國戰爭參加者」和「後方勞動者」，每月可以拿到高出一般標準一倍左右的退休金，而且在電話費、交通費等日常開銷方面都享受優惠，這對瑪麗娜每月二三百美元的微薄工資是個不小的補充。她父母最擔心的就是自己死後女兒如何生活。

二〇〇八年和二〇〇九年，瑪麗娜的父母接連去世。她失去了最親的人，也失去了精神和物質的依靠。沒有了父母，沒有了丈夫，她從一個備受呵護的嬌嬌女變成了「孤兒」。除了繼續在音樂學校

伴奏外，瑪麗娜開始去莫斯科盧布大街的富人區做傭人。富人們將享受發揮到了極致，就連女傭也要雇瑪麗娜這樣面容姣好、受過教育，甚至彈得一手好鋼琴的人。

瑪麗娜的父母去世後，我和幾位同事曾去家裡看望過她。她憔悴了不少，但依舊漂亮。以她的收入水平，衣服不可能高檔，但穿在她身上顯得很得體、有品位。她家裡依舊整潔，像個熱鬧的藝術品集市。一個衣架上掛了足有十幾個五顏六色的布包，上面或繡或畫著各種各樣的圖案。她說，這是她的收藏。

她把我們請進廚房，裡面乾淨得足以招待客人。我們在餐桌旁落座。她像她媽媽一樣，成了一個很好的女主人。她一個人招待我們三四個人，但色拉、熱菜、點心、茶水、水果、伏特加一樣不少，餐具、餐巾仍然講究。她盡己所能地維持著自己和這個家的體面，準備這麼豐盛的一席飯一定花去了她不少的收入和時間。

瑪麗娜菜做得很好吃，但自己吃得很少。她像過去一樣，愛布置家。這次，我發現她家廚房裡多了一個櫃子，裡面擺著幾個盛著五顏六色糙米和調料的玻璃罐，既實用，又有裝飾性。她說，櫃子是鄰居搬家時扔下的。

說起父母，她忍不住淚流滿面。她讚美母親的優雅，說她七十多歲時穿衣服還保持著英國式的簡約、高貴。她說，父親受到了病痛的殘酷折磨，但

頑強得像一個真正的士兵，疼痛發作時還樂觀地拿自己開玩笑，對父親來說，死去是一種解脫。當我們問起她是否有再婚的打算時，她哽咽得更加厲害，說自己是犯下了罪孽的人，必須首先贖罪……其實，她這麼善良、柔弱的人，會有什麼罪孽呢！只是，作為一個虔誠的東正教信徒，她這樣想應該會感到輕鬆些吧。

據說，「瑪麗娜」（Марина）這個名字在古希臘語裡有海洋的意思。瑪麗娜有著海洋一樣灰藍色的眼睛，的確像海的女兒。今後，她多半將獨自面對生活，待在這個曾經住著四個人、三個人、兩個人，之後是一個人的屋子裡，但歲月的磨礪已使這個昔日的「芭比娃娃」變成了堅強的女人。她會流淚，但對生活的熱愛一定會支撐她好好地活下去。她的中國朋友們想念她，祝福她……

印象 篇

《莫斯科——北京》，我的中國

阿·葉·盧基揚諾夫

（俄羅斯科學院遠東研究所教授、哲學博士）

　　濱海邊疆區、亞熱帶迷人的風景、野葡萄和五味子纏繞的枝蔓、小山崗上的李樹和梨樹、山谷裡的河流和烏龜、烏蘇里原始森林的傳說、錫霍特山脈上三百年的雪松、肆虐的颱風和海上的暴雨……山腳下安靜舒適的住所，這就是上世紀五〇年代中期我的童年歲月。

　　清晨，太陽升起的時候，我跑到戶外曬太陽。很快，高音喇叭裡就傳來蘇聯的國歌，而後一定要播放兩首樂曲：《莫斯科——北京》和《偉大的毛澤東帶領中國走向幸福》。正是在那時，我第一次認識中國，準確地說是第一次聽到「中國」這個字眼，感覺在太陽的那一邊有一片廣袤的土地、一群勤勞的人民，從那裡運來的一箱箱甘甜的橘子和蘋果，包著紙，蓋著稻皮。所以，我腦海裡留下了永遠的記憶：錫霍特山脈、初升的太陽、《莫斯科——北京》和毛澤東。

開始「我的中國路」

　　一九七〇年，在第一位職業漢學家季塔連科教

盧基揚諾夫教授

授的提議下，莫斯科大學外國哲學史教研室創立了俄羅斯高等教育中第一個中國語言、哲學、文學研究小組。這就是後來俄羅斯漢學哲學流派的先驅，至今已是五代同堂，從本科生、研究生到老教師。

「我的中國路」就是從此時此地開始的。我首先覺得神奇的，就是漢字，這是自然和人類存在的生動的圖案，是古老的智者用毛筆抄錄的神奇天書。我們開始在神話的世界裡認識完全陌生的中國人祖先的名字：盤古、黃帝、伏羲、女媧。神祕的崑崙山在我們的想像中是一座金光閃閃、無與倫比的天地神殿。直至今日，我還能記得當時的印象，並用一首韻文將崑崙的形像在課堂上傳達給學生們：

在蒼天與崑崙之間，
是一片仙境。
崑崙的兩峰之上，
有一座涼風山，
到此之人可得長命萬年。
另外兩峰之上，
有一座空中花園。
到此者靈魂強大，
能把風雨召喚。
還有兩峰是天界，
天下君王住在此間。
到此的人可羽化成仙，

長生不老活萬年。

　　在學習漢語的同時，我們逐漸通過原文來掌握中國哲學的歷史。《道德經》揭示了自然之道產生的祕密，《論語》的「孝道」展現了「愛人」的本質和社會之道，《道德經》和《中庸》反映的是道家智慧之人與儒家高尚之士的成長道路，《淮南子》和《白虎通》詮釋了道家文化的原型，而《易經》對這些原型進行了符碼解讀。到研究生快畢業的時候，我們已經開始獨立研究儒家哲學文學典籍「四書五經」和道家哲學典籍，研究領域開始向體系化發展，研究方法也有別於前人關於中國哲學的間接經驗。我們永遠感謝我們的老師季塔連科、費奧克基斯托夫、布羅夫、波茲德涅耶娃、尼科利斯卡婭、波緬朗采娃、卡拉佩基揚茨、譚傲霜、劉芬蘭（音），感謝他們真誠而辛勤的勞動。

　　在學業結束的時候，我心中形成了關於中國的形象：這是一個天—人—地的偉大「三位一體」。中國人生活中所有的思想和實踐都源於這個「三位一體」，它的中心是人。我開始明白，與中國道家文化的對話和合作，只能建立在文化的對話和人與人的對話之上，而且，對這個「中央之國」的直接而明確的看法只能是中庸的，或者說和諧的看法，其他的看法都難免失之偏頗。

赴山大學術交流

　　誠然，我當時非常想去中國學習、旅遊，了解這個國家的習俗，但一直到一九八六年才等到這個機會。那時，我已經完成了副博士論文答辯，留校任教了。我去了山東大學。山東是孔子和孟子的故鄉。在這裡，我第一次與中國學者面對面交流，認識了著名的易經研究專家劉大鈞教授和王興業副教授。一開始，我們嚴格按照計畫展開工作，但很快，隨著其他學者的加入，我們的教學和學術交流變成了有趣的討論甚至是學術辯論。那時，我可以聽到真正的專家們對中國神話、儒家、道家以及易經思想的評價和見解。在我離開山大回國的時候，劉大鈞先生把他出的第一本書送給我留念。後來，我在二〇〇二年還有幸認識了另一位著名的易經研究專家朱伯崑教授。朱教授也送我一本自己的專著，並在我的請求下為我翻譯的易經《十翼》寫了一段話：「參伍以變，錯綜其數，通其變，遂成天地之文。」我一直珍藏著這些書，常常想起這些著名學者對我科研工作的美好祝願。

　　山東大學校方還組織我們去西安和南京遊玩。西安的兵馬俑令人嘆為觀止，我不由想起與秦始皇統一中國相關的歷史事件。在西安，我們還參觀了半坡——古老的氏族村落遺址。親臨現場去深入觀察這兩處歷史古蹟，增進了我們對中華文明形成和發展歷史的了解。親眼目睹一個偉大古國的種族發

祥地，甚至可以說是人類的源頭之一，激起我由衷的讚嘆和崇拜，讓中國的一切都帶上了神聖的光環。而我們所研究的哲學、歷史和政治典籍，正好產生並發展於這兩段歷史之間。回到俄羅斯之後，我們開始關注《禮記》中提到的「大同」和「小康」的觀念。

中國自七〇年代末開始的改革給俄羅斯漢學界帶來了很多問題。「中國形象」不再是個別漢學家研究的對象，而成了一種社會需求。俄羅斯出現了「中國熱」，書店的書架上擺滿了歪曲中國真正形象的膚淺譯作。這樣，擺在漢學界面前的任務就是要「重新展現中國」，清除俄羅斯意識中對中國的顧慮和偏見。當然，每個漢學的學科做自己的事，根據我的專業素養，我們把自己的研究領域定為中國精神文化。

開闢漢學研究新天地

在季塔連科院士的領導下，一九九四年俄羅斯漢學研究史上第一部《中國哲學百科辭典》出版，開闢了漢學研究的新天地。辭典很快在中國哲學文化精神基礎的理解方面作了修訂，讓它更容易被對中國哲學思想感興趣的更廣泛的群體所接受。

同一時期，在季塔連科的建議和領導下，遠東研究所開始編撰《中國精神文化大典》，包括哲學卷、神話卷、宗教卷、文學卷、語言文字卷、歷史

卷、科技卷、藝術卷。我被任命為副主編。這樣一項工作需要加強對原典的翻譯。二〇〇四年，在佩列洛莫夫教授的領導下，幾位學者共同翻譯並出版了《四書》全集。新書發布會在俄羅斯駐華大使館舉行，到場的有許多是中國儒學研究的權威專家。這項工作對俄羅斯社會的意義可以用一個事實來說明：二〇〇五年，普京總統把《四書》全集俄譯本作為特殊的文化禮物送給了中國國家主席胡錦濤。

我對中國廣泛而深入的研究得益於許多俄羅斯和中國學者以及社會各界人士的信任。一九九八年，我被選為俄中友好協會副會長；二〇〇二年被選為國際儒學聯合會理事，二〇〇九年任該聯合會副會長；二〇〇三年被選為國際易學聯合會理事。在與同事們一起研究中國形象的過程中，我翻譯了幾部經典著作，其中有《易經》、《論語》、《中庸》、《道德經》、《太極圖說》、《通書》、《山海經》（節選）、《列子》（節選）、《莊子》（節選）、《詩經》（節選）等。通過歷史學和考古學的資料，我發現了道文化的形成過程，研究了中國哲學的文化淵源，揭示了其術語和概念方面的定義，恢復了「道」的豐富內涵，破譯了易經、道家和儒家學說中「道」的複雜概念，提出了認證民族文化的宇宙原型標準以及不同文化間相互交流對等理解的方法。由於以上的貢獻，二〇〇六年我被中國新聞出版總署授予「中華圖書特殊貢獻獎」，二〇〇九年中國國家主席胡錦濤為我頒發了「中俄關係六十週

年傑出貢獻獎」。這也是「我的中國」，對我來說，是莫大的榮譽和責任，同時也是我繼續中國文化研究的動力。

儒家學說在當代中國的復興，也促使我們進一步研究儒家學說的歷史和理論。二〇〇四年，俄羅斯科學院遠東所與中國湖南省社科院簽署了合作研究宋代哲學遺產（其中包括周敦頤的哲學遺產）的協議。我們與以湖南省社科院院長朱有志為首的中方學術團隊的合作愉快且富有成果。第一階段的合作完成後，兩國各出版了一本關於周敦頤哲學思想的書，在長沙出版的是《周敦頤研究著作述要》，在莫斯科出版的是《周敦頤與儒家哲學的復興》，其中包括歷史上關於周的評論、研究及翻譯作品。這兩本書的出版恰逢其時，因為正趕上俄羅斯漢學鼻祖比丘林誕辰二百三十週年。比丘林是周敦頤著作的第一個譯者，曾任俄羅斯東正教駐北京第九屆傳教士團領班、修士大司祭，他還是普希金的好友。

我們與北京的國際儒學聯合會的合作也卓有成效，該會代表人物有國務活動家葉選平（榮譽會長）、楊波（榮譽會長）和學者滕文生（會長）、曹鳳泉（秘書長）。為了更好地反映中國的內在精神，我們提議以詩歌的形式改寫《論語》，這項史無前例的工作於二〇一一年完成。我對《論語》作了學術翻譯並研究了其哲學修辭的詩學基礎，爾後由詩人阿布拉緬科將譯文改寫成詩歌體。現在，我

們的讀者、中小學生和大學生擁有了儒學經典的詩歌版。此外，我們還準備出版專門針對中小學生的教參版《論語》，書中配有聲音文件，以便翻譯和誦記孔子的著名語錄。同時，我和阿布拉緬科再一次合作，改寫並出版了《道德經》的詩歌版。在此，我要對朱有志院長和童中賢博士表達深深的感激之情，他們為我們蒐集了馬王堆帛書版和郭店竹簡版《道德經》的真跡複印本。我們把這些真跡複印本收入了在俄羅斯出版的《道德經》中，將其變為非常珍稀的文字紀念。

「我的中國」生涯插曲

我們與國際易學聯合會會長董光璧、榮譽會長丘亮輝的交往也比較頻繁。聯合會每年都舉行《易經》研究學術會，來自世界各國的漢學家聚集在一起，彷彿一個大型創作團隊，對《易經》中的圖形和文字構造進行科學的、藝術的以及日常的解釋。在俄羅斯，《易經》已經不只是一本占卜的書，我們漢學家對此功不可沒。《易經》是一部詳盡的道文化原形體系，它包含著與其他文化對話的方法與要訣。可以說，《易經》內在於人類生活的任何領域，它可以反映對中國現實的個人及社會的看法。我們理解《易經》不僅僅通過理論闡釋，而且也通過養生的藝術，即通過太極拳、武術、醫學、飲食等方面。所以，易學聯合會的研究範圍又增加了

「養生」的主題。二〇一一年十一月在蘇州召開的國際易學研討會就以養生為主題。在本次研討會上，我們遠東所的米利亞紐克教授被選為大會主席。他曾師從中國著名太極拳武師周毅、於志鈞、李功成、劉廣來、劉新宇，在中國多個道觀和武術學校裡經過了長期的培訓。如今，米利亞紐克成為俄羅斯國內公認的太極拳理論和實踐領袖，正是他鼓動我和我的同事們練習太極拳，並在我們所裡舉辦了太極拳培訓班。這成為「我的中國」的一部分。

我們每次去長沙的湖南省社科院，都會經過武漢，所以與湖北省社科院的交往是早晚的事。終於有一天，我們被邀請去武漢參加一個學術會議，認識了湖北省社科院院長宋亞平院士、秘書長嚴明清教授以及外事辦主任楊俊紅女士，大家一起制定雙

方合作的合同草案，但是非常意外地產生了一個新方案：我們被邀請去研究茶馬古道從湖北到俄羅斯的歷史。我們根據博物館的展品得出結論：這條茶馬古道的確與俄羅斯有關，第一個茶葉壓制工具就是由俄羅斯商人提供的。這個新的研究方案何時能實施？我們的願望能實現嗎？

我們每次去北京的時候，幾乎總是住在社科院當代中國研究所。所長是著名的國務活動家、時任社科院副院長、朱熹第二十代傳人、俄羅斯科學院遠東所榮譽博士朱佳木院士。我們和朱院士已經形成了一個好傳統：不管他多麼忙，都要抽出一個晚上與我們見面。見面時，大家談論歷朝歷代的事件，我們彷彿在中國歷史的迷宮裡徜徉。每次離別都依依不捨，大家都期待著下次重逢。朱佳木學識淵博，為人真誠，這促使我們更加進一步去研究俄中關係，相信很快就會有新的成果。

我們中心俄中項目處的學術秘書、歷史學博士黃立良介紹我認識了四川大學教授劉亞丁和俄語系主任黃志強。我們的交往又成就了一個科研合作項目。二〇一〇年，四川大學成立了當代俄羅斯研究中心，我被聘為顧問，這是「我的中國」生涯裡的又一插曲。

我在中國訪問和進行學術研究的過程中還與許多人有過交往，他們有北京大學和四川大學對俄羅斯充滿濃厚興趣的本科生和研究生，有北京、成都、武漢、長沙等地關注歐亞文化命運的學者，有

四川和湖北山中寺院裡的道士。完全是一個偶然的
機會，我認識了李英男教授，一位非常出色的俄語
學者。在與她的交流中，我領略了關於中俄詩歌的
精妙理解，還有詩歌與小說的翻譯方法，以及古代
智者言論的言簡意深。這些都豐富了「我的中國」
生涯。

我熱愛中國文化

　　拓展我們中心「重新發現中國」的學術活動要
求集中精力。在季塔連科院士的領導下，以遠東所
東北亞文明比較研究中心為依託成立了「中國哲學
與文化」課題組。該課題的成果根據出版後的封面
裝幀被稱為「紅白系列」。中方提出由雙方合作完
成一系列大型科研項目，在這一提議實施的過程
中，我們發現俄羅斯學術型漢學人才出現梯隊斷檔
的現象，中年一代和青年一代後繼乏人。鑑於此，
季塔連科的項目規劃中又增加了教育活動：在莫斯

二〇一三年六月二十
六日，「中國儒學與俄
羅斯文明對話」國際
學術論壇在俄羅斯科
學院遠東研究所中國
廳開幕，中俄儒學、
漢學家和使館外交官
七十餘人出席開幕
式。圖為國際儒學聯
合會常務副會長滕文
生（前排左 2）向俄漢
學家贈送書法作品。
前排左 1 為季塔連科
院士，左 3 為盧基揚
諾夫教授。（供圖：中
新社）

科的高校中教授中國哲學和文化史，編寫這些課程的教學大綱，為小學生編寫漢語教材，為中學生和大學生出版講座教程和研究專著，在開設漢語的大學和中學舉辦介紹性的講座，為小學生編寫文學讀物，與孔子學院密切合作。第一批授課教程和研究論著已經出版。在這方面，中國駐俄羅斯大使館給予了大力的支持和幫助。學習和自我完善，這是漢學家接近中國智慧的唯一通途。孔子用哲學用語表達了這一思想，值得大力推廣：「好學近乎知」（見《中庸》）。

二〇一〇年俄羅斯漢學界完成了一個重要項目──《中國精神文化大典》（6 卷本）。這部百科全書由俄羅斯科學院院長奧西波夫院士莊重地贈送給了俄中兩國領導人。百科全書獲得了學術界的肯定，根據俄羅斯科學院主席團的決議，被推薦參評俄羅斯國家獎。梅德韋傑夫總統批准了這一決議，並於二〇一一年六月十二日在克里姆林宮舉行的隆重集會上將這一最高獎項頒給了百科全書的主要負責人──俄羅斯科學院季塔連科院士、科布澤夫教授和盧基揚諾夫教授。同年六月十六日，在克里姆林宮的國宴上，中國國家主席胡錦濤真誠地對俄羅斯漢學家獲國家獎表示祝賀。

現在，我們開始了漢學研究的新階段。正如《禮記》所記載，在古代，中國從大同社會走向建立在精神理想基礎上的小康社會。目前，中國的戰略方針是發展「精神文明」，建設「小康社會」，

然後從小康社會轉向「大同社會」，當然，是全新意義上的大同社會。如果從文化、宗教、經濟和政治意義來看，這種設想超出了單一國家的範疇，具有全球性質。在世界的發展中，將產生一個全新的中國、全新的地球人。

中國是我們的鄰居，我們應當了解鄰居，而且，我們非常需要中國的精神文化。這一文化有著五千年的歷史，蘊涵著所有文化共同的全球模式。中國的文化本質上是和諧的，在自己成長並創造新人的同時，它會激發我們文化的發展。這就是我為什麼要研究中國，一直到把她變成自己的親人，變成「我的中國」──當然不是指占有中國，而是熱愛中國的文化。

友情踰越半世紀

俞　邃

（中國當代世界研究中心研究員，曾任中共中央對
外聯絡部蘇聯處處長）

　　我是一位年屆八旬的老人了。我和俄羅斯的故
事，多半是綿延半個多世紀的老故事，但這些故事
讓我珍惜，令我難以忘懷，不禁使我聯想到中國人
民與俄羅斯人民世世代代友好相處的美好未來。

銘記——莫斯科的樁樁好事

　　第一件事，發生在一九五八年。我第一次到莫
斯科，是一九五八年九月十六日。當時去捷克斯洛
伐克的首都布拉格公幹，路過莫斯科。我們乘坐的
是圖 -104 飛機。我在當天的日記中寫道：我先上
的飛機，透過窗戶看到手持枴杖的中國地質部長何
長工送別蘇聯科學院院士、著名地質學家、地質部
長安特列諾夫（Андренов），他們握手擁抱，氣氛
非常熱烈。安特列諾夫部長進機艙之後，座位就在
我的對面。我喜出望外，又有點緊張，靦腆地第一
次用俄語與這樣的外國大人物交談。他溫和地打量
著我這個二十歲出頭的後生，詢問我的經歷，完全
是一副慈祥長者的樣子，讓人感覺親切。我還在日

記中記載，圖 -104 飛機大而穩，沒有絲毫不適。到伊爾庫茨克天氣變冷，鄂木斯克更冷。抵達莫斯科是下午四點二十五分，北京時間為九點二十五分。

下飛機之後，由使館接待人員梅文崗引領，住進機場附近的一個旅館。我好奇地觀賞周圍的風光，感覺特別新鮮：建築裝飾別緻，人們穿著講究，相比北京，給人以繁華的印象。當晚去餐廳進餐，一位中年女服務員綻露阿姨般的神態，提醒我先要脫去大衣和帽子，並幫我掛好。這讓我首次領教了俄羅斯人的高雅文明習慣。

到達布拉格之後，時隔一個月，十月十七日，據說也就是我曾乘坐的那架圖 -104 飛機，在從北京飛往莫斯科途中失事。由著名文學家鄭振鐸先生率領的中國訪阿富汗、阿聯文化代表團十人，外交部、外貿部負責幹部六人和外賓四十九人不幸遇難。聽到此噩耗後我們大家悲痛的情景，至今歷歷在目。

第二件事，發生在一九六〇年。這年一月一日，我因事從布拉格去莫斯科，元旦的鐘聲是跨越邊境時在火車上聽見的。到達莫斯科之後，想去莫斯科大學看望朋友。我第一次自己乘坐莫斯科的公交車，手頭兌換的盧布是大票面的。我在車上掏出盧布準備買票，有點不知所措。一位站在我身邊的大約十歲的小學生見此光景，毫不猶豫地主動拿出零錢為我買了一張車票。我驚異而又感激地看著

他，急忙還他錢，他搖搖手說聲「再見」，就快步下車了。我目送他的背影，直到被人流阻擋。此事已過去五十四年了，這位小朋友的形像一直在我眼前浮現。我時不時想起他，時不時與親友談起這件往事。算起來，這位小朋友如今也該年過花甲啦！我還幻想過，如果當時有他的住址存著該多好，我一定會利用後來多次去莫斯科的機會，設法找到他，報答他！

第三件事，發生在一九八六年。那年的五月，我到中國駐莫斯科大使館工作。按照規定和工作需要，所有年輕館員都要學開車，而我因年齡和職務，屬於可免之列。我的年輕同事們都在兢兢業業地學開車，其中就有高玉生（當時是三等秘書，後來成為中國駐土庫曼斯坦等國大使）。有一個假日，他興致勃勃地開車帶著我，到莫斯科的奧林匹克村去參觀併購物。半路上，一隻車胎破裂漏氣了，由於他是生手，並沒有察覺，車子仍一個勁兒地朝前奔馳。後面一位駕車的俄羅斯工人師傅叫嚷著提醒，我們卻沒聽見。這位師傅一直跟蹤我們到目的地，開始我們頗覺詫異，但見他手指著我們漏氣的車輪說：「你們看，好險呀！」我們這才恍然大悟，真是惶恐不安，感激萬分。他二話沒說，動手幫忙，將備用車胎換上。然後，他似乎也如釋重荷，微笑著與我們握手道別。

第四件事，發生在一九九九年。我的夫人施蘊陵，北京大學教授，一直沒有去過聖彼得堡。一九

九九年九月，我們到俄羅斯科學院遠東研究所參加國際學術活動，一位在聖彼得堡工作的朋友邀請我們去那裡看看。他委託一位俄羅斯司機鮑里斯師傅帶領我們遊覽。這位經歷過衛國戰爭、年近六十歲的朋友，想盡辦法讓我們多看多轉，陪伴我們參觀了夏宮、皇村一帶所有名勝古蹟與景點。他為人質樸，做事勤快，態度溫和，讓我們的旅程十分愉快。據說第二年他就退休了。我想，他的熱情恰恰體現了俄羅斯勞動人民對中國的真切友情。

慶幸——難得見到加加林

一九六一年四月十二日，尤里·加加林勝利地完成了人類破天荒的宇宙飛行。這一天後來被定為世界航天日。加加林實現宇宙航行的當月，訪問了捷克斯拉伐克首都布拉格。加加林給我們留下深刻而美好的印象，正是在這個時候。一連串的事情是我和夫人共同的或分別的親身經歷。

當時，我在布拉格的國際刊物《和平和社會主義問題》雜誌編輯部工作，夫人在莫斯科蘇聯科學院化學物理研究所進修。四月十二日加加林登上太空的同一天，她乘坐圖-104飛機前來布拉格探親。四月二十七日至二十九日，加加林訪問布拉格，我倆一同參加了歡迎儀式，共睹了這位轟動世界的傳奇人物的風采。四月二十九日，我的夫人與加加林同機返回莫斯科，本子上留下了加加林的簽名。機艙內沒有其他中國乘客，於是，加加林的簽

加加林的簽名

名被作為一位中國人的獨家珍貴文物保存至今。

我曾經在日記上這樣記載：「四月十二日，吾妻來布拉格的當天，蘇聯空軍少校、年僅二十七歲的尤里‧阿歷克謝維奇‧加加林，駕駛『東方一號』飛船飛向距離地球三百多公里的太空，繞地球一週，歷時一百零八分鐘，勝利地完成了人類破天荒的宇宙飛行，開闢了人到其他星球去旅行的新紀元。這確是一件特大喜訊。」日記中還寫道：「當天下午，編輯部舉行隆重集會，慶賀世界上第一位宇航員加加林的輝煌業績。會議由主編阿歷克謝‧魯緬采夫院士主持，編輯部全體成員出席。魯緬采夫和即興發言者情緒都非常激動，一致強調指出這一史無前例壯舉的偉大意義。」關於加加林這次宇宙飛行，事後我們知道，他也曾遇到過險情：在返回地面前進入大氣層時，他乘坐的下降裝置一度無法與飛船分離，周折了十多分鐘才得以脫離危險。

布拉格人歡迎加加林的盛況，我在日記中也曾有所描述：「四月二十七日，布拉格春光明媚。加加林應邀前來布拉格訪問，這是他完成宇航飛行後出訪的第一個國家，成為轟動世界的新聞。捷克斯拉伐克人民歡喜若狂，人群擠滿大街廣場，到處是加加林的畫像和『加加林萬歲』的歡呼聲，布拉格沉浸在旗幟和花束的海洋之中，比歡迎外國總統還要隆重熱烈。」

加加林四月二十九日從布拉格返回莫斯科時在機場上滯留的情景亦很感人。飛機原定中午十二時

許啟航，結果由於貴賓陷入歡送者的重圍根本無法脫身，直到下午二點才起飛。我的夫人登機後，同其他乘客一樣，與加加林握手。加加林還主動從前艙走過來，向鼓掌的人們致意。當走到我夫人座位前時，也許因為發現是一位中國人，所以顯得格外親切和彬彬有禮。夫人拿出隨身帶的本子，加加林高興地簽上名字，反倒對她說了一聲「謝謝」。

加加林的簽名彌足珍貴。幾十年來，我們的住處幾經搬遷，但始終小心地將其收藏著。簽名的紙張已經變黃，墨跡卻依然清晰。

我們手頭還保存著當年魯緬采夫院士贈送的一張輯有加加林從太空向地面傳話的錄音唱片。唱片外包裝的正面印著地球圖像、加加林頭戴宇航帽的照片和簽名，標註 12-IV-1961 CCCP；背面印著用俄文、英文、法文、德文、中文、西班牙文和阿拉

伯文書寫的「尤里・加加林在宇宙飛行」字樣。

從唱片中我們可以聽到加加林的聲音：「能見度良好」，「一切正常」，「自我感覺非常好」……。

半個多世紀過去，彈指一揮間。每當翻開紀念冊看到加加林的圖片和簽名，或者收聽加加林發自太空的聲音；每當訪問莫斯科，在加加林大街抬頭凝視這位宇航開拓者的勃發英姿，不禁浮想聯翩，感慨萬千……。

感激 —— 在俄羅斯獲得榮譽

一九九九年中國國慶節前夕，我應邀專程前往莫斯科，接受俄羅斯科學院遠東研究所授予的榮譽博士學位，並出席慶祝中華人民共和國成立五十週年的題為「中國、中國文明與世界 —— 過去、現在、未來」的國際學術研討會。到達莫斯科之後，季塔連科院士告訴說，我還當選為國際自然和社會科學院院士。我有幸出席了頒發兩項證書的隆重儀式。

據主人稱，授予外國學者榮譽博士學位一般都是在學術委員會小範圍內舉行，但是，這次為我舉行的雙重授銜儀式，特意安排在有十八個國家、一百多位代表出席的國際會議閉幕式上。時間是九月二十四日下午，地點在俄羅斯科學院遠東研究所會議大廳。儀式分兩段進行，先是授予榮譽博士學位。遠東研究所所長季塔連科院士（俄中友好協會主席、俄漢學家協會主席）介紹了我的簡歷和學術

成就，接著學術委員們登上主席台當場表決；一致通過後，按照慣例，請全場起立，主席宣布結果，並向我提出今後是否繼續獻身科學以造福人類的問題，得到肯定回答後，掌聲四起，主席給我頒發榮譽博士證書，並在胸前別上徽章。這之後，會議主席請國際自然和社會科學院代表致辭，宣布俞邃教授因其在國際問題研究領域的「卓越成就和突出貢獻」，於一九九九年九月九日當選為該科學院歐亞學部院士，並向我頒發院士證書、證件和愛因斯坦頭像金質證章。全場又一次響起熱烈的掌聲。本人致謝時說，這不只是我個人的榮譽，也體現了對中國學者的友好情誼。我還說，送舊迎新的世紀鐘聲即將敲響，我深信共同的戰略利益、相似的奮鬥目標、對世界和平與發展承擔的歷史使命，將促使我們兩國人民和兩國學者攜手並肩邁向輝煌的二十一世紀。隨後，我在大會上用俄語作了題為「冷戰後的世界格局與中俄關係」的專題演講。

會議間歇，我們興致勃勃地參觀了遠東研究所

畫廊，那裡懸掛著二十一位榮譽博士的大幅照片，他們當中有中國人、美國人、日本人、韓國人、意大利人等。

國際自然和社會科學院（МАНПО）是上世紀九〇年代中期成立的一個跨國科學機構。據其章程稱，它是「由俄羅斯聯邦及外國在自然科學和社會科學領域工作的最具權威性的、最卓越的學者和專家組成」；「目前世界上已有二十個國家的三百多位學者和專家被選入，其中有各種獎金獲得者，各國的科學院院士（俄羅斯的、美國的、意大利的及其他），科學發現者，主持科研組織和高校的科學博士和教授，人文科學和自然科學領域科研方向的奠基者」。

順便講一個小插曲，說明知識分子在俄羅斯社會如何受到尊重。俄羅斯名勝古蹟的門票價，外國人要遠高出本國公民。我們回國的前一天去參觀克里姆林宮，我出示院士證件，便享受了俄羅斯公民的待遇。

恬念——俄羅斯的諸位師友

數十年來，我先後在布拉格、莫斯科和北京結識了許多俄羅斯朋友。他們有的是師長，有的是同齡人，有的是晚輩。與幾代俄羅斯人和睦相處，是非常開心的。

先說在布拉格。一九五八年九月至一九六二年十一月，我在那裡與俄羅斯人相處四年多，不受當

時政治氣候的影響，結下了深厚友誼。

西班牙語老師戈羅霍娃（Горохова），她的先生戈羅霍夫是在編輯部工作的一位學者。由戈羅霍娃老師執教，一九六〇年十月八日開設了西班牙語課，持續兩年，最後採用了莫斯科國際關係學院二年級的教材。這位老師盡心盡責，講課認真細緻，考慮到現實工作需要，尤其重視口語運用，因為編輯部同事中有許多拉美朋友。相對來說，西班牙語的發音比較單純，較為易學。多虧戈羅霍娃老師，讓我又多了一門交際工具。有趣的是，一九九六年六月我到美國去訪問，在一家墨西哥餐館吃飯，我用西班牙語讚揚飯菜如何可口，老闆聽了得意之至，居然給了我們優惠。他還問我在哪裡學的西班牙語，我告訴他，是一位俄羅斯女老師教的。

漢學家傑柳辛，編輯部民族解放運動部主任張仲實先生的副手。他很年輕，對中國了解也較深刻。我們之間接觸頻繁，三教九流，典故笑話，無所不談。後來他在俄羅斯科學院東方學所工作，我們在莫斯科見過面。一九九一年五月，我作為工作人員隨同江澤民總書記訪問莫斯科時，在中國大使館又遇見傑柳辛。他悄悄地把我引到一位老人面前，啊，原來是令人尊敬的魯緬采夫院士！時隔近三十年，這位耄耋之年的著名學者，懇切地談起當年在布拉格與中共代表趙毅敏共事的是是非非，並為中國改革開放取得的巨大成就深表讚佩。後來我在接待齊赫文斯基院士訪華時聽說，這位經常去中

國使館做客的老朋友於一九九六年謝世。

漢學家丘巴羅夫，我的業務同行。我們經常彼此請教，討論一些詞彙的涵義。有一次談到俄文велиқий（偉大的）的用法。中國文章裡經常出現「偉大的事業」、「偉大的貢獻」、「偉大的領袖」之類的說法。他說，在他們國家，活人沒有稱велиқий的。我覺得有道理，但又有點納悶，我說在《真理報》上見過德國人的文章，稱呼當時蘇聯領導人「велиқий борец за мир」（偉大的和平戰士）和「велиқий друг」（偉大的朋友）。他無言以對。又有一次，他問我「大鳴（wu）大放」是什麼意思？我告訴他，那是「大鳴（ming）大放」，發揚民主暢所欲言的意思。漢字「嗚」和「鳴」，涵義不同，寫法就差那麼一小點，確實太讓外國人為難了。在當時的政治生態下，相互「逗趣」甚至「抬槓」，朋友之間也是免不了的。

我和上述兩位漢學家多次同行，集體外出參觀。我在日記中記載，一九五九年七月五日，我們一起參觀了二戰期間捷克斯洛伐克最大的納粹集中營泰雷津（Terezín）。陰森的監獄和殘酷的刑場讓我們深感戰爭的恐怖、法西斯的野蠻，也深感我們兩國人民作為反法西斯盟友的珍貴。

再說在莫斯科和北京。我曾與三位研究歷史和國際關係的學者密切交往，他們是齊赫文斯基院士、季塔連科院士和米亞斯尼科夫院士。

我與齊老相識於一九八六年。一九九二年我率

中國國際交流協會代表團訪問俄羅斯時，正值齊老
的夫人患重病，我曾專程去拜望他，留下印象最深
的是彼此就我們兩國改革不同結局的原因作了探
討。一九九三年，齊老率俄羅斯漢學家代表團訪
華，由我全程陪同，在前往山東曲阜等地時一路暢
談。前述一九九九年九月我在俄羅斯科學院遠東研
究所接受榮譽博士證書之後的第二天，齊老還曾邀
請我和夫人到他家中做客，熱情款待，親切交談。

　　二〇一三年三月，上海舉辦第五屆世界中國學
論壇，齊老榮獲世界中國學研究貢獻獎。作為評議
專家之一，對此我感到由衷的高興。齊老如今已九
十八歲高齡，祝福他老人家攀登健康長壽新高峰！

　　季塔連科院士是與我年紀相仿、在莫斯科和北
京頻繁接觸的老朋友。在我心目中，他是一位孜孜
不倦的卓越的學者，又是一位致力於中俄友好的著
名的社會活動家。而米亞斯尼科夫院士，則以其治
學嚴謹、為人謙遜和舉止儒雅的風度，給我和許多
中國朋友留下美好的印象。

我的俄羅斯情結

傅全章

（中國前駐俄羅斯使館參贊、駐塔吉克斯坦大使）

我與俄語結緣的背後故事

　　一九七四年八月，我結束京郊「五七幹校」生活，奉調到中國駐蘇聯使館工作。十一月二日，我乘北京—莫斯科國際列車，踏上了六天六夜的漫漫征途。列車穿越蘇蒙邊界駛入蘇聯，確切地說是進入俄羅斯境內，我往車窗外望去，只見茂密的森林、低垂的天空一塵不染，空氣清新得令人欲醉。初冬的西伯利亞遍身縞素，淡雅而嫵媚，柔美得像仙子一般。可回頭眺望剛經過的蒙古一側，則是浩瀚的沙海，路旁稀稀落落的低矮樹叢在寒風中瑟瑟發抖。上蒼太眷顧俄羅斯了，充沛的雨雪滋潤這廣袤大地，豐富的物產養育億萬斯民，無盡的地下寶藏成就了蘇聯作為超級大國的輝煌。初識俄羅斯，處處感受到俄羅斯的大氣，那不同凡響的特質讓我對蘇聯、俄羅斯產生了愛的心動。我想，能有機會到這個國家工作，現在看來學俄語算是選擇對了。

　　列車在無邊的雪原上奔馳，我的思緒也在飛翔，飛到了遙遠的過去，想起當年與俄語艱難結緣的背後故事。我報考北京外語學院俄語專業完全不

是出於愛好，而是特殊條件下的政治選擇。

　　一九五七年夏，正是國內整風「反右」如火如荼之際，我考上了洪湖高中。洪湖縣與我們沔陽縣同屬湖北省荊州專區，專區會考，然後統一分配。洪湖曾是賀龍領導下的老革命根據地，《洪湖赤衛隊》歌劇及電影享譽全國。我能有機會到這兒求學，自然感到無上榮光。可未曾想，入校的第一篇習作竟然闖入了政治雷區，給我這個政治上稚嫩、心靈幼弱的青年以極大震撼。洪湖縣位於長江之畔，當年從沔陽縣到洪湖縣無公路相通，只能乘船經漢水入長江。當所乘輪船途經三國周瑜破曹的嘉魚赤壁時，我望著滔滔江水十分感慨，吟了一首《赤壁懷古》詩，詩曰：「長江依舊滾滾流，不聞戰鼓與嘶吼。風流人物今何在，把酒醻滔心悠悠。」我把這首小詩放到入學的第一篇作文裡。哪知語文老師把這首小詩專門篩選出來拿到課堂上批判，說毛主席在著名的詠雪詞《沁園春》中歌頌「數風流人物還看今朝」，而你竟然說「風流人物今何在」，這不跟毛主席唱反調嗎？這是政治性錯誤，判你此篇作文「不及格」。當時正值「反右」高潮，老師的政治神經高度緊繃是可以理解的。但我這句詩的原意不是這樣的，它脫胎於蘇軾的「大江東去，浪淘盡千古風流人物」，無非是說像三國時的周瑜、諸葛亮等英雄人物隨著千年的歲月流逝都消失在歷史長河中了，與我們當今的時代英雄毫不掛鉤。幸虧我當時還是不懂事的中學生，未被深

究，要是大學生，右派分子的帽子可能就戴上了。正是這首小詩改變了我的人生軌跡，使我走上了與俄語終生為伴的道路。

上世紀五〇年代中期，洪湖一中同沔陽一中開始試辦高中同時試開外語課，外語就是俄語。教我們俄語課的是剛畢業於哈爾濱俄語學院的老師，他把枯燥的語言教得有聲有色，把我們這些來自農村的孩子完全帶到另一片新天地。我覺得俄語生詞和語法一點也不難，難就難在發音上。可我還是決心學好俄語這門課，以便高中畢業後報考俄語專業，目的就是忍痛割捨我酷愛的中國古典文學，好徹底擺脫敏感的政治——當時的想法就是這麼幼稚和簡單。一九六〇年，我如願以償地考上了北京外國語學院俄語系。可發音難題隨即顯露出來，有的音如 л 和 н 我區別不開，有的音如 p 壓根兒發不出來。我很苦惱，面臨人生的第二次選擇：我向系裡的年級輔導員提出了轉入北京大學文學系的申請報告，這完全違背當年選擇俄語專業的初衷。輔導員見我在班上成績並不落人後，只是個別發音困難，覺得就此放棄本專業有點可惜，讓我再努力一把，說不定會柳暗花明。我想起母親常講襁褓中的我接受手術的故事，她發現我舌繫帶短舌尖翹不起來，就大膽用縫製衣服的剪刀將舌繫帶剪斷，這樣保證了我像正常人一樣無障礙地發音。我現在學俄語遇到的發音困難是否仍然與此有關呢？我到海淀醫院口腔科一查，醫生確認還是舌繫帶短的問題，於是很快

給我做了第二次手術。幾天之後，困擾我好苦的 p
音就十分自然地發出來了，我高興得如同重生一
般。要不是這次重生，我同俄語的緣分很可能擦肩
而過。

　　一九六五年夏我順利畢業，以不錯的成績提前
分配到外交部，次年進入蘇歐司蘇聯處。我當初選
學俄語，是想潛心鑽研俄羅斯文學，從事筆頭翻
譯，認為這裡面沒有自己的思想，是避開政治的安
全港灣。可今天我卻走上了政治性極強的外交戰
線，而此刻正在奔上「反修」的第一線，真是命運
捉弄人！

可敬可愛的莫斯科人

　　我一到莫斯科，就被眼前現代化的機場和候機
大樓驚呆了，好一副超級大國的氣派！那鱗次櫛
比、亮麗恢宏的高樓大廈，寬闊清爽、縱橫交錯的
街道，盡顯大國大首都的綽約風姿。波光粼粼穿越
整座城市的莫斯科河更把這座古都推向美麗的極
致，讓你徜徉其身旁，真想多看她幾眼。

　　莫斯科的美，不僅美在眼前千姿百態的自然風
景，更是美在莫斯科人的人情味兒和人的素質。那
些無論開車或步行遇紅燈必停的莫斯科人，那些機
動車總是從容淡定停在斑馬線外禮讓行人的一幕幕
感人情景，那些看完電影或演出絕不給場地留下一
片紙屑、靜悄悄地排隊取衣徐徐退場的觀眾，這一

切無不彰顯著莫斯科人的高度素養與文明。

莫斯科的冬天出奇的冷，有時能冷到零下四十多度，因而商店和超市都是一道道沉重的木製大門緊掩。有一次，我冒著紛紛揚揚的大雪急著推開一家商店的大門，把一位正要出店的老太太重重地撞了個正著。我感到十分尷尬，正欲說聲「請原諒，對不起」，哪知老太太搶先向我致歉，並示意讓我先進。我原本以為老太太會責備我一番，至少會狠狠地瞪我一眼，而此刻我看到的卻是她友善的目光與和顏悅色的面容，顯得格外瀟脫與豁達，一種無形的內在的美令我不禁肅然起敬。這就是可愛的莫斯科人！

在莫斯科一次住院的經歷也給我留下了美好的記憶。有次使館食堂吃韭菜餡餃子，我有吃韭菜不耐受的老毛病，這次犯得格外嚴重，腹瀉不止，高

燒不退，使館急忙派車送我到外交醫院。醫院大夫簡單問明病情後，懷疑是痢疾或別的時疫，迅即將我轉至傳染病醫院。這是一家不對外的醫院，雖不如外交醫院體面，但大夫、護士的敬業精神堪稱一流。給我量完體溫和血壓，大夫又按壓腹部和背部詢問是否疼痛，疼得是否劇烈，等等，態度十分和藹，說話格外親切。見我用俄語回答，溝通順暢，大夫和護士都會意地笑了。我仍然不停地腹瀉，護士不停地忙前跑後，送衛生紙和飲水，哪知我喝了沒燒開的自來水後，腹瀉得更厲害了。我向她講了中國人有生水不耐受喜飲開水的習慣，她表示歉意並連忙送來滾熱的白開水。一杯熱水下肚，覺得腹痛好多了。這是我第一次親身感受到中外文化的差異。

第二天，經過抽血、透視等一系列檢查後，醫生仍不開藥。當地醫院有嚴格的醫療流程，在完全查清患者病因之前，絕不開處方。病人著急，醫生總是沉著冷靜，這體現出對病人高度負責的精神。我不能不為俄羅斯大夫的職業素養所折服。直到第三天，主治醫師帶著甜蜜的微笑告訴我，身體並無大礙，只是一般腸胃炎，從今天起可以服藥了，適當調養調養，很快就可康復出院。因腹瀉造成身體虛弱，我需要補充營養。護士送上的午餐是一大塊白水煮鮮魚外加一小碟細鹽，我吃了一驚——我們家鄉湖北省就是這麼餵貓的。我使出冒死吃河豚的勇氣，撕下一小塊蘸著少許鹽一嘗，原本以為會腥

味十足，哪知出人意料的格外鮮美，這獨特的異國風味美食給了我長久的甜美記憶。這道富含優質蛋白質的葷菜未加任何調料，跟素菜一般清淡，鮮美而不油膩，這對於一個腹瀉患者來說，既補充了營養，又飽嘗了口福。我對醫生、護士精心周到的安排打心眼裡感激。

我住的病房有一開放式浴盆，隔著一道透明的玻璃牆就是樓道走廊。我心想，這兒應該是一堵實心的牆，或者安上毛玻璃，至少也得掛起一道浴簾。我把自己的想法告訴護士，想求得問題的答案。年輕漂亮的小護士報以一個甜甜的笑，細聲細氣地說：「病人洗浴時有可能犯病或摔倒，不掛浴簾是為了及時發現和施救。」我恍然大悟。在當時遙控監視設備尚不普及的情況下，此乃最具「人性化」的設計，儘管看似不雅。這在中國肯定行不通，我再次感受到中外文化的差異。

當時中蘇關係極度緊張，蘇方在靠近中國的邊境部署百萬重兵，媒體充斥對中國「文化大革命」的負面報導。而「文革」高潮中的中國，「反帝反修」一浪高過一浪。中蘇政治對立與軍事對峙使兩國關係降到最低點。然而，兩國人民根本利益一致，多年的中蘇友好情誼深深紮根於民眾之中。此刻，我身處俄羅斯人中間，感受到的不是敵意，而是親人般的溫暖。在醫生、護士的悉心照料下，我一個星期就完全康復了。我戀戀不捨地告別醫院的大夫和護士，回望一張張充滿陽光的笑臉，我感覺

兩國人民的心貼得是那麼近。我向這些可敬可愛的莫斯科人揮手示謝，並堅信兩國當前的病態關係總有一天會回到健康軌道，回歸理性，重歸友好。

永遠的科爾什同志

上世紀七〇年代我在莫斯科工作時，正趕上中蘇關係僵冷對抗時期，坐了五年「冷板凳」，直到一九七九年底離開時也沒能把板凳焐熱。當時處在第一線的使館外交官與蘇聯官方交往極少，偶有接觸就是大使奉命提交抗議書，成了「抗議外交」。直到一九八二年蘇聯領導人勃列日涅夫發表願意改善對華關係的「塔什干講話」，才使兩國關係開始緩慢鬆動，其主要標誌就是開啟兩國關係正常化的副部長級的政治磋商。中方提出關係正常化的條件是，蘇聯必須先解決「三大障礙」，即從中蘇邊境地區和蒙古人民共和國撤軍，從阿富汗撤軍，勸說越南從柬埔寨撤軍。俄方不接受中方設置的「先決條件」。兩國政治磋商拖延數年，難以解開死結。這時，我重返莫斯科使館，先任二秘，後升一秘，與蘇聯外交官接觸也多了，「三大障礙」就成了談話繞不開的一道檻。與我就這個問題談得最多的，就是蘇聯外交部的一秘科爾什同志。

科爾什中等身材，長得十分俊秀，說話很快，表情豐富兼有手勢，肢體語言發達。還在第二次赴蘇工作之前，我與科爾什就在北京通過「電影渠

道」認識了。那時兩國關係的困難狀況造成正常渠
道不暢，於是外交部蘇歐司同蘇聯駐華使館另闢蹊
徑，通過向蘇聯使館借俄文電影的方式保持經常接
觸，傳遞信息。蘇聯處很多同志都是參與者，也都
是這段歷史的見證人。

　　一九八六年七月二十八日，戈爾巴喬夫的「海
參崴講話」使已經有所鬆動的中蘇關係又向前邁進
一步，他表示同意中方按主航道中心線劃分阿穆爾
河（黑龍江）邊界線走向的立場，從而使中斷十多
年的兩國邊界談判得以恢復。

　　然而，兩國邊界談判同樣因「三大障礙」而陷
入僵局。這是對兩國政治意志的考驗，也是兩國領
導人智慧的大比拚。在一次使館招待會上，我與科
爾什又自然地談到這個揮之不去的老話題。他說：
「蘇聯領導人海參崴講話已經消除兩大障礙，中國
方面應當對蘇聯積極態度報以積極回應，放過第三
個障礙，因這是第三國的事，與蘇方無關。」我
說，海參崴講話離消除「三大障礙」距離尚遠，只
講到要從阿富汗和蒙古撤軍，而恰恰沒有提到越南
從柬埔寨撤軍問題，正是具有軍事同盟性質的蘇越
友好條約才使越南斗膽入侵柬埔寨，這能說與蘇聯
無關嗎？吵過後，我們倆都笑了，最後達成共識：
這個問題太大，還是留給大人物用大智慧去解決
吧。接下來，只要話題一轉，談其他國際問題，或
俄羅斯風土人情，或我們彼此身邊的日常事情，我
們就有說不完的話，共同語言多多，既融洽又投

機，十分親切，沒有距離感。當我們在招待會上舉杯祝酒時，相互從不稱「先生」，也從不稱外交官銜，從來都是互稱「同志」，我稱他「永遠的科爾什同志」。

兩年前，科爾什同志出任俄羅斯駐上合組織秘書處專家，來華履新。在一次中國俄羅斯圈前外交官俱樂部聚會時，我與科爾什再次晤面，久別重逢，相見甚歡。席間起身祝酒回首往事時，我說：「三大障礙都已走進了歷史，正如魯迅詩所云：『渡盡劫波兄弟在，相逢一笑泯恩仇』，這兩句詩用在這裡是多麼貼切呀！」可不，從上世紀五〇年代末到八〇年代末的三十年間，中蘇兩國經歷了三個「十年」，分別是十年論戰、十年對抗和十年談判，兩國都為此付出了沉重代價。讓我們牢記歷史，精心呵護中俄友誼這株常青樹。

科爾什對我的古文功底頗為讚賞。有次，時任中國副外長錢其琛在香山飯店宴請訪華的蘇聯副外長賈丕才，賓館走廊牆上張掛著一幅草體古詩，客人經過走廊時情不自禁地停下腳步，欣賞這龍飛鳳舞的書法藝術。有人開始唸誦，可唸著唸著就卡殼了。在這緊要關頭，我把這首詞一口氣念下來並進行了一番解讀。這給科爾什留下深刻印象，他每次見我時總豎起拇指提及這件趣事。時隔多年，此次他仍未忘趣事重提，這表明歲月並未造成我與故友的心靈距離。

列寧墓前的沉思

　　我在莫斯科十三年的外交生涯期間，曾三次拜謁列寧墓，瞻仰列寧安詳的遺容。我對這位世界無產階級領袖無比崇敬，對有機會親睹列寧遺容感到無比榮幸。

　　事隔十七年後，二〇一三年九月的一天，秋雨初霽，碧空如洗，我興致勃勃地隨中國企業家代表團驅車來到久違的莫斯科紅場，第四次參謁列寧墓，表達我對列寧的緬懷與景仰之情。這次我發現，守衛列寧墓的哨兵明顯減少。其實，早在一九九三年十月六日，俄羅斯當局就作出決定，撤銷列寧墓的「第一號哨位」。可眼前的情景令人心酸。只見排隊參觀的人群稀稀落落，同當年來自全蘇和世界各地絡繹不絕的人流相比，令人頓生幾許蒼涼，感受到無奈的歷史滄桑。進入墓室，肅穆氣氛依舊，儘管籠罩列寧頭上的榮耀與光環不再，但列寧在我心中仍如昨日一樣神聖。一想到列寧遺體未來不確定的命運，我不由得放慢腳步，想最後多看幾眼這位無產階級領袖的風采。看到列寧凝神靜思的神情，我彷彿聽到了「房子會有的，麵包會有的」那種對未來無比樂觀的呼喚。他那智慧的明眸，是在回望過去，細品反思昔日的崢嶸歲月，還是展望未來，透過二十一世紀的風雲洞見人類新世紀的曙光？走出列寧墓，我駐足墓前，陷入了更深的沉思。

　　列寧，偉大的列寧，我低聲呼喚您，中國人民永遠不會忘記您對中國革命的貢獻。「北方吹來十月的風，驚醒我們苦弟兄」。是您領導的十月革命指明了中國人民的解放道路，古老的神州從此走向了新生。

　　中國人民永遠不會忘記，是您領導的蘇俄政府兩次發表對華宣言，宣布廢除沙俄時代在中國獲得的一切特權和密約。這與西方列強餓狼般啃噬中國形成了強烈對比。對此，站起來的中國人民對您永懷無限感激之情。

　　在這裡，我想告慰您，偉大的列寧，您的事業和理想後繼有人。不管有多少座列寧雕像被推倒，您仍是活在中國人民心中一座永恆的豐碑！

我的俄語半生緣

盛世良

（新華社世界問題研究中心研究員，曾任新華社莫
斯科分社副社長）

　　細算起來，我與俄語的緣分不止半生。從第一
次在上海中蘇友好大廈（今上海展覽中心）看到蘇
聯的縮寫「CCCP」（當時按英文誤讀為「西西西
批」）算起，超過一甲子；從高中學俄語算起，是
五十七年；從第一次到莫斯科當記者算起，已逾三
分之一世紀。但是，想把俄語說得像俄羅斯人那樣
好，搭上我的餘生也不夠。

學俄語──過一盞路燈背一個單詞

　　上世紀五〇年代末，「牢不可破的中蘇友誼」
早已出現裂痕。在這種時候，只有毫無政治頭腦的
人才會去報考俄語專業。很不幸，我就是其中之
一。但我又是不幸者中的幸運者，在俄語系一九六
〇年入學的百名學子中，畢業後以俄語為職業的不
過十之一二，其中終生不離俄語的恐怕不足巴掌之
數，其中就有在下。

　　記得我一九六〇年剛進上海外國語學院俄語系
時，一位留蘇講師要我們培養俄語思維。當時我以

為，畢業時總可以做到了吧！現在，當我在俄羅斯生活和工作了十四年、每年到俄羅斯起碼一次、接觸俄語超過半個世紀之後，我才明白，對大多數在母語國學外語的人來說，這個目標是多麼遙遠。

改革開放之前，我和絕大多數同胞一樣，勞動所得僅能維持溫飽。我從少年時代起就家境貧寒，讀大學時，連學校裡一毛五一張的電影票都沒錢買，遑論籌措一百二十大毛的巨資置辦劉澤榮主編的《俄漢大辭典》了。我只好遇上一個生詞就到班上唯一有大辭典的同學那裡看一眼，看一眼就得記住，總不好意思老去打擾人家吧！這樣，無形之中增強了記憶力。上海外國語學院離我家約五公里，週末晚上回家，九分錢的電車一般是捨不得坐的。我步行回家，每過一盞路燈就看一個本週學的新詞，背到下一盞燈再看一個……到家時，不僅生詞全記住了，富餘的時間還把本週學的俄文詩也背熟了。正如俄諺所說，有失必有得。

暑期在校，我白天勤工儉學，每天掙八毛錢聊補無米之炊；晚上忍著蚊子和臭蟲的圍追堵截看俄文書，眼睛酸了就唱俄語歌，《列寧山》、《俄羅斯》、《三套車》……使勁吼，反正閱覽室裡就我一人。終於，我熬了個各科全優。

到新華社工作後，「四清」、「社教」接踵而來，「突出政治」，業務能力強弱無關緊要。不久「文革」開始，反修鬥爭戰鼓擂。我們這幫俄文翻譯常常半夜三更被叫到辦公室：新華社莫斯科分社

航寄回的蘇共黨刊《共產黨人》或《政治學習》的「惡毒反華」文章，洋洋一兩萬言。當時沒有複印機，只好一人一頁，正反兩面合二千餘漢字。「無產階級司令部」心急火燎地催著要，分秒必爭，況且誰先譯完誰就可以重返夢鄉，第二天清早照樣得「抓革命促生產」。久而久之，練出了每小時譯一千漢字的「巡航時速」。

對一個翻譯來說，提高外語水平和培養外語語感並無捷徑可循，無非是多看外文書（最好是文學作品），多看原版影視，多跟老外交流。可惜，我這代人年輕時無此福分。當時，聽蘇聯廣播就是「聽敵台」，至於看蘇聯原版電影，那就只能是江青等酒足飯飽後的高雅消遣了。

天無絕人之路。「文革」中期，新華社參編部俄文翻譯獲准每人花一毛錢買一捆蘇聯專家圖書館處理的俄文書。每捆一尺高，小說、劇本、傳記、

樂譜、軍事知識……五花八門，應有盡有。「副統帥」林彪命斷溫都爾汗後，「五七幹校」恩准學員看外文書。一九七四到一九七五年，我在房山幹校待了一年，最大的損失是被電鉋削掉三根手指頭，最大的收穫是在「鬥私批修」之餘，利用工間休息和別人打撲克的時間，看完了我自己的、我妻子的、我同事送我的共三捆書中的小一半。

這一尺多高的俄文書如同西洋參，對我空虛的頭腦起了「溫補」作用，雖不立竿見影，倒也療效綿長。記得一九六四年十月，我參加工作不久，俄文組組長賈宗誼先生對我「破格重用」，讓我一個人翻譯蘇聯外交部長葛羅米柯在聯合國大會一般辯論中的發言全文——《真理報》密密麻麻的一整版，合一點二萬漢字。我連業餘時間都搭上，花了近三天，譯得天昏地黑。沒想到，「五七幹校」回來後，功力見長，同樣是老葛聯大發言，也是洋洋萬言，我突然覺得他的語言變得平易淺顯了。其實，不是老葛變了，而是我變了：歷經俄文翻譯組十年寒窗，又看了幾十本原版書，俄文理解力一不留神升了一級。

三人行必有我師。在四十年的新聞工作生涯中，與我共過事的人有好幾百，卻從來沒有遇到過一位在中外文、各類知識上全面勝過我的人，這樣說並非自負；但也從來沒有見過一個樣樣都不如我的人，這樣說也不是自謙。

每個同事都有值得我學習之處。記得參加工作

的第三個月，我翻譯塔斯社報導蘇聯十月革命節活動的電訊。一位比我早來三四年但當時遠遠稱不上高手的同事，把我譯的「兄弟黨領導人參加了十月革命慶典」，改成「兄弟黨領導人參加了十月革命慶祝活動」——慶祝活動的內涵遠遠大於慶典，包括慶祝大會、國宴、觀摩閱兵式和群眾遊行等。這一改動我至今不忘。

一位被認為中等水平的已故老同志譯過一句俄諺，譯得「信、達、雅」兼備：白送的馬不看牙口。這句話如果照原文死譯，就成了：不往餽贈的馬的嘴裡看。

練俄語——清潔工、克格勃都是老師

一個好的新聞翻譯，應當既快又好。有人在少出錯、保證起碼質量的前提下求快，漸漸精益求精，快上求好；也有人篇篇精雕細琢，力求完美，初時要加班加點方能應付定額，漸漸積累經驗，加快速度，最後也修成正果。

出於個人的慣常風格，我比較傾向於前者。參加工作兩三個月後，一般新聞稿每個上午（約三個半小時）我能譯兩三千字；包括各種難易程度的稿件在內，一個月（六日工作周）可以翻譯七八萬字，相當於當時俄文組多數翻譯月出稿量的近兩倍。這樣一來，我一年積累的工作經驗就頂別人兩年。

新聞重時效，對新聞翻譯來說，出稿快是一個難能可貴的優勢。遇到緊急任務，在保證質量的前提下，「快刀」加備受歡迎。在市場經濟條件下，各單位講究經濟效率，人力安排「一個蘿蔔一個坑」。如果你是快手，一個頂倆，用人單位即使雙薪聘你，也比招兩個普通翻譯合算。況且，同一篇文章，由一個人譯出，語氣聯貫，專名統一，遠勝數人湊出的「大拼盤」。

　　要想掌握外語的口語和慣用語，增強語感，還應到母語國生活，最好是住在老百姓家裡，兩耳不聞漢語聲，起碼待上一年半載。

　　一九七八年，我首次到莫斯科分社當記者。當時中蘇關係冷峻，中國駐蘇的總共只有新華社的四名記者，這八隻眼睛是中國新聞界直面蘇聯的全部窗口。

　　幾十種報刊、與八個樣板戲相比無限豐富多彩的影視節目、街頭無數的標語廣告、嚴謹而囉嗦的商品說明書……我霎時掉進了俄語的汪洋大海。這時我才明白，不論你在國內俄文翻譯中的口碑優劣，對俄羅斯人來說，你的俄語水平無非一個字：差！

　　於是，我抓緊一切機會學俄語，練俄語。不論到哪裡，隨身帶書報，隨時找人聊；參加記者招待會，硬著頭皮提問；到蘇聯朋友家做客，磕磕巴巴地介紹中國情況，交流政治笑話；遇到俄文新詞，做成卡片，向守門的民警、修電傳機的塔斯社技

盛世良與俄羅斯漢學
家司有禮

師、排隊買香腸的退休老太請教。就這樣，二十多
年下來，我積累的新詞語卡片就有上千張。

好在蘇聯人不因中蘇交惡而視中國人為敵。我
常有機會到蘇聯人家做客，接連幾小時用俄語交
談。這對提高語言水平和了解駐在國情況非常有幫
助。

對我提高俄語水平幫助最大的是俄羅斯漢學家
司有禮，我叫他「尤拉」。此君是新中國的同齡
人，與我相識於一九七八年。那時，我們每天看報
看電視寫參考，消息閉塞，駐在國朋友幾乎為零。
尤拉在列寧格勒大學學了漢語，又到新加坡進修一
年。他當時任《新時代》週刊評論員，應邀到使館
看中國電影，就跟我認識了。

一九七八年除夕，他請分社記者王微、唐修哲
和我赴家宴。俄國人待客的習慣是「有啥好吃的，
全都端上桌」。我們嘗了酸黃瓜、醃鯡魚、「奧利
維埃」色拉、蘑菇餡餅、蘋果烤鵝、「首都」伏特

加、「蘇維埃」香檳酒、奶油蛋糕……按俄羅斯風俗，除夕宴起碼要有十二樣吃食，預示來年十二個月都餓不著。

尤拉的夫人奧莉婭是他大學同學，任科學院遠東所研究員。兒子費加7歲，念二年級，見了「外賓」倒一點不怵，還用果汁跟我們碰杯，到八點鐘說了句「晚安」就跟中國叔叔們告辭了。沒想到，從此他跟中國結緣，學了漢語，九〇年代曾到北京語言學院進修。

尤拉月薪加稿費五百盧布，合人民幣六百五十元，住七八十平方米的兩居室，家裡彩電、冰箱、洗衣機一應俱全，羨煞了月薪六百二十大毛、三口人擠十六平方米的中國小記者。更讓我羨慕的是他的業務水平：談起中蘇關係來頭頭是道，署名評論頻頻見報，隔三岔五到企業和學校吹吹國際形勢，稿酬超過工資。

常和尤拉聊天，不斷被「耳提面命」地糾正重音和用詞錯誤，使我的俄語水平明顯提高。更可貴的是，他幫我們分析蘇聯內外形勢，勃列日涅夫尚健在時，他就預測接班人為安德羅波夫。已故的王崇傑社長和我聽了將信將疑，但還是報回總社。事後證明尤拉是對的。

當時，新華社莫斯科分社客居於中國大使館。一天晚上，分社請路透社一個年輕記者來做客，左等右等不見人來。這時，分社的電話響了，那個英國小記者通過公用電話告訴我們，使館門口站崗的

蘇聯警官說他不是外國人，不許他進來。

我們只好到門口去接。英國小夥子進門後說了原委：路透社的慣例是，年輕記者先派到沒有外國人的小城市進修俄語。一年下來，他的俄語說得幾乎沒有英倫腔了。碰巧那天他又沒帶記者證或護照，才被誤認為闖中國使館的蘇聯「變節者」。對外國人俄語水平的檢驗，有誰能比蘇聯克格勃更嚴格、更權威？

不久後，輪到我被克格勃檢驗俄語水平了。

上世紀八〇年代初，使館曾有幾名外交官遭克格勃「突擊」。那次我隨分社社長王崇傑到烏克蘭扎波羅熱市郊一個國營農場採訪。當晚，場長在風景優美的小河畔設宴招待中國客人。「為偉大的中國人民乾杯」、「為偉大的蘇聯人民乾杯」、「為蘇中人民友誼乾杯」，這三句祝酒詞即使在「反對社會帝國主義」的年代，也是堅持原則的中國記者無法拒絕的。烏克蘭人豪爽，用水杯喝酒。對我還算照顧，每次只倒半杯，三次加起來也快有半斤了，我恍若進入了「仙山瓊閣」。這時，坐在我左側的自稱是農場擠奶員的一位烏克蘭美女眼露挑逗神色，咬著耳朵根柔聲問我兩遍：「Хотите со мной на едине?」（意即「想不想跟我單獨待會兒？」）

美女話音未落，我剛剛嚥下肚的伏特加酒頓時化作冷汗——不好，克格勃的「燕子」！我定了定神，假裝糊塗：「我同大夥兒在一起挺好……」「燕子」並未糾纏，此後我在蘇聯就再無此等豔福了。

用俄語──譯書、聊天、翻電影，到處是機會

「文革」末年，苦於極度貧乏的文化生活，我下班後見縫插針，譯出《章魚的觸角》和《阿紐塔》兩部小說，共四十萬字。看著流暢的俄文在我筆下源源不斷地化為自認還過得去的中文，獲得的享受不亞於北京「板兒爺」賣了一天的苦力就著豬頭肉咪二兩二鍋頭。「文革」終於結束，我抱著試試看的心態，找了家出版社，反特小說《章魚的觸角》居然還出版了。

我頭一次在莫斯科分社工作時，中國記者的精力幾乎全放在參考報導上。凡是我認為觀點鮮明、很有參考價值的文章，只要不超過三千字，就連夜譯成中文發回總社。一九七九年「自衛還擊戰」期間，北方強鄰的一舉一動都牽動著北京的中樞神經。有時，蘇聯中央電視台晚間新聞聯播和兩檔國際評論節目全有涉華評論，整理成文往往有兩三千漢字。半夜發完稿後，我有一種極大的滿足感。

記得有幾次，分社社長到外地採訪回來後，讓我把他的採訪錄音整理成中文。一星期採訪下來，積累的一百二十分鐘錄音帶不下六七盤，錄音又不可能非常清晰，我也看不到現場情況和說話人的表情，整理的難度可想而知。有同事對我的「苦難」頗為同情，然而，對我來說，這種苦差事跟在幹校「思想改造」受的苦相比，跟高中下鄉割稻和挑擔

相比，簡直是享福。再說，此類「大運動量鍛鍊」對提高翻譯技能極有助益。久而久之，我聽俄語寫中文比看俄文稿譯中文還要順暢。

廿年媳婦熬成婆。及至我成了分社主力記者，採訪時就邊聽邊記，回分社稍一整理即可成稿。錄音照樣錄，以防萬一，但寫稿時一般用不著聽。

當時分社在中國大使館內，使館每星期放一兩部俄語原版片，需要自告奮勇者給不懂俄語的館員同聲傳譯。這可是千金難買的口譯良機呀！然而，同聲傳譯畢竟是口譯的最高境界，難度極大，我就硬著頭皮上。為了不出太大的洋相，在口譯頭幾部片子前，我儘可能找來文學劇本瀏覽一下，或到電影院把這部片子先看一遍。幾年練下來，就連事先不知道內容的影片，也不至於令我心驚肉跳、汗流浹背了。

由於工作需要，在「蜀中無大將」的情況下，我也擔任過黨和國家領導人接受蘇聯記者採訪、俄羅斯學者國際問題報告、軍事科技講座等場合的口譯。個別我不太熟悉的問題可以事先準備，大多數話題我並不生疏，報告人等於是提醒我把我已經知道的東西表述一遍而已。只有一次，臨時被拉去口譯俄羅斯外貿部一位司長介紹進口商品批准書制度的報告。他老人家拿著稿照本宣科，一個長句要喘三口氣才能唸完。偏偏報告的關鍵詞「批准書」是個外來詞，而我又恰恰忘了，弄得我頭上冒熱氣，手心出冷汗。這次慘痛教訓使我此後在承接口譯任

務時更加小心謹慎。

一九八三年，我在莫斯科第一小吃店採訪過「俄式大菜泰斗」、少年時曾給老托爾斯泰做過菜的百歲廚師謝苗·格里申。我半真半假地勸他：「您都這麼大歲數了，早該享清福啦！」這位身高剛過一米六的小老頭露出慈祥的笑容，拍拍我的肩膀說：「我喜歡給人做飯，愛聽顧客吃完飯誇我的手藝！對我來說，這就是享福！」

一九八七年，我第二次到莫斯科分社工作，當時駐外記者的主要任務是寫公開稿。但是，每當看到觀點新穎、論據有力、文筆犀利的好評論，我還是技癢難忍，寧可犧牲午休，也要享受一番筆譯的樂趣。後來，供新華社刊物的個別譯文還有幸被評為好稿。這時，我同俄國百歲廚師一樣，體會到什麼叫享福。

我連專業帶兼職，做過近一年的資料員，選過四五年報，編過十幾年稿，任過十四年駐外記者，還一度客串新華社「環球經緯」節目主持人。純粹當翻譯的時間不到十年。

「千條江河歸大海」，對一個以翻譯為職業的人來說，任何經歷都有助於提升業務水平。當資料員使我弄清了譯名的規律，對我參與制定的中國俄漢譯音表，幾乎能背出來，自己打的譯名卡片，能記住十之三四；當編輯使我對蹩腳譯文之誤人子弟有切膚之痛，每當自己譯稿，便想到「己所不欲，勿施於人」；當記者、搞「四清」，開闊了視野，

就連作為「臭老九」在幹校蹲的一年，也讓我不會把「土豆種」譯為「土豆籽」，把「大田農活」譯為「田野農業工作」。即使僅從這一意義上講，顧全大局，服從分配，工作不挑肥揀瘦，在汲取知識時當個「雜食動物」，對自己的業務進步也不無裨益。

俄語說得像普京那麼完美就好了

二〇〇二年，我年屆花甲，退休不賦閒，到新華社世界問題研究中心「發揮餘熱」。二〇〇七年，俄新社和外交與國防政策理事會的朋友推薦我參加俄羅斯主辦的世界「俄國通」非政府組織——瓦爾代俱樂部。

瓦爾代年會會期一週，頭三天討論「宗教寬容」、「民主和人權」、「俄羅斯向何處去」、「俄羅斯經濟發展方案」之類的涉俄重大問題，聽取外國學者高見；後兩天會見俄羅斯主管內政、經濟、外交和國防等事務的副總理和部長。壓軸戲是會見普京，接受宴請，並向他提問。

第一次見普京是在索契。當時俱樂部外國成員約三十人，普京與我們一一握手問候。他的手掌厚實有力，清澈的藍眼睛坦誠地直視對方。

普京坐在口字型宴會桌上方正中，邊吃邊聊。那天他八次正面提到中國，有兩段話給我印象最深。

普京說：「世界上有資格奉行獨立外交方針的，也就俄中美三國，頂多加上印度。日本聽美國的，英法德受美國和歐盟影響。」精闢！

　　我問：「二○○八年要舉行總統選舉，誰可能成為候選人？」普京答：「關鍵不在具體人選，而在政治方針。我執政期間，經濟年增長率達 6%-7%，居民實際收入年均增長 10%-12%；俄中結成戰略夥伴關係。繼承這一方針的候選人，必然得人心。」

　　說起俄羅斯任人唯親，普京說：「我講個笑話。父親領著兒子到兵役局問局長：『我兒子要是好好當兵，最終能成為將軍嗎？』『完全可能。』『能成為元帥嗎？』『絕對不可能。』『為什麼？』『因為元帥已經有兒子了。』」領導人敢於自嘲，源於高度自信。

二○○七年瓦爾代俱樂部年會期間，普京會見俱樂部外國會員和組織者。前排右 2 為盛世良。

第二年見普京是在俄格衝突後。美國學者責怪普京對格魯吉亞「用武過度」，普京馬上板臉：「人家打俄羅斯維和軍人，殺無辜平民，怎麼，你叫我用鉛筆刀、用彈弓反擊啊？！我們以牙還牙，反擊恰如其分！」

英國學者波波羅提了個刁鑽問題：「中國沒有公開支持俄羅斯打格魯吉亞，中俄戰略夥伴關係是否出現裂痕？」

「毫無裂痕。我參加奧運會開幕式後離開北京前，會見了中國所有最高領導，在這一問題上相互達成充分理解。」

那次我有幸坐在普京對面。他說完這句話，冷冷地看了我一眼說：「我們俄羅斯任何時候、在任何問題上，從不乞求任何人！」

他曾指望中國公開支持俄反擊格魯吉亞，未能如願，心存芥蒂。但他很有分寸：說中國好話時指名道姓，表示不滿時泛泛而言。

二○一三年瓦爾代年會上，盛世良向俄羅斯國防部長紹伊古提問。

二〇〇九年，梅普交替一年後，俄裔美國學者茲洛賓問普京：「二〇一二年你和梅德韋傑夫會不會爭總統席位？」

「去年我們爭了嗎？」

「沒有啊！」

「那二〇一二年也不會爭。我們會商量著推出一個候選人的。」

會後西方學者大嘩：這麼個大國的總統，你們哥倆商量著就定人選啦？！

第二天，俄羅斯《生意人報》頭版頭條大標題為「普京說漏嘴了」。其實普京沒「說漏嘴」，二〇一二年總統候選人就是這麼產生的。

瓦爾代年會一般在九月上中旬舉行，二〇一一年卻拖到十一月。其時已定普京為下屆總統候選人。那天在宴會上，坐在普京左側的英國記者菲奧娜問：「你下台後誰接班？」

普京報以幽默：「我還沒上任，您就忙著給我張羅葬禮啊！」

普京前幾天提出新戰略構想——以蘇聯地區為依託，建立歐亞聯盟，讓俄羅斯成為與美歐中平起平坐的世界獨立一極。

我問普京：「未來的歐亞聯盟能以什麼方式與上合組織互動？」

普京字斟句酌地說：「歐亞聯盟是前蘇聯國家的一體化組織，上合組織是前蘇聯國家跟中國安全合作的平台。兩者定位不同……」隨後，他露出笑

容：「當然，兩者可以互利合作⋯⋯」

普京意在警示中國：你們借上合組織進入俄羅斯的「特殊利益區」中亞，可別摻和我的歐亞聯盟！

二〇一三年是瓦爾代俱樂部十週年，共襄盛會者三百餘人，僅外賓就超過八十人，實難安排與總統同桌共餐。普京乾脆坐在禮堂的台上對話。

頗有紳士風度的英國學者格蘭特提了個陰暗的問題：「中國的成功會不會威脅俄羅斯？」

普京反問：「為什麼俄羅斯要把中國的成功看作威脅，而不是為之高興？我講個故事。有個農民一無所有，鄰居卻有一群牛。上帝說：『我可以讓你也有一群牛⋯⋯』『不，你最好讓鄰居的牛死絕！』您讓我想起那個鄰居⋯⋯」

普京的宴請和答問每次都近三小時。他口才極好，吐字清晰，用語精準。他回答問題不假思索，一氣呵成，插科打諢，揮灑自如。他喜歡用大白話，偶爾引經據典，國情世事了然於胸，無須諮詢坐在他左側的總統外交助理、前駐美大使烏沙科夫。

經過半個多世紀的努力，我終於能用俄語參加國際問題的學術討論了。至於俄語要講得像普京總統那麼漂亮，再有半世紀也不夠。

我與俄羅斯的幾個故事

于振起

（中國國際問題研究基金會副理事長兼俄羅斯中亞
東歐研究中心主任，前駐白俄羅斯大使）

我的「俄語情結」

五十多年前在中學開始學習俄語後，我便對蘇
聯這個國家特別是它的文化產生了興趣.隨著時間
的推移，這種興趣越來越濃厚。托爾斯泰的《復
活》、《安娜·卡列尼娜》，列賓的《伏爾加縴夫》，
艾依瓦佐夫斯基的《九級浪》，柴可夫斯基的《天
鵝湖》等俄羅斯文化經典對我產生了強烈的吸引
力。而《卓婭和舒拉的故事》、《青年近衛軍》等
充滿愛國主義和革命英雄主義的作品對我的人生觀
產生了深刻影響，特別是奧斯特洛夫斯基的《鋼鐵
是怎樣煉成的》，在我年輕的心靈裡引起巨大震
撼。從初中二年級到高中一年級，我曾經與兩位蘇
聯同學保持了近三年的通信聯繫，在那個年代這是
很流行的一種時尚。當時希望與中國學生通信的蘇
聯學生很多，俄語老師常常拿著這些學生的地址讓
我們選擇。有時，蘇聯學生還會從他們有中國通信
關係的同學那裡直接抄去我們的地址，然後給我們
寫信。我就曾收到過不少這樣的毛遂自薦的來信，

讓我應接不暇。與這兩位同學的書信交往使我對蘇聯這個國家有了鮮活的感覺，對那裡的普通民眾對中國人民的友好感情有了切身體會。

從初中到高中的六年裡，我們都有俄語課。我的俄語成績在班裡一直名列前茅。那時我家裡生活困難，父母沒有能力支持孩子買課外讀物。直到上高中時，我才買了一本陳昌浩先生編的《俄華辭典》，一點四零元一本。這本小辭典伴隨我五十多年，現在還放在我的書櫃裡。至於劉澤榮先生編的《俄漢大辭典》，定價十二元，對我來說太貴了，只能望書興嘆——直到後來在南開大學讀碩士研究生時，才用自己的稿費買了一本。一九六八年到內蒙古插隊時，我特意帶了一本俄文版的毛主席語錄，這是當時最容易買到也是最便宜的俄文讀物。收工後，有時會拿出來唸唸。其間，每次回天津過年，我都要到外文書店去轉轉，看看有什麼俄文出版物。常見的是俄文版畫報《阿爾巴尼亞》，但因為比較貴，只能是翻翻看，飽飽眼福。當時這樣做並沒有什麼目的，也不可能有什麼目的，純粹是出於興趣。我的俄文基礎僅此而已，後來從未專門學過。俄語對我來說是名副其實的業餘愛好。從事外交工作以後，許多人包括俄羅斯外交部的朋友不相信我僅僅是業餘愛好，但事實的確如此。

正是由於青少年時期形成的「俄語情結」，一九八五年我在報考博士生時放棄了原定的南開大學美國史專業，轉而選擇了後來發現的外交學院俄蘇

外交史研究方向。一九八八年在外交學院獲得博士學位後，我便進入外交部蘇歐司工作，成為一名職業外交官。當年我決定報考外交學院時曾被一些朋友視為「犯傻」，後來也有人問我對當初的這個選擇是否後悔。我的回答是：從未後悔過。

與紅場的第一次零距離接觸

一九九〇年十月，根據外交部的安排，我以高級訪問學者的身分前往莫斯科國際關係學院進行為期半年的學術研究工作，課題是「戰後蘇德關係」。這是我第一次去蘇聯。

當然，此時的蘇聯已經與我在中學學習俄語時大不一樣，成了世界「兩超」之一，中蘇關係也經歷了太多的曲折。也正因為如此，我更渴望實地考察一下這個國家。無論是從個人感情和專業角度，還是從外交工作需要角度，我都對這次旅行充滿了期待。

十月十七日早上七時四十分，我乘坐北京至莫斯科的三次國際列車，開始了長達六天的漫長旅程。

十月二十二日抵達莫斯科後的第一個週末，我就迫不及待去紅場參觀列寧墓，用我的說法，是去看望列寧同志。我們這一代人從小是從《列寧在十月》、《列寧在一九一八》等蘇聯電影中認識列寧的，在我的心目中，列寧是令人尊敬的革命導師，是傳奇式的英雄。長大後學習了馬克思主義，對列

寧的認識又增添了更多的理性成分。現在有機會瞻仰他的遺容，心裡很是激動。

紅場給我的第一印象是比想像的要小得多，就像一個學校的大操場。列寧墓位於紅場一側的中間位置，緊挨著克里姆林宮的宮牆。這是一座長二十四米、高十二米的大理石和花崗石混合建築，給人一種厚重肅穆的感覺。墓的正門上方刻著金色的「列寧」字樣。墓的上方是一個檢閱台，供國家領導人在重大活動時檢閱用，這是自斯大林時代以來在蘇聯電影電視裡屢見不鮮的場景。那天參觀列寧墓的人很多，大多是蘇聯人，也有不少外國人，其中中國人居多。特別引人注意的是一批又一批的蘇聯中小學生，很多孩子還拿著鮮花。孩子們受優待，不必排隊，我們則足足排隊等候了近一個小時。列寧的遺體保存得很好。望著這位第一個把馬克思科學社會主義理論變為現實的偉人，我充滿崇敬之意。我在當天的日記裡寫下了自己的感受：「從上小學一年級開始我就知道列寧的名字。他的名字、他的思想，以及他所繼承的馬克思、恩格斯的思想始終影響著我的人生道路，在方向性的問題上，決定了我過去三十多年的選擇。如今得以親眼見到這位偉人的遺容，我心情異常激動。我向這位革命導師深深鞠了一躬，以此表達我這個中國共產黨人對他的崇高敬意。」後來我在駐俄羅斯使館工作期間，接待過很多國內來訪的代表團，參觀列寧墓幾乎是大家的共同願望，有的老同志說得更明

白：「我只有一個願望，就是看看列寧同志。」可以說，參觀列寧墓是許多中國人的一個特殊情結。

位於列寧墓後面的克里姆林宮紅牆上安葬著一些蘇聯著名人士的骨灰，其中有朱可夫元帥、人類第一個飛入宇宙的宇航員加加林、列寧的夫人克魯普斯卡婭、著名作家高爾基等。此外，還有一些國際共產主義運動的著名人物，如蔡特金、盧森堡等。對於我這個研究過蘇聯史和國際共產主義運動史的人來說，一下子與這麼多早已在書本上熟知的歷史人物相對，歷史似乎活了起來。

與列寧墓毗鄰的是著名的無名烈士墓。此墓是專門為紀念在蘇聯衛國戰爭中犧牲的那些無名戰士們而建造的，在常明火前的大理石地面上刻著兩行金字：「你的名字無人知曉，你的功勳永垂不朽。」來此地參觀的人也是絡繹不絕。給我留下深刻印象的是，許多新婚的年輕人穿著結婚禮服成雙成對地來到墓前恭恭敬敬地獻花，留影。我問旁邊的一位當地人：「他們為什麼這樣做？」他笑著回答：「這是莫斯科人的一個傳統，新郎新娘在開始新生活的時刻都要到這裡來向英雄們致敬，感謝他們為後人的幸福生活作出的犧牲。」後來這些年，我又曾多次在無名烈士墓看到過類似場景，即使在蘇聯解體初期的動亂年代也是如此。我想，這也許就是因為愛國主義深入人心的緣故吧。任何一個民族、一個國家，如果有了這種深入人心的愛國主義，它所產生的精神力量是不可估量的。

艱難時世的社會文明

我第一次來到莫斯科時，那裡的商品供應短缺到了令人難以置信的程度。「民以食為天」，而正是吃飯問題成了我們在莫斯科遇到的第一個難題。食品店裡每天只有牛奶和面包能保證供應，而面包的種類非常單調，通常只有一種叫「巴東」的普通面包，精緻一些的幾乎沒有。黃油、酸奶、雞蛋、雞、肉、魚等時有時無，完全靠你去商店時的運氣。即使碰上有，通常也要排一到兩個小時的隊。至於蔬菜，本來那裡的品種就少，那時就更少得可憐了。每天能買到的基本只有「老三樣」：胡蘿蔔、土豆、洋蔥。圓白菜偶爾可得，而黃瓜、西紅柿等細菜則是難得一見。當時的報紙上甚至出現了「今冬可能出現饑荒」的報導。

不僅食品短缺，日用品也難買。剛到莫斯科時，飯鍋、漱口杯等一概買不到，沒辦法，只好先借別人的飯鍋用，把牛奶瓶當漱口杯。大衣、西服套裝等也是剛上貨就被搶購一空。百貨商店每天上午開門時，等候在外面的人群都會像衝鋒陷陣一樣奔向各自的櫃檯目標。

儘管當時莫斯科人被經濟困難、時局動盪所困擾，但在各個方面仍表現出良好的公民意識和文明修養，令我印象深刻。

一是排隊文明。由於商品短缺，排隊購物已成為當時的莫斯科一景，但人們排隊時都很守規矩，幾乎看不到夾塞的現象，更沒見過因排隊購物爭執

吵鬧的情況。至於排隊候車更是很自然的事情，見不到一哄而上擠著上車的現象，人們也沒有搶占座位的念頭。「老人兒童優先」、「女士優先」是公認的準則，年輕人為老人、兒童讓座，男士為女士讓座是司空見慣的事情，不需要別人提醒。

二是服務文明。有一次，我到一家修理店為冰鞋安裝冰刀，交貨後我問修理工，什麼時候可以取。沒想到他反問我：「您什麼時候方便？」我一時沒反應過來，以為自己沒聽清楚，又問了一句：「您說什麼？」他又重複了一遍：「您什麼時候方便？」我這才說了個時間。這是我第一次體會到「顧客是上帝」的感覺。此前此後，我在國內從未受到過這樣的待遇。也正因為如此，這件「小事」讓我至今記憶猶新。再有就是講究服務信譽。莫斯科有許多專門修改衣服的服務店，顧客取回修改好的衣服時，店裡會給你一張保修單，一般是一個月之內如發現修改得有問題，可以送回免費重新修改。到醫院補牙也會給一張保修單，一年之內如所補的牙出了問題，可以免費重新補。

三是劇院文明。莫斯科的劇院都設有存衣間，方便觀眾存放外套。那裡的人們把去劇院當作一項高雅社交活動對待，都很注意著裝，特別是男士一般都穿比較正式的服裝。那裡的劇院還有一個規矩：演出開始後遲到的觀眾不允許進場，只能等幕間短暫休息時才能進去，以免影響演員表演和觀眾觀看。如果有人想中途退場，也都會自覺等到幕

間，不會在演員正在台上演出時離席，因為那樣是對演員的不尊重，也會影響其他人觀看演出。所以，在演出過程中沒有觀眾進進出出的情況。保持劇場肅靜也是觀眾的自覺行為，沒有人交頭接耳地說話，更不會大聲喧嘩。你可以全神貫注地觀看演出，不會受到別人干擾。演出結束後，演員都要出來謝幕，此時觀眾會熱情鼓掌向演員表示感謝。精彩的演出一般謝幕往往多達兩三次，觀眾也會一次一次地鼓掌，只有等演員謝幕最後結束，觀眾才會退場，以示對演員的尊重。

　　四是交通文明。司機照章行駛，行人自覺遵守交通規則，這是莫斯科交通文明的核心內容。此外，司機和行人對行人優先的原則有著高度共識。當行人根據綠燈沿人行橫道線過街時，拐彎的汽車都會在線外自覺停下來，只有等最後一個行人過去以後，才會穿過人行橫道線。在那裡，你只要按照規則走人行橫道線，安全絕對有保障，不用擔心會有汽車與你搶行。與此相對應的一條規則是，行人過街如果不走人行橫道線，隨意穿行，一旦被車輛撞著，責任由行人自負。這樣的規則既加強了對行人的約束，也保證了道路的暢通。由於行人和司機大都能遵守交通規則，那裡的司機一般不需要按喇叭，而且，隨意按喇叭在那裡被視為不文明的舉止。因此，當你在街上行走時，幾乎聽不到令人生厭的汽車喇叭聲。發生交通事故時，當事人彼此以禮相待，這也是讓我欣賞的一點。我在列寧大街的

住處附近是個繁華的十字路口。有一次路過此地，正好看到一輛卡車和一輛小客車相撞。我下意識地想，會有麻煩了。然而，接下來的一幕卻完全出乎我意料。只見兩個司機從車上下來後，朝對方走去，相互握手，彼此道歉。這樣的交通事故場景真是讓我大開眼界。

五是公共衛生文明。在莫斯科，無論是漫步街頭，還是到公園、劇院等公共場所，都會發現非常整潔。這與莫斯科人良好的環境衛生意識分不開。那裡幾乎看不到人們隨意亂扔果皮紙屑等廢棄物的現象。我經常看到，人們郊遊時會把自己用過的水瓶、啤酒瓶、塑料袋等垃圾收拾起來放到自己車上帶走，連小孩子也知道這樣做，所以那裡的綠地總是非常乾淨。有一次乘地鐵時，我曾看到兩個年輕人把瓜子皮吐在車廂地上，當場受到一位老人的嚴厲批評，兩個年輕人一句話沒說，乖乖地把瓜子皮撿了起來。不在公共場所隨便吸煙也是莫斯科人的社會生活準則之一。在火車上，煙民都自覺地到車廂連接處的過道吸煙，而不會在包廂裡吸。在社交場合，煙民會自覺到室外吸煙，甚至在家中聚會也是如此。在劇院，煙民都是到靠近衛生間的地方過癮。餐廳一般允許吸菸，但吸菸者如果想過癮，都會事先徵得同桌人特別是女士的同意。總之，煙民都很自律，注意吸菸時「不擾民」。

六是崇尚知識。莫斯科的地鐵十分發達，在世界上名列前茅，而那裡的地鐵乘客愛讀書也是有名

的。當你進入地鐵車廂後，總會看到不少人坐在座位上埋頭看書或看報，堪稱莫斯科一道獨特的風景。更有意思的是，那裡的人們排隊購物時也常拿本書看，真稱得上是文化式購物。為了查閱資料方便，我曾到列寧圖書館（相當於國家圖書館）去申辦借閱證。圖書館工作人員看了我的個人證件，發現我是博士，對我非常客氣。她告訴我，在列寧圖書館，博士和教授都可以辦理專門的紅皮借閱證，憑此證能夠享受特殊的優待，包括到條件優越的專門閱覽室閱覽、存衣服不用排隊（莫斯科冬天很冷，故存取外套的人很多，為此排隊要花費一些時間）等。這對我來說不僅是個意外的驚喜，更有一種被尊重的感動。我隨後來到存衣服務台前，發現那裡有許多人在排隊等候，而在服務台最裡側是專門為紅皮借閱證持有者服務的，那裡沒有人排隊。我出示了剛領到的特殊借閱證後，服務員很快把我的衣服存好。然後，我按照服務員指點來到專門閱覽室，那是一個很寬敞的房間，擺放著幾十排寬大的書桌，每個位子都有一盞檯燈。這樣舒適的條件的確適合看書。自從拿到博士學位後，我在國內的公共場合還從未受到過這樣的禮遇。從列寧圖書館的這種做法可以清楚地感受到這個社會尊重知識、尊重知識分子的好風氣。我至今仍珍藏著這個有特殊意義的紅皮借閱證。

在莫斯科耳聞目睹了這些社會文明現象之後，我對俄羅斯民族有了進一步的認識，也平添了一份

尊重。儘管當時蘇聯的經濟已經陷入嚴重危機，國家前途未卜，但這樣一個有著良好素養的民族是不會沒落的，是有再生希望的。有了這段經歷後，我常想，物質文明固然重要，但相比之下，精神文明具有更深層的作用，而且可以轉化為強大的物質力量，對一個國家一個民族的發展有著更具根本性的意義。這是我們在觀察一個國家一個民族時應該加以注意的。

中國人與「阿芙樂爾」號巡洋艦的情緣

「阿芙樂爾」號巡洋艦原是俄國波羅的海艦隊主力艦之一。十月革命前，該艦士兵起義，加入布爾什維克領導的革命隊伍。一九一七年十一月七日（俄曆十月 25 日），該艦按照革命軍事委員會的命令，開到涅瓦河上的尼古拉耶夫橋附近，炮口直指冬宮。晚上九時四十分，艦上無線電台收到斯莫爾尼宮武裝起義大本營的命令，隨即該艦主炮打響了進攻冬宮的炮聲，揭開了偉大十月革命的序幕。這裡需要澄清的一點是，當時「阿芙樂爾」號巡洋艦主炮發射的是空包彈，不是實彈，僅僅是作為起義隊伍發起進攻的一個信號，相當於吹響衝鋒號。

一九四八年，根據列寧格勒市蘇維埃執行委員會的決定，「阿芙樂爾」號巡洋艦固定停泊在正對納西莫夫海軍學校大樓的涅瓦河岸邊。該艦既是海軍學校的教學艦，也供遊人參觀。

「阿芙樂爾」號巡洋艦
（攝於 1994 年九月 25
日）

　　上世紀五〇至六〇年代，許多中國人都熟悉
「阿芙樂爾」號巡洋艦的名字，因為一九四九年六
月中國革命勝利前夕，毛澤東主席在《論人民民主
專政》一文中講過一句名言：「十月革命一聲炮
響，給我們送來了馬克思列寧主義。」這裡所說的
「一聲炮響」，指的就是「阿芙樂爾」號巡洋艦主
炮發出的進攻冬宮的信號。「阿芙樂爾」號巡洋艦
因此也就與中國革命和新中國結下了不解之緣。也
正是由於這個原因，我們這一代人對這艘軍艦懷有
一種特殊的感情。

　　一九九四年九月我第一次去參觀「阿芙樂爾」
號巡洋艦時，正是懷著這種感情。那天天公作美，
是聖彼得堡難得的好天氣。遠遠望去，「阿芙樂爾」
號淺灰色的艦體在藍天的映襯下格外醒目，快速飄
浮的白雲給停泊在水面的軍艦增加了一種動感。我
們一行剛一走近岸邊，幾個手中拿著各種樂器的俄
羅斯人就迎上前來。他們似乎看出我們是中國人，

很有經驗地用中文說：「你好！」然後就奏起了熟知的《東方紅》樂曲。據他們說，來參觀「阿芙樂爾」號巡洋艦的外國人中大部分是中國人，所以他們特意準備了中國樂曲歡迎中國客人。當我們沿著舷梯登上甲板後，偶遇艦長尤里。他知道我們是中國人後，便熱情邀請我們參觀艦長辦公室和會議室。這裡平時是不對遊人開放的，由此可以看出他對中國人民的特殊感情。他說，他知道毛澤東講過，是「阿芙樂爾」的一聲炮響，給中國送去了馬克思列寧主義。臨別時，他還特意贈給我們每人一枚該艦的紀念章作紀念。

與尤里艦長告別後，我們來到前甲板，那裡安放著那門發出「十月革命一聲炮響」的主炮。炮身上有一塊銅牌，上面刻著：「一九一七年十月二十五日二十一時四十分，根據革命軍事委員會的命令，『阿芙樂爾』號巡洋艦發出了作為進攻冬宮信號的歷史性炮聲。」我在這門建立過歷史功勳的主炮跟前佇立良久，遙望遠處的冬宮，浮想聯翩。那改變人類歷史發展進程的偉大一幕彷彿就在眼前。當告別「阿芙樂爾」號的時候，我拍下了它的英姿。這張照片傾注了我對「阿芙樂爾」號及其所代表的英雄主義精神的尊敬，它是我的得意之作，曾在外交部舉辦的首屆「中國外交官看世界」攝影展展出。我把它一直掛在客廳的牆上，供自己和客人們欣賞。

普京總統就出生在聖彼得堡，他對國家的歷史

十分珍惜。針對一些人全盤否定蘇聯歷史的觀點，他曾經明確表示：「一個偉大的民族，不應該向自己的歷史吐唾沫。」「那等於說，我們的父母虛度一生，活得毫無意義，我無論如何不能同意這種觀點。」應該說，普京的這種歷史觀也是他引領俄羅斯成功走上復興之路的一個重要原因。

新千年的曙光

一九九九年末，隨著新千年即將來臨，距離二〇〇〇年三月俄羅斯總統大選也越來越近。然而，誰將是葉利欽的接班人卻仍然是個謎。當時活躍在俄羅斯政壇的主要人物中，看不出擁有明顯政治優勢的人。葉利欽也沒有對某人表現出明顯的傾向性。而此時，葉利欽的身體狀況十分糟糕。當時人們普遍認為，葉利欽的身體能否堅持到總統大選成了未知數。這一切，使一九九九年歲末之際的俄羅斯政局變得撲朔迷離。

一九九九年十二月三十一日中午十二時，葉利欽以一個出人意料的政治決定震撼了全世界。他宣布自己決定辭職，把權力交給時任總理的普京。他沒有解釋這樣做的原因。我們在第一時間從俄羅斯國家通訊社網得知這個重大消息，並立即向國內報告，隨後繼續密切跟蹤俄羅斯國內外對此事的反應，隨時向國內報告，並提出我們的看法。當天中午，葉利欽在克里姆林宮舉行小型告別午宴，除普京外，參加者還有外長、國防部長、聯邦安全會議

秘書、內務部長等強力部門負責人。午宴後，他離開克里姆林宮，在與為他送行的普京道別時，他對自己的繼任人說：「照看好俄羅斯！」從電視畫面上可以清楚地看到，葉利欽在說這句話的時候，表情凝重，語重心長，意味著此時此刻他把整個國家的命運託付給了普京。

葉利欽後來在自己的回憶錄《總統馬拉松》中說，他第一次與普京談自己提前退位以及讓普京接班的考慮是在十二月十四日。當時普京沒有馬上同意，他對葉利欽說：「鮑里斯·尼古拉耶維奇，我對這樣的決定沒有準備。您知道，這對我來說太沉重了。和您在一起工作對我非常重要，能不能到任期結束時您再離開？」然而，葉利欽還是堅持自己的想法，並極力勸說普京接受他的決定。經過長時間討論，最後普京才表示：「好，我同意，鮑里斯·尼古拉耶維奇。」不過當時葉利欽沒有告訴普京交班的具體日期。十五天之後，十二月二十九日上午九時，葉利欽把普京叫到辦公室，此時才告訴他交班時間定在十二月三十一日。隨後，兩人討論了移交權力的技術細節。

應該說，在選擇普京做接班人這件事情上，葉利欽的眼光是準確的。他以此舉為俄羅斯做了一件大好事。

葉利欽自己也許沒有意識到，他選擇了一個有能力改變俄羅斯命運的人。但是，從歷史唯物主義觀點看，這件看似偶然的事情實際上有著深刻的必

然性。正如普列漢諾夫在其著名的《論個人在歷史上的作用問題》一文中講過的那句名言：「凡是有便於傑出人物發揮其才能的社會條件的時候和地方，就會有傑出人物出現。」俄羅斯這個國家發展到這個時候，需要一個普京這樣的人物。從這個意義上說，即使沒有普京，或遲或早也會出現其他類似的人物來承擔歷史賦予的使命。而對普京而言，天降大任於斯人，應該說他是個幸運兒。正如普京自己在談到擔任總統的感受時對記者所說的：「我不像那些以政治為職業的人，他們天性就想在仕途上往上爬。我自己從未定過這樣的目標。這是由命運決定的。」他曾表示，葉利欽向他交班時說的那句話——「照看好俄羅斯」，將永遠是他精神和政治的座右銘。

當葉利欽作出這個驚人之舉的時候，全世界正在興高采烈地準備迎接新千年的到來，我也不例外。然而，由於忙於跟蹤葉利欽辭職的相關動態，十二月三十一日當天我和同事們一直工作到很晚，連晚飯也沒顧得上吃，最後只是請使館的廚師給每人煮了碗麵條充飢。在這個真正「千載難逢」的時刻卻不能親自參與迎千禧活動，對我來說無疑是很大的遺憾。加之無法身臨其境把這難得的時空場景用鏡頭記錄下來，對我這個攝影愛好者來說更是重大損失。因此，我對葉利欽這個「不合時宜」的舉動滿肚子怨言，在日記中寫道：「葉利欽導演的本世紀最後一場重大政治事件攪亂了我的迎千禧個人

計畫，原定去紅場觀看俄羅斯人迎千禧活動並拍照留念的想法不得不告吹。」從當天夜裡到第二天凌晨，我一直守在電視機旁，收看歐美各國迎千禧的盛況，以此彌補自己的損失。給我的感覺是，各國慶典雖各有千秋，同時又有共同內涵，這個內涵就是：對未來普遍寄予美好的希望，以及出於對這一美好未來的憧憬所激發出來的狂熱激情。此時，我心中油然產生一個想法：儘管這個世界充滿了矛盾、對立甚至衝突，但人類在這一刻卻表現出那麼深刻的共性，即對美好未來的共同嚮往。這正是世界最終將走向大同的本質基礎。然而，人類要實現這個目標仍有很長的路要走。

為了彌補除夕夜未能上街觀景和拍照的損失，新千年的第一天早上，我便驅車前往克里姆林宮一帶。天空晴朗，朝陽明媚，真是新千年新氣象。這是莫斯科難得的好天氣，也是攝影的好時機。昨夜狂歡的人們都還在睡懶覺，街上行人稀少，格外清

新千年曙光中在克里姆林宮外留影。（攝於2000年一月1日）

與普京總統合影。（攝
於 2001 年六月 9 日，
右4為於振起）

靜。我來到離克里姆林宮最近的大石橋，選好了拍攝克里姆林宮全景的最佳地點，拍下了沐浴在新千年曙光中的克里姆林宮。我自己也在同樣位置上留影，記錄下這千載難逢的時刻。為了請人幫忙給我拍照，足足等了十幾分鐘，好不容易等來兩位剛下夜班的警察。他們熱情幫我拍照後，向我提出一個請求，開車送他們到附近的列寧圖書館地鐵站，我欣然答應。然後我又去紅場、莫斯科大劇院、白宮等地繼續攝影留念。

克里姆林宮那張照片洗出來後效果非常好，是以往我所拍攝的克里姆林宮照片無法相比的。這也許是天意？看著這張照片，我不由得有種預感：年富力強的普京入主克里姆林宮，似乎預示著俄羅斯在新千年的復興。後來我用這幅照片參加了外交部舉辦的第二屆「中國外交官看世界」攝影展，取名

為「新千年曙光中的克里姆林宮」。

世代相傳的中俄人民友誼 ──《俄羅斯友人看中國》文集問世記

二○○一年十二月，九屆全國人大常委會第二十五次會議審議批准我為中國駐白俄羅斯共和國特命全權大使。二○○二年一月，在中國駐俄羅斯使館的告別招待會上，俄羅斯外交部的朋友們對我說，莫斯科永遠是您的後方基地。我在致辭中對俄羅斯朋友們表示：「我高興地看到，近年來中俄戰略協作夥伴關係發展良好，已經提高到一個新水平。所有在座的俄羅斯朋友們為此作出了自己的貢獻。過去幾年中，我和諸位保持著密切接觸和愉快的卓有成效的合作。通過與你們的合作，我感受到俄羅斯人民對中國人民的友好情誼。雖然我將要離開莫斯科，到白俄羅斯去工作，但我會繼續儘自己所能促進中俄兩國人民的友好關係。」

此後這些年，我始終信守自己的諾言，以各種方式為促進中俄兩國人民友誼儘力。其中特別值得一提的是我從二○一一年開始策劃推動的民間公共外交項目──在俄羅斯出版《俄羅斯友人看中國》文集。

二○一一年十月二十六日，我帶領中國國際問題研究基金會《俄羅斯友人看中國》文集工作組來到俄羅斯科學院遠東研究所，與我的老朋友──遠東研究所所長、俄中友好協會主席季塔連科院士商

談出版《俄羅斯友人看中國》文集的計畫。我邀請季塔連科主席擔任文集主編，他欣然接受邀請，並高度評價文集項目的政治意義，認為這是一項俄中關係史上具有創造性的民間友好活動，表示願盡全力在中方支持下，組織好文集出版工作，為增進俄中兩國人民的傳統友誼作出貢獻。

二○一二年六月，《俄羅斯友人看中國》文集在莫斯科如期出版。七月三日，中國國際問題研究基金會執行理事長劉古昌率領基金會代表團來到莫斯科出席文集首發式活動，我隨團前往。

當天上午，季塔連科主席在與劉古昌執行理事長會見時表示，中方關於在莫斯科出版《俄羅斯友人看中國》文集的倡議是沒有先例的好創意。二○一一年十月底他與於振起副理事長就此達成共識後，俄方對文集項目給予高度重視，精心策劃。徵稿工作得到俄社會各界相關人士的熱烈響應，從而得以在較短時間內完成組稿，並按照與中方達成的

與《俄羅斯友人看中國》文集主編季塔連科院士合影。（攝於2011年十月26日）

共識如期完成了出版任務。俄中友協在文集出版後
第一時間已將文集提供給俄外交部等部門，各方均
給予高度評價。他希望今後與基金會繼續開展各種
形式的合作，為促進兩國人民的友誼作出新貢獻。

　　隨後，《俄羅斯友人看中國》文集首發式在俄
羅斯科學院遠東研究所中國廳舉行。文集主編季塔
連科院士、文集部分作者及相關工作人員、中國國
際問題研究基金會代表團全體成員等七十餘人出席
首發式。

　　季塔連科首先介紹了組織編寫文集的有關情
況。他指出，該文集是俄中友協、俄羅斯科學院遠
東研究所與中國國際問題研究基金會首次合作的重
要成果，該書的出版表達了俄羅斯人民對中國人民
的真摯友情和所取得成就的尊重與敬意。文集從組
稿到正式出版僅用了不到九個月的時間。二十位來
自俄羅斯不同地區、從事不同職業的作者以其各自
獨特的視角向俄羅斯讀者講述了對中國文化、歷
史、經濟、哲學、社會生活的體驗和看法。該文集
時間跨度大，追溯了中國近六十年的發展軌跡，選
材也獨具特色，非常全面。所有作者都是在俄頗具
影響的菁英人士，其中包括齊赫文斯基、羅高壽、
奧弗奇尼科夫等，他們都曾多次訪問中國或長期在
中國工作、長期研究中國，對中國的描述充滿了真
情實感。相信該書的出版將有助於加深俄羅斯民眾
對中國的了解和認識。他最後表示，「我寄希望於
本書的所有作者，也寄希望於下一本書的作者和出

版者，希望更多的年輕人成為下一本書的作者。讓我們為友誼乾杯！」

劉古昌代表基金會向季塔連科主編及全體作者表示衷心感謝，向文集的正式出版表示熱烈祝賀。他指出，該書的問世是中俄兩國人民友誼又一新的體現，也是一個沒有先例的具有創造性的推進兩國人民友好關係的舉措。

部分文集作者介紹了各自為文集撰稿的過程和自己與中國的不解情緣。他們表示，感謝中國國際問題研究基金會提出這樣的好創意，為他們提供了一個平台，使他們有機會表達積澱多年的對中國人民的友好感情，為增進俄中兩國人民的友誼貢獻自己的一份力量。今後將繼續竭盡全力為俄中友誼作貢獻，永遠做中國人民的好朋友。他們認為，當前俄中文化交流已經進入了一個全新的時期，俄羅斯年輕人對中國的興趣和關注程度也在上升，俄羅斯民間組織應借此東風，加強同中國的交流與合作。

俄羅斯外交部代表、第一亞洲局局長庫裡克發言時指出，該文集的創意構思新穎，完成情況非常令人滿意。文集所有作者都是俄羅斯重量級知名專家、社會活動家和外交家，在俄民眾中享有很高信任度。當前，俄中關係的發展具有不可逆轉性，希望兩國民間友好機構抓住這一有利時機，再接再厲，共同加強俄中友好關係的社會民意基礎。

《俄羅斯友人看中國》文集首發式引起俄羅斯和中國媒體的高度關注。俄塔社、俄新社、國際文

傳電訊社、俄羅斯報、新華社、人民日報、中新社、鳳凰衛視、中國青年報等多家重要媒體的代表出席了首發式，並於當天迅速報導了相關消息。

首發式結束後，我接受了人民日報和中新社記者的現場採訪。我首先感謝季塔連科主席為文集的編輯出版作出的重要貢獻，同時特別提到俄羅斯前駐華大使羅高壽先生為文集撰寫的文稿。他在文中講述了自己從兒童時期開始與中國結下的不解之緣，視中國為他的「第二故鄉」。二〇一二年三月羅高壽先生向文集主編提交文稿後不久，就不幸病逝。他是抱病完成的這篇文稿，這是他在生命最後時刻為中俄兩國人民友誼作出的特殊貢獻。我說，在俄羅斯有很多像羅高壽先生這樣的中國人民的老朋友，同時也有越來越多的年輕朋友。這本文集真實地記錄了許多俄羅斯人民與中國人民結緣的感人故事，這是中俄兩國人民的寶貴精神財富，也是我們兩國人民友誼世代相傳的強大精神動力。

值此中俄互辦青年友好交流年之際，我把幾十年來親身經歷的與俄羅斯有關的一些故事講出來，希望以此為增進中俄兩國青年之間的友好感情盡一份力。今天，我們的青年人趕上了中俄關係歷史上的最好時期。這是幸運的，更是幸福的。青年是中俄友好事業的未來。相信我們的青年人能夠繼往開來，為中俄兩國人民世代友好，永做好鄰居、好朋友、好夥伴的偉大事業作出自己的貢獻，創造更加美好的未來。

那些蘇聯人呀，真是讓人⋯⋯

吳虹濱

（中國前駐塔吉克斯坦、白俄羅斯、土庫曼斯坦
大使）

　　蘇聯解體前，我在那裡做過外交官，也當過進修生。我挺喜歡蘇聯人那種直爽中帶有粗魯的性格，真覺得蘇聯的老百姓普遍有教養、素質高。可是，他們表現自己素養的方式卻往往讓人難以認可。事後聊起來，不得不說上一句：唉，那些蘇聯人呀，真是讓人⋯⋯

讓人哭笑不得的「革命警惕性」

　　由於十月革命後長期面臨帝國主義國家的干涉和滲透威脅，蘇聯人民的革命警惕性特別高。記得小時候看過蘇聯電影，似乎人人都特警惕外國派來的間諜，而且在普通百姓眼裡，每個外國人都很可疑。我到蘇聯工作時，正處於兩國對立的「冰凍」時期，更感覺自己一外出就時時處在周圍一雙雙警惕的目光注視之下。

　　有一次，我陪路過莫斯科的同志到紅場參觀列寧墓。我拿著相機在廣場上到處照，引來了一個帶著紅臂章的小夥子，大概屬於我們中國人熟知的

「工人民兵」一類。他不知怎麼看我不順眼，大概因為我的一副中國面孔吧，硬不讓我拍照，就像電影裡常見的那樣，伸出手遮擋我的相機鏡頭。紅場還不讓拍照？我根本不搭理這個毛頭小子。他大概頭一回過帶紅臂章的癮，太認真看待自己的崇高職責了，威脅說要沒收我的相機。我也急了，走到近處一個執勤的警察跟前告狀說，有個小流氓破壞公共秩序，應該把他抓起來。警察顯然認識我這個紅場的常客，笑了笑，走過去對「工人民兵」說了幾句什麼，他才悻悻地走開了。

第二次到駐蘇聯使館工作不久，我新買了攝像機，興沖沖地在加里寧大街的一家大服裝店拍攝使館的女同志們買衣服。女售貨員先是不斷地斜著眼看我，最終忍耐不住了，很嚴肅地阻止我拍攝，也作出我熟悉的用手遮擋鏡頭的動作。商店也不讓拍照？我爭辯說這是公共場所，而且我是在拍攝自己的同志。女售貨員見我這個外國人居然不服管，跑去把值班的女經理找來了。這是個更加嚴肅的女人，她堅決地把我請到辦公室，詢問我為什麼要在商店拍錄像。我知道這時態度一定要好，否則麻煩就大了。我用特誠懇的態度作了許多解釋，說明我是中國大使館外交官，也大談了中蘇友誼，最後出示了新換發的外交官身分證。不知為什麼，我的新身分證編號竟然是 0001，我常以此證向蘇聯朋友炫耀說，在蘇聯一號證件通常只給偉大的列寧保留！女經理同樣為我對列寧的尊重所打動，嚴肅地

說：你今天的舉動「可以不算間諜活動」，但以後不得再拍攝我的商店，已經拍的也不能公開放映。我心想，我倒想公開放映，誰看呢？但聽說可以免去「間諜活動」的嫌疑，便連忙答應，並忍住笑保證說，絕不公開放映今天所拍內容，但要在家裡給自己的孩子看，讓中國孩子從小知道蘇聯的繁榮和強大。於是雙方都高興地笑了，我們成了朋友。再後來，使館的女同志們到這家商店走走後門就方便多了。

有點發酵的愛國主義

我特愛看蘇聯衛國戰爭的電影，對蘇聯人民的愛國主義精神和他們為保衛祖國視死如歸的英雄壯舉印象極為深刻。上世紀八〇年代中期，我作為中國「文化革命」後首批到蘇聯國立白俄羅斯大學的進修生，在明斯克讀書。我在那裡更直觀地體會了普通蘇聯人的愛國情懷。有一次坐火車，剛在包廂安頓好，就擠進來一個和我差不多同齡的強壯男子。他對我這個中國學生特熱情，車還沒開，就擺開鹹魚和伏特加酒，開始了我們的交情。但聊到珍寶島，他極其激動地捋起袖子說，他當年在珍寶島和中國軍隊打過仗，受過傷，現在想起來還恨不得掐死那些對手。我看到他毛茸茸的胳膊似乎比我小腿還粗，想起「胳膊擰不過大腿」的祖訓（眼前是小腿擰不過胳膊），怕他忍不住就在車廂裡掐住我

的脖子，嚇得不敢說話，只能在心裡暗暗愛國，不再爭論珍寶島的是非，酒也免了。所幸，這位強壯的旅伴是「君子動口不動手」，酒後也沒再提珍寶島的事。

也是在白俄羅斯大學進修期間，我還見過更堅定的愛國主義者。德國法西斯的殘暴在白俄羅斯肆虐的時間最長，因而白俄羅斯人的反抗最激烈，對德國法西斯的仇恨也最強烈。不止一個當地人對我說過，衛國戰爭裡白俄羅斯人沒有叛徒。有一天在口語課上，一個來自民主德國的女孩子努力用生澀的俄語作陳述：我很高興來到明斯克這個美麗的小城市——沒等她說完，教室裡立即響起女教師尖利的吼聲：什麼？！你說明斯克是小城市！你們德國的小城市都有一百五十萬人口嗎？都有漂亮的地鐵嗎？你知不知道，明斯克在衛國戰爭中被納粹徹底毀壞，沒留下一間完整的房屋……於是，一堂口語課變成了對偉大衛國戰爭的頌揚和對納粹德國的痛斥，那可憐的德國姑娘則被嚇哭了。我想她一輩子也不會忘記明斯克這個「大城市」了。

後來的課上，我也謹慎多了，盡量不去觸碰任何可能傷害蘇聯老百姓民族自尊心的話題，也不使用任何有損他們愛國情結的詞語。

我還碰到過很多熱情的愛國公民。使館旁邊的蔬菜店裡，胖胖的女售貨員娜佳一直覺得中國特窮，只能生產她在五〇年代見過的「友誼」牌毛巾和鋼筆，「文化大革命」更把中國人搞得幾乎沒褲

子穿，而蘇聯之強大繁榮則是無比的。因此，她常指著菜架上值班的老四樣（土豆、洋白菜、洋蔥、胡蘿蔔）自豪地對我說：看，我們這裡什麼沒有啊？知道嗎，光是土豆就能做幾百道菜。我忍不住想說「這裡真的是什麼也沒有」，而且土豆做出一萬種菜也還是土豆。但是，為了尊重胖娜佳的愛國熱情，也為了以後買菜方便，我始終沒敢說「什麼也沒有」。可是有一次，她在頌揚自己祖國的偉大時甚至洋洋得意地順口說：我們這兒都說，「母雞不算鳥，蒙古不算外國」。嘿，她愛國愛到外國去了，這讓我實在忍不住給她普及了一下國際法和歷史知識。

嚇人一跳的熱心腸

不止一次，我在問路時被蘇聯人的熱心腸感動。我們中國人指路總說東南西北，他們卻說前後左右。有時他們怕我聽不明白，會放下自己的事情陪著我走上一段路，這種熱心腸讓我這個來自禮儀之邦的外來客自愧不如。有時，他們的熱心又讓人哭笑不得。我出差到基輔，總吃俄式飯菜倒了胃口，餐廳服務員打破慣例（在蘇聯，這是很不容易的事），把幾份菜裡配的一點米飯集中起來給我飽口福。我吃飽了想喝一碗雞蛋湯，她又熱情地張羅，端來一大碗雞湯，裡面漂著一個煮熟的大雞蛋，說這就是雞蛋湯。這湯把我撐的，打嗝都是一

股那個味兒……

　　還有嚇了我一跳的熱心人。一個雪夜，我開車外出，路面上滑得像鏡子，一個醉鬼晃晃悠悠地突然躥到馬路上。我車速不快，但剎車後車子仍然向前滑行了好幾米，砰的一聲碰上了他。他飛出幾米後躺在地下。可是還沒等我下車，他又爬起來晃晃悠悠地走了。我下車追上去看了看，發現這老兄居然一點傷沒有。柔軟的雪地、厚實的冬裝和醉鄉的快感使他一點不舒服的感覺也沒有，不但不搭理我的問話，還直揮手說：一邊去，別礙事。儘管醉鬼沒事，可我還是兩腿發軟，回到車上想趕快離開。突然，一個穿黑大衣的男人伸手攔在車前。我心裡一哆嗦，慢慢地從車窗伸出頭問他有什麼事。這人

一定要我下車，我想，麻煩真的來了。走下車客氣地一問，沒想到他是要我檢查自己的車壞沒壞，說車有損傷得追究醉鬼的責任！我真恨不得給這個多事的人一個窩心腳，把他踹到馬路上去──他實在把我嚇得夠嗆。我聞了聞，黑大衣身上沒有酒味，相信不是又一個酒鬼尋事而是熱心人管閒事，就看了看車。鐵碰肉，車怎麼會壞呢？這該讓我走了吧。沒想到他還是不放行，堅持讓我再細看看，說放走了那個「肇事」的醉鬼，以後發現問題就沒法找人了。我心想，「肇事」的都沒事兒，你就讓我這個「受害」的趕快走了吧！於是我鄭重地謝了這位好心人，心裡狠狠詛咒著他，用發軟的腳踩下油門趕緊開車走了。

刻骨銘心的中國情

即使在兩國對峙的年代，蘇聯人民也普遍對中國人懷有好感。真正了解中國、到過中國的人，則大多對中國有深厚的感情。許多漢學家的子女選擇了學習漢語並從事研究中國的工作。而那些講漢語的外交官裡，不少是子承父業，細問起來，他們往往是在當年北京揚威路蘇聯駐華使館大院長大的孩子。那時他們在使館的院子裡追逐嬉鬧、踢足球，現在則在下班後看著自己的孩子們在使館的院子裡玩耍。我相信，這些孩子裡還會出現新一代的漢學家和外交官。

那些和中國淵源深的人，往往終生懷有刻骨銘心的中國情。我的朋友中，有首任的中國民航總顧問，有參加解放中國東北的老兵，有風華正茂時來支援中國建設的技術專家。他們總是不斷地撫摸自己的紀念章，懷念著自己的中國同事，惦記著自己當年去過的地方和參與的項目。

　　我在駐蘇聯使館工作時，曾幾次拜訪過一位退休的老將軍。他叫科瓦廖夫，鐵道兵中將，是最早的蘇聯援華專家組組長，後來因為某種原因無意中摻和了中國共產黨內部的事務，被斯大林撤換，繼任者就是中國人民熟悉的阿爾希波夫。走進科瓦廖夫家，就像到了一個小型的中國博物館，到處是高

吳虹濱和蘇聯大學生一起看中國畫展。

高低低的中國瓷瓶、各種風格的中國水墨畫，還有許多工藝品。老人行動不便，但思維敏捷。談起當年受到斯大林的批評並被撤換，老人只是一笑，毫無抱怨。雖然他在中國跌了個大跟頭，對中國共產黨和中國革命事業卻非常崇敬。他最珍貴的收藏，一是毛主席、周總理親筆寫的感謝信，二是當年的工作筆記。老人指點著一打本子說，這裡有很多有意思的東西，是他親歷親聞後立即記下的。中國共產黨在戰爭年代很難保存完整的檔案，而憑事後回憶寫材料往往不準確，蘇中兩黨兩國關係中許多疑案的答案就記錄在這裡。老人記錄了歷史，卻顯然沒打算公開這些史料，或許因為他的特殊經歷和際遇使他無法公布這些史料。我盯著這些普通的學生練習本，兩眼放光。老人看到我幾近貪婪的目光，隨手翻開一個本子讓我看。用紫色墨水潦草寫下的字跡很難辨認，他說這裡記的是解放軍渡江戰役期間處理英國「紫石英」號軍艦事件的經過。其他本子裡還有關於斯大林對人民解放軍渡長江的看法、蘇聯援華的最初計劃等對中國人來說極有意義的記錄。我想拿來看看，老人無聲但堅決地拒絕了。這是一個老布爾什維克、老軍人和老公民保守國家機密的本能意識，我無法強求。

第一次拜訪結束時，科瓦廖夫讓我轉達對陳雲等幾位中共領導同志的問候。再次造訪時，我按國內和使館領導的指示，轉達了這幾位中國老革命家對他的問候。蘇聯解體後，我離開使館回國，從此

無緣再見到這位老人。沒能直接接觸那些獨一無二
的寶貴歷史資料，是我外交生涯中最遺憾的一件
事。不知他的後人能否繼承老人對中國革命、中國
人民的深厚感情，而那些簡陋而無比珍貴的筆記
本，不知能否經歷蘇聯解體的動盪保存下來。唉，
老將軍啊老將軍……

懷念遠方的俄羅斯朋友

潘占林

（中國前駐吉爾吉斯斯坦、烏克蘭、南斯拉夫聯盟

和以色列大使）

　　說是朋友，只是在上個世紀八〇年代我同他們
有一面之緣，此後天各一方，未通音訊，我甚至不
知道他們姓甚名誰、家住何處，也不知道他們是否
還健在。可是，我一直把他們當作朋友。每當風晨
雨夕，或深夜靜坐，我常常記起他們。有時朋友聚
首，我也曾講起他們的故事。當時的場景歷歷在
目，但他們的面孔，我卻要透過漫漫歲月的帷幕，
去仔細猜磨。

　　那是三十多年前的一個五月，我陪同時任中國
駐蘇聯大使楊守正夫婦從莫斯科出發，到雅斯納亞
波良納莊園——托爾斯泰故居參觀。莫斯科距托爾
斯泰故居約三百多公里。一路上森林籠翠，草原泛
綠，風景如畫。正當我們陶醉於路旁美麗的風光
時，汽車出了毛病。我們乘坐的是奔馳三〇〇轎
車，且是新車，一般不會出問題，可是現在車頭直
冒熱氣，汽車像喘著粗氣的病牛，蹣跚前行，最後
終於停了下來。司機急得滿頭大汗，他打開前蓋，
發現水箱漏水。他從旁邊的小河裡打水灌滿水箱，

又開車繼續前行。只是勉勉強強開進圖拉城區（就是俄羅斯歇後語所說的「帶著茶炊去圖拉──多此一舉」的圖拉城），就再也開不動了。

我打聽到城裡有汽車修配站，就打車前往求救。我請了汽車修配站的一位技師到我們的停車地。他仔細看了一下，搖搖頭，說沒有辦法。當時蘇聯不進口德國生產的奔馳轎車，因此修配站裡沒有可以替換的零配件。「水箱裂了一條大縫，能否電焊解決呢？」我問。「不能，奔馳車的水箱是硬塑料的，無法電焊。」修車師傅抱歉地向我們笑了笑，表示愛莫能助。

沒辦法，我打算先打一輛出租車送楊大使夫婦前往托爾斯泰故居，再打電話給中國大使館，讓司機班派車來接楊大使，然後再考慮修車問題。可是楊大使表示，車出了問題，他和我們一起等使館派人來想辦法。

天色漸晚，汽車停在一家蔬菜站門口，司機急得團團轉。我安排楊大使夫婦到市政府大樓內稍事休息。這時，往蔬菜站裡運送蔬菜的四位司機師傅圍了上來，問明了情況後，他們打開車蓋仔細查看。我心裡想，就連專門修車的技師都沒有辦法，你們能做什麼呢？

他們幾個商量了一下，就七手八腳地幹起來：先是用鐵絲把水箱捆緊，盡量縮小水箱的縫隙，接著把水箱灌滿水，然後每人從自己口袋裡掏出煙捲來，把煙卷一根根搓碎投到水箱裡。這樣，水箱裡

漂著一層厚厚的煙絲，水慢慢下沉，煙絲也隨著水流滲進水箱縫隙，漸漸地，水箱由不斷滲水變成點點滴滴地滴水，到後來，竟然不漏了。他們再把水箱注滿水，抬起頭來，輕鬆地呼了口氣。其中一位對我說：煙絲隨著水流塞進裂縫，把縫隙堵塞，水箱不會漏水了，我保證你們開回莫斯科，路上不會出問題。

他們蓋上車蓋，就要去忙自己的事情。我連忙同他們一一握手。我們沒有帶禮品，大使、司機和我都不抽煙，自然也沒有帶煙，無法酬謝他們，我只有真誠地向他們連連道謝。

返回莫斯科的路上，我心裡還是有點忐忑不安，擔心汽車出問題。可是竟然如他們所說，果然一路無事，我們一行順利地返回了使館。我不禁佩服他們在長期勞動實踐中積累的經驗和智慧，也對他們樂於助人的精神十分敬佩。

我在俄羅斯工作多年，遇到的或聽到的這種樂於助人的故事實在不少。我清楚地記得，也是八〇年代的一個春天，我們使館的一位同事突發呼吸道過敏症，呼吸困難。我急忙開車把他送到鮑特金醫院。這個醫院條件較好，駐莫斯科使團的外交官一般都在這裡就診，如果有重症就在這裡住院。醫生給我的同事做了緊急處理並要求他住院。我幫這位同事辦好住院手續後，準備開車回使館。這時我才發現，燃油的指示燈已經亮起了紅燈，因為出車時十分急促，沒來得及檢查。在這種情況下，驅車回

使館已不可能，即使能開動也會半路拋錨。我在車前徘徊，正不知所措，在旁邊停車的一位中年男子走過來，問明緣由後，他打量了一下我的車，輕聲地說：「我來想想辦法。」我仔細打量他，大約四十歲左右的年紀，從衣著和舉止看，像是一個知識分子或者機關幹部。他從容不迫地從自己車的後備廂中拿出一根膠皮管子，把一頭插進他的油箱，然後用嘴吸起來，吸出油來之後，把管子迅速插入我車的油箱。燃油注入我的油箱時，他急忙吐出嘴裡的汽油，並連聲地咳嗽。他說：「好久沒幹這事，有些不習慣了。」我連忙向他道謝。這時，他等的人從醫院裡出來，他急忙開車走了，我們揮手道別。

在俄羅斯人民中間，流傳著這樣一句成語：「不能在危難中丟下夥伴不管。」俄羅斯人往往在關鍵時候挺身而出，扶困濟危，救人危難，這成了他們共同認知的道德理念。這恐怕也就是阿·托爾斯泰所說的「俄羅斯性格」。我在大學時曾讀過這樣一篇課文：一個俄羅斯小夥子暴風雪中在森林裡丟下受傷的同伴，自己逃生，受到家人和公眾的譴責，他的女朋友也離開了他。如今三十多年過去了，物換星移，世事滄桑，商品經濟大潮無情地衝擊著昔日的社會基礎和道德理念。我不知道，我的俄羅斯朋友們，以及他們所表現出的那種精神是否還在。但我相信，在俄羅斯，這種精神是沖不垮的。

中國歷來有扶困濟危、救人危難的傳統。早在二千五百年前孔子就說過：「仁者愛人。」中國歷史上，樂於助人甚至捨己救人的事例屢見不鮮。這種精神薪火相傳，成為中華民族的傳統美德。這裡僅舉一例：一九四五年，蘇聯紅軍出兵中國東北，在一次空戰中，一架蘇聯戰機被日本侵略軍擊落，飛行員受了傷，跳傘逃生。日本兵到處搜捕受傷的蘇聯飛行員。這位飛行員被當地中國老百姓救起，他們冒著生命危險把他掩護起來，給他療傷，待他康復後，又送回他所在的蘇聯紅軍部隊。

　　中俄兩國人民都是偉大的人民，他們的道德理念也是相通的。願這種樂於助人、救人危難的人道主義精神代代相傳，發揚光大，溫暖美好的人間。

青銅騎士

程可凡

（中國外交部歐亞司副處長）

　　已經記不得多少次去過聖彼得堡。曾在夏日，有近三個月的時間住在馬琳劇院對面一幢百年滄桑的老樓裡。白日裡，劇院淺綠色與白色相間的牆體和蔚藍的天空相得益彰。夜幕降臨，《天鵝湖》或是《胡桃夾子》的樂音與路燈倒映在噴泉河裡的波光渾然一體。記憶，從此刻下擦不去的定格。聖彼得堡是遙遠的異鄉，也是親切的故園。它是一座城市，更是一種情懷。

　　感受城市，最好莫過於用雙足去親吻它。擇一個閒適的日子，穿梭於蛛網般的街巷，歷史彷彿在呼吸，古老卻依舊鮮活的氣息拂面而來。從住所出發，跨過幾座石橋，再轉過幾條小巷，便能順利地從涅瓦大街鑽出來。這是一條和長安街意義等同的大道，聖彼得堡各個經典的去處由此延伸開來。冬宮廣場、埃爾米塔日博物館、「阿芙樂爾」號巡洋艦、彼得保羅要塞、海軍大樓、伊薩基輔教堂，行走間，一個靈動的聖彼得堡用建築與色彩的語言，把它出人意料的美以一種極高的頻率撞擊在視網膜上，讓人炫目，讓人入迷，讓人心跳加速，讓人呼

吸急促。

不過，這還不夠。就像故宮之於北京、埃菲爾鐵塔之於巴黎、大本鐘之於倫敦，一座城，需要一雙眼。透過這雙眼，便可看到這座城的魂。無疑，青銅騎士就是聖彼得堡的眼。

這是十八世紀法國藝術家法爾科奈的傑作，由葉卡捷琳娜二世下令興建，藉以表達對彼得大帝的敬意。彼得橫跨馬背，揮手向前，英姿颯爽。馬的前蹄一躍懸空，後蹄踩在一條大蛇上。大蛇象徵落後，彼得大帝正是要把落後踩在腳下，帶領俄羅斯奔向光明未來。普希金難抑景仰之情，為此寫下著名詩篇《青銅騎士》：「威武強悍的命運之王，你就如此在深淵之底，在高峰之巔，用鐵索勒激起俄

位於聖彼得堡十二月黨人廣場上的彼得大帝青銅騎士像（供圖：FOTOE）

羅斯騰躍向上！」

　　沒有彼得大帝，很難想像此後的俄羅斯。縱然歷史的車輪不會因此停止向前，但或許會把腳步放慢些，在時光長河裡倒映出的，一定會是另一個俄羅斯。一七〇三年五月，通過與瑞典的北方戰爭，彼得奪取了涅瓦河邊的這片土地。俄羅斯巨人掰開了瑞典雄獅的嘴。普希金在歡呼：「俄國就像下水的海船，在斧子敲擊聲中，在大砲轟鳴聲中，進入歐洲！」是的，比勝利本身更重要的，就是進入歐洲。俄羅斯終於擁有了夢想的出海口，從此打下了開放和富強的基石。

　　青銅騎士是遊客們的驚喜，更是聖彼得堡人的驕傲。孩子們一定會在這裡接受歷史教育，新人們也一定要在這裡留下美麗的倩影。我無數次駐足在這高頭大馬的足下，仰望著那目視前方的彼得，總有種難言的情愫。

　　「請珍惜俄羅斯！」葉利欽將總統大權交給普京時說出這句話，不知心中況味如何？「給我二十年，還你一個強大的俄羅斯！」普京的豪言壯語便是最明確有力的回答。俄羅斯依然是俄羅斯，絕不會停下追逐大國夢的腳步。打擊寡頭政治，平定車臣叛亂，懲治貪污腐敗，推行經濟改革，發展民生工程，普京像一個引領者，為俄羅斯在迷失中找到了方向，也像一個建設者，讓俄羅斯在一片廢墟中重新站立。自二〇〇〇年起，俄 GDP 連續八年保持年均增長 7%左右。二〇一二年，在世界經濟持

續低迷的背景下，依然實現 3.4%的增速，在主要經濟體中僅次於中國和印度，GDP 總量較一九九九年翻番，達 2.08 萬億美元，人均 GDP 達 14535 美元，外匯儲備達 5376 億美元，國家債務僅占 GDP 總量的 10%，通貨膨脹從一九九九年的 36.5%下降至 6.6%，居民人均月工資增長近十倍，失業率為 5.3%。如果按購買力平價計算，俄羅斯已經躍居世界第六大經濟體。不過，這還不夠。

二〇一二年五月，普京以 63.6%的高支持率復任總統，繼續孜孜不倦為俄羅斯編織大國夢。在復任後發表的首篇國情咨文中，普京這樣描繪他心中的俄羅斯：「這是一個極具影響力、滿懷自信、向前發展、不迷失自我的國家，具有獨特的精神特質。俄羅斯將永遠存在。」普京接連對俄民眾作出承諾，提出一系列發展目標：幾年內躋身世界經濟五強，人均 GDP 達到或接近發達國家水平，高科技產業占 GDP 的比重提高到 50%，將創新型企業比例提高 10.5%-20%，創造 2500 萬個就業崗位，居民實際平均收入增加 60%-70%，提升在世界經濟中的地位和作用。毋庸置疑，普京就是要讓俄羅斯這輛戰車開足馬力，勇往直前，在實現大國夢的道路上加速前進。

歷史演進中的任何兩點都難以用直線連接，螺旋式上升是難以踰越的規律。世界上沒有絕對的坦途，大國之路尤為坎坷與艱辛。對任何一國來說，實現民族復興和國家振興，都需要幾代人前赴後繼

為之努力拚搏。俄羅斯自然也不例外。對普京而言，取得成績不易，再創輝煌則更難。但縱觀歷史，困難只會激發俄羅斯進取的動力。俄羅斯在跌倒中爬起，又在爬起後跌倒，似乎總以這種辛酸的方式向前跋涉。歷代沙皇開拓的疆土早已分成許多國家，多少的王霸雄圖都已歸於塵土，無論現在位居世界老幾，俄羅斯，這個無畏的青銅騎士，永遠高昂著那顆驕傲的頭顱，絕不會停下追逐大國夢的腳步。有夢就有希望，有信心就一定能圓夢。普京心中的大國夢，其實正是每一個俄羅斯人心中的大國夢。億萬人的夢凝聚億萬人的心，這樣的夢，沒有理由不變成現實。我們應該有所感觸。

在日益多元的世界中，各國的聯繫正在超越傳統界限，只要秉持開放、包容的心態，用發展的眼光看問題，就能將他國的成就轉化為助推本國發展的動力。因此，面對追逐大國夢的俄羅斯，我們應該感到高興。對於正在致力於實現中華民族偉大復興「中國夢」的我們來說，俄羅斯的繁榮振興無疑是難得的機遇。習近平就任中國國家主席後首訪即赴俄，他強調，中俄都處在民族復興的重要時期，兩國關係已進入互相提供重要發展機遇、互為主要優先合作夥伴的新階段。英雄所見略同，普京對中國的發展壯大也有同樣的理解，表示中國的強大對俄不是威脅，而是機遇，俄要借中國發展之風揚經濟之帆。作為都把國家發展和人民幸福作為夢想的中俄兩國，正是為理想不懈奮鬥的同路人，我們有

程可凡在莫斯科紅場
留影。

什麼理由不為對方的成功感到歡欣鼓舞？又有什麼
理由不攜手前行，共創輝煌呢？

　　無論春風化雨，還是白雪皚皚，青銅騎士總是
那樣高傲地屹立著，像一個守護神鎮守著聖彼得堡
的日夜，也鎮守著俄羅斯人的心靈。苦難與輝煌，
其實只是歷史的一瞬，在時光的打磨下，總會或多
或少失去當初的色澤，變得平淡。但，不知疲倦的
追求卻是刻在記憶裡的永恆，像驅不散的魂魄，悄
悄潛入骨髓，變作舉手投足間的自然。

　　或許，每個民族，每個國家，都應有自己的青
銅騎士。有形或是無形，都無所謂。只要有，就是
希望。

中俄外交官情誼歷久彌新

周曉沛

（中國前駐俄羅斯使館公使，前駐烏克蘭、波蘭、

哈薩克斯坦大使）

稀里糊塗愛上俄語

1961 年上高中時，我開始學習俄語。與大家一樣，當時感到最難的是，怎麼也發不出捲舌音「р」。老師教了一個竅門，在發音前加一個「得」字，變成「得兒」。全班同學都樂了，齊聲反覆喊「得兒」，慢慢地也都學會了。不過，老師要求以後一定要去掉「得」字，只發「兒」音。不論男生、女生，我們都扯開嗓門使勁練，而且相互比賽，看誰「兒」得長。

有的俄文單詞不好記，老師也有絕招，讓我們註上中文，如「до свидания」（再見）唸成「打死肥大娘」，「суббота」（星期六）成了「書包帶」，「воскресенье」（星期天）則是「襪子擱在鞋裡面」，一下子就記住了。儘管變位、變格很麻煩，但我覺得洋文挺好玩，就這樣喜歡上了俄語。

為了學好俄語，我把難記的單詞寫在小紙條上，放在衣兜裡，一有空就掏出來背，包括蹲茅廁時也不放過。學校位於峰巒疊嶂的雁蕩山裡，每週

末回家都要翻山越嶺，這卻成了一路上複習單詞的好機會。由於學習刻苦，不久我就當上了俄語課代表。在全校舉辦的俄語朗誦比賽中，我還得過一次大獎呢！

當我考上北大俄語系時，自以為俄語學得好。萬萬沒想到，剛入學就出了一次大洋相。為測試新生的俄語水平，老師讓每人念一段課文。輪到我時，我清了清嗓子，放開喉嚨，信心滿滿地大聲朗讀起來。我還沒唸完，同學們都笑得前仰後合，連老師也憋不住，摀著嘴轉過身去。我聽見背後的女同學悄悄議論：「什麼怪腔怪調，逗死人了！」下課後，老師安慰我說，不要緊，她教過許多南方學生，什麼樣的口音都能糾正過來。

按照老師的要求，我買了一面小鏡子，天天對照書上的口型練習發音。我經常一大早跑到俄文樓附近的未名湖畔，趁著周圍沒人，對著鏡子大喊大叫。為了能儘快跟上班裡的同學，我幾乎把所有的空閒及娛樂時間都用到學習上了。經過兩年的苦苦追趕，我的俄語才接近班裡的中上水平。就是在「文革」動亂、停課鬧革命期間，我也偷偷地繼續學習俄語。後來我到北京外國語學院俄語系進修，對學習更是如飢似渴，不僅把中斷了的業務重新續上，而且學到了許多新的知識和技巧，包括筆譯和口語。

我於一九七三年三月進入外交部工作。當時，中蘇兩國邊界談判正在北京舉行。為了在「反修」

第一線進行鍛鍊，我被安排到中蘇邊界談判代表團實習。有點失望的是，當時領導分配我管資料檔案，自己覺得是「大材小用」──原以為到外交部就是當高翻。但當我參加了一次邊界談判之後，急著做翻譯的願望也就被抑制下來了。當時交給我的任務是做記錄，可我連對方發言的許多內容都沒怎麼聽懂，總共也未記下幾句。談判翻譯與我們在學校時的課堂翻譯完全是兩碼事，不僅語速快，而且雙方唇槍舌劍，對即席翻譯的要求極高。我一下子服了，自己不是當翻譯的料，不能再像過去那樣好高騖遠，而要腳踏實地、一點一滴地學。

想起我剛走出校門時，自以為滿腹經綸，參加實際工作之後才深切地感到，在學校裡學的那點知識遠遠不夠。為儘快適應工作需要，每天下班後，我都留在辦公室裡補課學習。我們代表團有一個北京圖書館的特殊借書證，可以借閱「文革」中被視為「禁書」的外文書籍。利用工作之便，在查閱有關邊界問題圖書的同時，我借閱了《戰爭與和平》、《安娜．卡列尼娜》、《靜靜的頓河》等俄文長篇小說，平均一個月一部，主要是泛讀，提高閱讀能力，擴大知識面。有一次，我看北圖的工作人員不懂俄文，還趁機借了法國司湯達著的《紅與黑》俄文譯本。這部小說在當時被看作「毒草」，所以我平時把它鎖在抽屜裡，沒人時才拿出來看。

論戰文鬥結識朋友

　　我的外交生涯就是從參加邊界談判開始的。在中蘇邊界談判代表團的六年中，我不僅直接體驗到了政治談判鬥爭的複雜性，也有機會接觸了解中蘇兩國關係現實的一些情況，並交上了不少蘇聯朋友。

　　喬冠華、韓念龍、余湛副外長先後擔任中方邊界談判代表團團長。他們都是經驗豐富、才華出眾的老一輩外交家，也是令對方敬畏的談判高手。談判桌上氣氛緊張，雙方發言針鋒相對，用詞也常常語驚四座。比如，針對蘇聯的無理與霸氣，我方指責蘇方說，「想不到來自列寧故鄉的蘇聯代表團竟墮落到如此地步」，「難道你們要把原子彈懸在談判桌上，讓我們在威脅之下談判嗎？」等等。

　　蘇方代表團團長伊利切夫曾任蘇共中央書記，主管意識形態工作。他還是哲學博士，講起話來頭頭是道，但喜歡咬文嚼字。會談中，他總是眯著眼睛，悉心捕捉中方每一句話後面的含意；有時臉漲得通紅，聳聳肩膀，攤開雙手，作無奈狀。回應中方的觀點時，他立場強硬，慣於指責中方「拖延」「封殺」談判；愛說這是「聾子對話」，應該「相向而行」；偶爾也冒出句俏皮話，如說中方是「車拉馬」（意為本末倒置），諷刺中方所提的新建議像是「大山生出了一隻小耗子」（意為雷聲大雨點小）。

一九六四年中蘇邊界談判時，中方發言評論中用過「作繭自縛」「得隴望蜀」的成語，蘇方認為，這是把他們比喻成什麼「蟲子」，是「污衊」，說中方竟然會認為蘇方對甘肅和四川提出「領土要求」。這是哪兒跟哪兒啊！當時聽老同志講到這些情況，覺得匪夷所思，而這次親歷談判現場倒使我有機會親身領教。

　　在一次激烈辯論中，伊利切夫指責中方對其發言作了「болезненная реакция」（過分反應），蘇方翻譯成「病態反應」。中方團長聽後火冒三丈，怒斥對方理屈詞窮，不惜進行「人身攻擊」，伊利切夫感到莫名其妙。

　　在一次大會發言中，我方用了一連串排比句，要求蘇方應當怎樣怎樣才能改善兩國關係，聽起來很帶勁兒。伊利切夫按捺不住了，激動地反問道：剛才中方團長講了蘇聯五個「должен」（應當），我們蘇聯到底欠你們中國什麼了？在兩國政府談判中，你們為什麼使用這種命令式的語言？當時我有點納悶，請教了高翻後才明白伊利切夫為何大動肝火。俄文「должен」的詞根是「долг」，意為欠債，該詞分量確實很重。

　　有一次爭論中，我方指責蘇方說話不算數，影射蘇聯領導層內部有矛盾，這下可捅了馬蜂窩。伊利切夫當即跳了起來，滿臉漲得通紅，氣呼呼地連續說了兩遍「我強烈抗議」。會場氣氛驟然升溫，不得不宣布休會。

還有一次，伊利切夫對中方的尖銳批駁表示不滿，希望「здравый смысл」（理智）能占上風。翻譯把「理智」一詞譯成「健康思想」。這又惹禍了，因為據說勃列日涅夫曾把林彪視為中共內部的「健康力量」，現在蘇方竟敢在談判桌上大放厥詞，要讓所謂「健康思想」占上風，這是痴心妄想！鑑於此，我方當即予以嚴厲反擊，雙方吵得不可開交。

除了正式會談，平時雙方通過聯絡員保持著各種級別的聯繫。作為東道主，我們經常為對方組織一些遊覽活動。在談判桌上雙方爭得面紅耳赤，但在非正式場合不僅以同志相稱，而且談笑風生，可以自由地交換意見，包括澄清談判中的「誤會」，或者傳遞某些信息。我的不少俄羅斯朋友，就是在那個年代結交的。

電影渠道傳遞信息

上世紀七八十年代之交，中蘇關係處於調整變化的微妙時期。而當時兩國官方交往幾乎沒有，相互間很難進行正式交流，更無法傳遞信息。在這種特殊背景下，「кноканал」(電影渠道) 應運而生。

所謂「電影渠道」，是指我們外交部蘇歐司和蘇聯駐華使館之間各有兩名聯絡員，以借放蘇聯故事影片為名，進行定期接觸，釋放某些信息。譬如，雙方開始醞釀改善關係時，蘇方十分著急，想加快進程，中方通過這一渠道轉告對方，不能急，

要「小步走」。

蘇聯電影故事性強，貼近現實生活，藝術內涵豐富，加之演技生動逼真，看過之後往往令人印象深刻。在中蘇關係史上，它還成為兩國人民交流的橋樑。大家可能記得的八〇年代頗受觀眾喜愛的蘇聯電影《這裡的黎明靜悄悄》《莫斯科不相信眼淚》《兩個人的車站》《辦公室的故事》等，最先都是通過這個渠道進來的。這裡還有一個小插曲。《這裡的黎明靜悄悄》影片中有幾個蘇聯女兵犧牲前在戰地簡易浴房裸體洗澡的鏡頭，我們駐蘇聯使館在放映時專門安排翻譯用手加以遮蓋，結果電影廳裡有人鼓倒掌，有人叫喊「什麼也看不見了」。還算手下留情，這位同志鬆開了點手指，我們從指縫中模

上世紀九〇年代俄羅斯外交官在中國使館做客。（後排右 3 為周曉沛）

模糊糊地看到了俄羅斯姑娘美麗的身軀……國內在審查該片時，則毫不留情地剪掉了這幾個「黃色鏡頭」。

一九八二年蘇聯領導人勃列日涅夫去世後，安德羅波夫就任蘇共中央總書記，他主動提出要派主管經貿的第一副總理阿爾希波夫訪問中國。開始時，中方對此沒有回應。為了推動促成這一重要訪問，蘇方就通過「電影渠道」向我們放風：蘇聯新領導人是真心要改善對華關係的，而且指派這一人選也是考慮了各種因素。中方答覆同意後，就在訪問計劃將要實施的前一天，蘇方突然以「技術原因」為由推遲訪華，引起中方強烈不滿。此時，蘇方又通過這一渠道透露：契爾年科接任總書記後對華政策沒有改變，只是因中越邊境武裝衝突升級而暫時推遲。在雙方的共同努力下，此訪終於在一九八四年底成行，並取得了很大成功。

一九八九年戈爾巴喬夫訪華，中蘇兩國關係實現正常化後，這一持續了數年的「電影渠道」也就完成了歷史使命。

桑拿外交息息相通

一九九四年至一九九六年，我在中國駐俄羅斯大使館擔任公使期間，為了加深與俄羅斯朋友的關係，定期邀請他們到使館洗桑拿浴。除了俄外交部主管局同事外，有時還包括總統府官員和新聞界朋友。

作為正式交往的一種補充渠道，在熱氣騰騰的桑拿房中，雙方都赤裸鬆弛，沒什麼「祕密」可言，更易坦誠相見，被俄羅斯朋友笑稱為「голая дипломатия」（意為光屁股外交）。實際上，這是「電影渠道」在新形勢下的某種延續，而且內容更為充實豐富。

第一次桑拿活動很正規。雙方先後致辭，商定桑拿俱樂部的章程，喝完香檳酒後再開蒸。蒸完第一遍後，坐下來一起喝青島啤酒。蒸完第二遍後，有的用溫水泡開的樺樹枝拍打全身，從脖子、後背直到腳底心。據說，抽打是為了加快血液循環，加速水分代謝，可以預防感冒。有的還蒸第三遍，最後吃餃子。俄羅斯人很喜歡中國餃子，一個個都吃得肚子鼓鼓的。

作為一種非正式接觸管道，雙方交談的內容幾乎無所不包，除了一般性地交換意見和想法外，有時也涉及重要的敏感問題。在準備高訪的過程中，我們主要通過正常的外交途徑來討論解決各種問題。但有時遇到一些不方便直說的難題，也可藉助桑拿外交。如有一次葉利欽總統訪華前健康狀況不佳，對方就在洗桑拿時「順便」提到，希望在歡迎國宴上不要上茅台。我們立即將此信息報告北京。又有一次，葉利欽總統訪華正值俄國內大選前夕，中國領導人在談話中兩次提到，希望俄羅斯在葉利欽總統的領導下，使中俄兩國關係平穩、健康地向前發展。後來洗桑拿時，我詢問他們是否明白其中

中俄兩國外交官在莫斯科郊外。

的含意。對方說，無論外交部，還是總統府，都注意到了這句話的分量，並認為這種支持反映了兩國最高領導人之間的信任關係。中俄實行國家元首定期互訪機制後，俄方想推動建立兩國總理定期會晤制度，但又沒有把握，就利用桑拿渠道先進行試探。俄方一再強調，兩國總理會晤制度與總統互訪機制不會有什麼衝突，相反，有助於落實兩國最高領導人達成的協議。在中方表示願意就此問題進行探討後，俄外交部正式提出建議，雙方很快就此達

成了協議。

聚會話療其樂融融

二〇〇六年，我剛從外交第一線退下來，時任俄羅斯總統特使兼上海合作組織國家協調員莫伊謝耶夫大使來北京出差。他專門給我打電話，約請當年在莫斯科一起工作過的老朋友到俄羅斯餐廳聚會。

已經十年沒見面了，老朋友們熱烈擁抱，都非常激動，有說不完的話。結束時，莫伊謝耶夫大使倡議成立「老朋友俱樂部」，以後定期見面敘舊，在座的所有中方老大使都舉雙手贊同。從此，我們輪流坐莊，實行 AA 制，每年都要聚會幾次，有時還到我們家裡做客。這也是難得的人間真情！

老朋友瓦洛佳到上合組織任職後，俱樂部的活動更加規範。他參加過「電影渠道」和「桑拿俱樂部」，很有經驗，且非常熱心。瓦洛佳把原駐瀋陽總領事、退休後在大連定居的穆拉夫斯基也叫到北京一起參加活動。他還提議製作俱樂部徽章，並反覆徵求意見，進行精心設計，最後確定背景圖案為中俄兩國外交部大樓，並標「老朋友俱樂部」的中、俄文字樣。俱樂部雖無章程，但有一條不成文的規定：必須是上世紀七八十年代為發展中蘇關係作過貢獻的老外交官才有資格參加，而且要雙方協商一致同意。

二〇一一年，莫伊謝耶夫改任駐新加坡大使後，特地從莫斯科寄來了一封告別信，指出：「當初成立老朋友俱樂部的想法，看來是正確、及時的。在北京的會見，使我們得以重新回憶那段很有意思、責任重大的時光。那時，為了恢復和發展兩國和人民之間的關係，我們雙方攜手協力。」我在俱樂部全體會議上宣讀了此信，並表示將堅持這一好傳統。

　　二〇一三年六月，俄羅斯新任駐華大使傑尼索夫（錢益壽）剛到北京，就表示希望會見老朋友。我們倆已有三十年交情。二〇〇九年中國前外交官聯誼會代表團訪俄時，他作為第一副外長曾會見我們。當時的談話中，傑尼索夫深情地回憶了二十世紀八〇年代他在北京工作時與中國外交部同事之間的友誼。他指出，儘管當時蘇中關係非常複雜，但兩國外交官總是友好相處，並努力共克時艱。他還

傑尼索夫（錢益壽）大使在使館會見周曉沛。

傑尼索夫（錢益壽）
大使出席老朋友俱樂
部聚會。

當場用中文書寫了「錢益壽」三個大字，轉向我
說：「這是今天在座的周曉沛同志那時給我起的中
文名字。」他精通中、英文，性格溫和實誠，在外
交同行中的口碑很好。我如約前往俄羅斯駐華使
館，進行禮節性拜會。我授予他老朋友 樂部紀念
章，大使高興地應邀以 樂部「榮譽會員」身分出
席了我們的「全體會議」（指老朋友聚會）。

　　八月二十六日，老朋友俱樂部為俄羅斯新大使

舉行了歡迎宴會。會上，我們向他正式頒發由所有
會員簽名的老朋友俱樂部紅皮榮譽證書：「特邀錢
益壽大使為老朋友俱樂部榮譽會員，以表彰其為發
展中蘇、中俄關係所作的積極貢獻。」大使用流利
的漢語表示，今天見到這麼多老朋友感到非常激
動，對成為老朋友俱樂部榮譽會員感到非常自豪。
他將把這本證書放在使館的辦公室裡，每天都能看
到，提醒自己努力做好工作。

　　無巧不成書。正在北京出差的沃羅比約夫大使
主動表示，希望參加這次俱樂部聚會，我們表示歡
迎。上世紀七〇年代中蘇兩國「間諜風波」的當事
人關恆廣和沃羅比約夫剛好緊挨著坐在一起，開始
時略顯尷尬。我特意走過去，為他們二人「相逢一
笑泯恩仇」而乾杯，並代表俱樂部授予沃羅比約夫
一枚紀念章。他問道：「什麼時候能參加老朋友俱
樂部？」我說：「就像入黨一樣，需要一年時間的
考驗期，而且要在全體會議上表決通過。」他悄悄
地與我咬了一下耳朵：「屆時老關會不會反對？」
我笑了笑說：「不會的，主要看你的現實表現。」

　　按照慣例，聚會時每人都要發表祝酒詞，暢談
自己的感想。北京流行一個說法，叫「話療」。意
思是等你老了的時候，老朋友之間的聊天很開心，
可以增加生活樂趣。這種海闊天空的神侃，經濟有
效，且沒什麼副作用，故美其名曰「話療」，與放
射性「化療」同音。在闊別幾十年之後，我們難得
有機會在北京與俄羅斯老朋友一起聚會「話療」，

共同追憶昔日那些有意義的往事，也算是老有所樂。當然，中俄外交官在同一「戰壕」中形成的真摯友情歷久彌新，這也從一個側面反映了兩國人民的深厚傳統友誼。

老朋友聚會新內涵

二〇一五年六月三日，應傑尼索夫大使邀請，老朋友俱樂部在俄羅斯駐華使館紅房子舉行全體會議。這是坐落在使館庭院左側的一幢清代建築，古色古香，周圍綠樹掩映，紅牆隱隱，歷任駐華大使都喜歡在這兒舉行雙邊友好活動。上世紀七〇年代中蘇邊界談判時，我就曾來過此地，最喜歡的一道主菜是正宗的俄羅斯燒烤，分牛、羊、雞肉串，塊頭很大，夾有洋蔥、青椒，外焦裡嫩，香氣撲鼻。

傑尼索夫大使首先致辭，說今年是蘇聯衛國戰爭和中國抗日戰爭勝利七十週年，在這樣的日子裡舉行中俄老朋友聚會，有著特別的意義。他還談到不久前出版的《中國和俄羅斯的故事》一書，認為這是一本值得青年學習的教科書，讓我們兩國人民之間的傳統友誼世代相傳。然後，傑尼索夫代表俱樂部向原國務委員戴秉國授予老朋友俱樂部榮譽會員證書。其間還有一個小插曲，原先大使提議推選戴秉國同志為俱樂部主席，但老戴明確表示「不當頭，只做一名普通會員」。大廳裡氣氛輕鬆活躍，老朋友們自由組合，交談甚歡。活動結束時，傑尼

索夫向每人贈送一瓶「克里姆林宮」牌伏特加。

　　同年九月十五日，老朋友俱樂部在南小街外交公館聚會。這裡原是宋慶齡故居，獨門獨院，典雅幽靜，保存有許多珍貴的歷史照片。參觀故居後，傑尼索夫大使受委託向原外交部常務副部長田曾佩頒發老朋友俱樂部榮譽會員證書。田部長上世紀五

〇年代初曾在莫斯科中央團校留學，他用俄語對大使說：「我們倆都曾擔任過外交部常務副部長（первый зам. министра），也算是同事了。」傑尼索夫用中文說：「對，但你是老前輩。」

這次活動別開生面。應外交部檔案館館長魯桂成提議，同時舉行「一九四九年至一九五五年中蘇關係問題專家座談會」，還邀請參加外交檔案翻譯的一些老同志與會。吳筱秋大使詳細介紹了兩國專家合作整理、翻譯中蘇關係歷史文件的經過，其中不少文獻生動反映了兩國人民之間的深厚情誼和開展合作的真誠意願。為了編纂好這部重要文獻，雙方專家都竭盡全力，克服困難，歷經十年光陰，終成正果。大家用熱烈的掌聲對他們所做的工作表示感謝。傑尼索夫、田曾佩等都在會上發言。大家認為，五〇年代是兩國關係史上非常重要的時期，雙方在各個領域開展了卓有成效的合作，為兩國關係的發展奠定了堅實基礎。編輯出版這一時期的歷史文獻，對於兩國人民尤其是年輕一代了解那段歷史，更好地開闢兩國關係的未來具有現實意義。

會上還通過了一項決議，定於二〇一六年秋舉行中俄外交官老朋友俱樂部成立十週年紀念活動。臨別時，魯館長向每人贈送了一冊《中國與蘇聯關係文獻彙編》。

二〇一六年四月十四日，老朋友俱樂部擴大會議在日壇賓館俄羅斯廳舉行，王開文大使和夫人谷平做東，有三十人出席。在北京出差的俄羅斯外交

部無任所大使陶米恆也特地趕來參加這次老朋友俱樂部會議。

當主持人提到「老朋友聚會」時，傑尼索夫大使插話說：「咱們都是外交官，除了老朋友敘舊，也要談工作，可以邊吃邊談。」田曾佩部長說：「那就叫午餐會吧！」大家都表示贊成。

沃羅比約夫大使談到，我們老朋友俱樂部成立十年了，現在可以說已經「成熟了」。傑尼索夫補充道：「這是偉大的十年。」沃羅比約夫頗為感慨地說：如果沒有我們雙方老外交官的攜手努力，恐怕也不會有當初《聯合聲明》《友好條約》這樣的歷史性文件。我回想起一九八八年十二月，戈爾巴喬夫總統在克里姆林宮會見錢其琛外長，雙方敲定在北京舉行中蘇高級會晤之後，俄羅斯外交部主管局同事說要慶祝一下，邀請我們中方工作人員到總統飯店喝咖啡。剛落座，俄羅斯朋友科爾什就從公文包裡掏出了一瓶伏特加。當我提議為中蘇關係「即將正常化」乾杯時，沃羅比約夫冒出了一句意味深長的話：「我們之間的關係，從來都是正常的。」為此，我們又乾了一杯。

各位老大使深情地回憶了當年「電影渠道」、「桑拿外交」、邊界談判、政治磋商及恢復黨際關係等親歷細節。王鳳祥大使的發言很有代表性。他說：退休後，依然每天都在關注中俄兩國關係的發展變化。昨天晚上看電視新聞時，當聽到拉夫羅夫外長就南海問題的積極表態時，心情非常激動，用

北京人常說的一句話——俄羅斯夠「爺們」！這也
體現了中俄兩國戰略合作的真正價值。

在日壇賓館俄羅斯廳
舉行的老朋友俱樂部
擴大會議

　　會上，我通報了有關老朋友俱樂部十週年慶祝
活動的籌備情況，建議邀請在莫斯科的俱樂部創始
成員莫伊謝耶夫、科爾什和陶米恆屆時來京參加活
動，大家熱烈鼓掌通過。

　　此外，還討論了俱樂部的年輕化問題，一致決
定吸收外交部歐亞司司長桂從友、俄羅斯駐華使館
副館長季諾維耶夫公參為俱樂部候補會員。他倆表
示：在老領導、老大使面前，我們都是「小字
輩」，要以老外交官為榜樣，多做工作，「好好表
現自己」，爭取早日成為俱樂部的正式成員。

　　為配合周邊外交和「一帶一路」倡議，外交部老幹部筆會和五洲傳播出版社聯手策劃出版「我們和你們」叢書，而其中首選之一是《中國和俄羅斯的故事》（中、俄文版）。該書發行後，受到有關方面的好評，被稱為傳承兩國人民友誼的「教科書」。

　　《中國和俄羅斯的故事》確實並非一般的回憶錄，也不是普普通通的文集，而是凝聚著作者們多年心血、能打動人們心靈的故事匯。這本書至少有三點特色：一是老一輩「俄羅斯通」劉述卿等十九位作者都是兩國關係的親歷者，不僅長期在俄羅斯工作、生活過，而且不同程度地參與其中的一些重大事件，並作出了自己應有的貢獻；二是透過書中不同時代大大小小的故事，折射出中蘇/中俄關係發展變化的全過程——從上世紀五〇年代友好結盟，到六〇、七〇年代關係惡化，八〇年代正常化，直至新世紀的全面戰略合作；三是故事中的主人公，無論是俄羅斯平民、教師、藝術家，還是官員，都對中國人真誠友好，這也從一個側面反映了中俄兩國人民之間深厚的傳統友誼。這自然會對兩國年輕一代具有某種教育意義，這也是我們作者的共同初衷。正如戴秉國同志在題詞中所言：「薪火相傳，世代友好。」

　　不能不指出，本書原版有一大缺陷——沒有邀請俄羅斯朋友一起參與創作。而他們和我們，都是同一「戰壕」的戰友，也為推動兩國關係的改善發展作出了積極貢獻。這是文集主編個人工作上的失誤。鑑於此，我特別期待能補上那另一半故事，使該書內容更加完整、更加生動、更加有可讀性。

　　二〇一六年恰逢中俄建立戰略協作夥伴關係二十週年和兩國簽署睦鄰友好合作條約十五週年，經商出版社和俄羅斯駐華

大使館，我們決定在普京總統應習近平主席邀請訪問中國前夕，再版《中國和俄羅斯的故事》，增補俄方有代表性的五篇精選文章。其中，俄羅斯聯邦特命全權大使安·傑尼索夫（錢益壽）是一位地道的「中國通」，他先後四次在中國工作，撰寫了「少小離家老大回」的札記，與讀者分享了一些引人入勝的趣聞軼事；九十八歲高齡的謝·齊赫文斯基（齊赫文）院士是俄聯邦功勛外交工作者，其「中國緣」始於一九三五年，他是中華人民共和國誕生和中蘇兩國建交的唯一健在的見證人；著名的俄羅斯漢學家裡·庫達舍夫（顧達壽）曾為蘇聯領導人會見毛澤東、劉少奇、周恩來、鄧小平擔任翻譯，揭秘了那段不同尋常的高層交往中的內幕花絮，毛主席還親自為他取了中國名字；俄中友協第一副會長加·庫里科娃與中國「相伴了半個多世紀」，創作了專著《俄羅斯──中國兩個偉大民族友誼的歷史篇章》，至今仍熱衷於雙邊友好交往，堪稱民間外交的典範；哲學博士阿·葉·盧基揚諾夫對儒家、道家學說有獨到的研究，獲得中華圖書特殊貢獻獎和中俄關係六十週年傑出貢獻獎兩個中國國家級獎項，他的《〈莫斯科──北京〉，我的中國》一文充滿了對中國古老文化的熱愛之情。

這一次，我們還特地邀請原國務委員戴秉國撰寫《從「冷板凳」到戰略對話》大作，真實還原了兩國關係從冰冷到火熱的跌宕起伏的進程，尤其「空中辦公室裡話友誼」和「兩根筷子誰也離不開誰」的精彩片斷，會讓你受益匪淺。上述這些不可多得的傳奇故事，本身就有意思、有意義，非常值得一讀。

最後，我想代表外交筆會、五洲傳播出版社特別感謝謝爾蓋·拉夫羅夫外長和王毅外長，他們在百忙之中應約撰寫序言，為本書增光添彩。我們相信，兩國讀者會領略到其中有關

中俄戰略合作的深刻內涵、兩國人民「世代友好」的珍貴理念及對兩國關係美好未來的殷切期待。

二〇一六年六月

一帶一路研究叢刊　AA301002

中國和俄羅斯的故事

作　　　者	周曉沛
版權策畫	李煥芹
責任編輯	呂玉姍
發　行　人	陳滿銘
總　經　理	梁錦興
總　編　輯	陳滿銘
副總編輯	張晏瑞
編　輯　所	萬卷樓圖書股份有限公司
排　　　版	菩薩蠻數位文化有限公司
印　　　刷	維中科技有限公司
封面設計	菩薩蠻數位文化有限公司

出　　　版　昌明文化有限公司

桃園市龜山區中原街 32 號

電話 (02)23216565

發　　　行　萬卷樓圖書股份有限公司

臺北市羅斯福路二段 41 號 6 樓之 3

電話 (02)23216565

傳真 (02)23218698

電郵 SERVICE@WANJUAN.COM.TW

大陸經銷

廈門外圖臺灣書店有限公司

　　電郵 JKB188@188.COM

ISBN 978-986-496-450-5

2019 年 3 月初版

定價：新臺幣 500 元

如何購買本書：

1. 轉帳購書，請透過以下帳戶

　合作金庫銀行 古亭分行

　戶名：萬卷樓圖書股份有限公司

　帳號：0877717092596

2. 網路購書，請透過萬卷樓網站

　網址 WWW.WANJUAN.COM.TW

大量購書，請直接聯繫我們，將有專人為您

服務。客服：(02)23216565 分機 610

如有缺頁、破損或裝訂錯誤，請寄回更換

版權所有・翻印必究

Copyright©2016 by WanJuanLou Books CO., Ltd.

All Right Reserved　　　　**Printed in Taiwan**

國家圖書館出版品預行編目資料

中國和俄羅斯的故事 / 周曉沛著.-- 初版.--

桃園市：昌明文化出版；臺北市：萬卷樓

發行, 2019.03

　　面；　公分

ISBN 978-986-496-450-5(平裝)

1.中國外交 2.中俄關係

574.1848　　　　　　　　　　108003190

本著作由五洲傳播出版社授權大龍樹（廈門）文化傳媒有限公司和萬卷樓圖書股份有限公司（臺灣）共同出版、發行中文繁體字版版權。